Theorien des Museums zur Einführung

Anke te Heesen

Theorien des Museums zur Einführung

JUNIUS

Junius Verlag GmbH
Stresemannstraße 375
22761 Hamburg
Im Internet: www.junius-verlag.de

Umschlaggestaltung: Florian Zietz
Titelbild: Anke te Heesen
Satz: Junius Verlag GmbH
Printed in the EU 2021
ISBN 978-3-88506-698-9
4., überarbeitete Auflage 2021

Bibliografische Information der Deutschen Nationalbibliothek
Die Deutsche Nationalbibliothek verzeichnet diese Publikation in der Deutschen Nationalbibliografie; detaillierte bibliografische Daten sind im Internet über http://dnb.dnb.de abrufbar.

Zur Einführung ...

... hat diese Taschenbuchreihe seit ihrer Gründung 1978 gedient. Zunächst als sozialistische Initiative gestartet, die philosophisches Wissen allgemein zugänglich machen und so den Marsch durch die Institutionen theoretisch ausrüsten sollte, wurden die Bände in den achtziger Jahren zu einem verlässlichen Leitfaden durch das Labyrinth der neuen Unübersichtlichkeit. Mit der Kombination von Wissensvermittlung und kritischer Analyse haben die Junius-Bände stilbildend gewirkt.

Von Zeit zu Zeit müssen im ausufernden Gebiet der Wissenschaften neue Wegweiser aufgestellt werden. Teile der Geisteswissenschaften haben sich als Kulturwissenschaften reformiert und neue Fächer und Schwerpunkte wie Medienwissenschaften, Wissenschaftsgeschichte oder Bildwissenschaften hervorgebracht; auch im Verhältnis zu den Naturwissenschaften sind die traditionellen Kernfächer der Geistes- und Sozialwissenschaften neuen Herausforderungen ausgesetzt. Diese Veränderungen sind nicht bloß Rochaden auf dem Schachbrett der akademischen Disziplinen. Sie tragen vielmehr grundlegenden Transformationen in der Genealogie, Anordnung und Geltung des Wissens Rechnung. Angesichts dieser Prozesse besteht die Aufgabe der Einführungsreihe darin, regelmäßig, kompetent und anschaulich Inventur zu halten.

Zur Einführung ist für Leute geschrieben, denen daran gelegen ist, sich über bekannte und manchmal weniger bekannte Autor(inn)en und Themen zu orientieren. Sie wollen klassische

Fragen in neuem Licht und neue Forschungsfelder in gültiger Form dargestellt sehen.

Zur Einführung ist von Leuten geschrieben, die nicht nur einen souveränen Überblick geben, sondern ihren eigenen Standpunkt markieren. Vermittlung heißt nicht Verwässerung, Repräsentativität nicht Vollständigkeit. Die Autorinnen und Autoren der Reihe haben eine eigene Perspektive auf ihren Gegenstand, und ihre Handschrift ist in den einzelnen Bänden deutlich erkennbar.

Zur Einführung ist in verstärktem Maß ein Ort für Themen, die unter dem weiten Mantel der Kulturwissenschaften Platz haben und exemplarisch zeigen, was das Denken heute jenseits der Naturwissenschaften zu leisten vermag.

Zur Einführung bleibt seinem ursprünglichen Konzept treu, indem es die Zirkulation von Ideen, Erkenntnissen und Wissen befördert.

Michael Hagner
Dieter Thomä
Cornelia Vismann

Inhalt

1. Einleitung

Bücher über Museen und Ausstellungen beginnen häufig mit einem Gemeinplatz: »Keine andere Institution hat sich in den letzten Jahren einer solchen Aktualität erfreut wie das Museum.« Oder: »Das Phänomen ›Museum‹ mit seinen immer weiter steigenden Besucherzahlen ist eines der letzten zwanzig Jahre.« Neben Feststellungen über steigende Besucherzahlen und die Bedeutung des Historischen in Museen könnte man weitere gängige Argumente für die Aktualität des Museums aufzählen: zahlreiche Neugründungen, immer spektakulärere Architekturen, immer größere, auch »Blockbuster« genannte Ausstellungen, neue Museumsgattungen wie Kindermuseen und sogar neue, mit dem Museum zusammenhängende Berufsbilder. Die Befunde sind nicht falsch, im Gegenteil, es ist äußerst treffend, das Museum als eine zentrale, expandierende und sich wandelnde Institution unserer gegenwärtigen Kultur zu beschreiben. Der Amerikanist und Kurator Steven Hoelscher spricht davon, dass 95 Prozent aller Museen der Welt nach dem Zweiten Weltkrieg gegründet worden seien, noch immer steige ihre Zahl (Hoelscher 2006). Und auch ein Blick in die Bibliothekskataloge zeigt uns zahllose Museumstitel, viele davon aus den 2000er Jahren. Die gängigen Attribute von »Zuwachs« und »Aktualität« sind also nicht unbegründet. Doch hilft die vom Feuilleton bis zum Sammelband anzutreffende Diagnose nicht weiter, weil sie die Gegenwart immer als einen vorläufigen Endpunkt beschreibt. Damit wird ein altes Ordnungsmodell von Geschichte reaktiviert, dessen teleologischen Fluchtpunkt die Gegenwart darstellt, das lineare Entwicklungsmodell einer sich immer weiter ausdifferenzierenden Geschichte, die im Hier und Jetzt einen Grad der Komplexität erreicht hat, der bisher unbekannt war. Dass es dieses Schemas immer wieder bedarf, hängt nicht nur mit dem Bedürfnis nach einem zeitgemäßen Aufhänger für den nächsten zu schreibenden Text, sondern auch damit zusammen, dass das Museum und seine besonderen Darstellungs- wie Vermittlungsformen offensichtlich immer noch der Legitimation bedürfen. Der Bedarf für solche Begründungsbemühungen liegt auf der Hand: Das Museum ist ein Ort, der grundsätzlich zwar allen zugänglich ist, aber dennoch soziale Demarkationslinien zieht und immer noch bildungsbürgerlich definiert ist. Es ist ein Ort, an dem Wissen nicht nur mithilfe von Sprache und der Aktivierung entsprechender Verstandeskräfte vermittelt wird, sondern an dem sinnliche Erkenntnisweisen eine Rolle spielen, die nicht ohne Weiteres zu kalkulieren sind. Schließlich konnte sich das Museum trotz aller Reformen, Umbauten und Zubauten auch von seiner kritisierten Überfülle und seiner Verstaubtheit nicht gänzlich frei machen. Doch warum legitimieren, wenn gleichzeitig die Vorzüge klar zutage liegen? Lichte Räume mit fremden und faszinierenden Objekten, sorgfältig arrangierte Dingserien und thematische Präsentationen, ausgewählte Filmausschnitte und noch nie gesehene Kunstwerke, Alltagsobjekte neben kunsthandwerklichen Preziosen und gut erzählten Geschichten – auch das ist Museum. Weil alles so offensichtlich zutage tritt, will dieses Buch weder die Legitimationsbemühungen fortsetzen noch in das Hohelied für eine ehrwürdige Institution einstimmen, sondern versuchen, die das Museum bestimmenden Faktoren, seine Geschichte, wechselnden Konzepte und Begrifflichkeiten darzustellen.

Theorien und Utopien über das Museum gibt es schon lange, seit dem 16. Jahrhundert, als Samuel Quiccheberg die erste gedruckte Darstellung eines idealen Museums und seiner Gegenstände vornahm. Im Laufe des 20. Jahrhunderts etablierte sich eine Museologie oder Museumskunde, die neben der Geschichte des Museums vor allem als angewandte Wissenschaft Fragen der Klassifizierung, der sachgerechten Konservierung und Gestaltung sowie der administrativen Organisation einschloss. Das zeitgenössische Verständnis von Museologie umfasst eine (philosophische) Betrachtung musealer Arbeit, das Phänomen Museum als Ganzes und seine wechselnden Beziehungen zur Gesellschaft (Flügel 2005, 11). In neuerer Zeit haben sich die damit zusammenhängenden Begriffe multipliziert, entstanden sind eine Museumswissenschaft und Museumsforschung, eine Museumsanalyse, die *Museum Studies*, *Exhibiting Cultures*, eine *New Museology* oder *Curatorial Studies*. So sehr man bestrebt ist, in diesem Feld einen eigenen Wissenschaftszweig aufzubauen und zu etablieren, mag doch die berechtigte Frage gestellt werden, ob eine Wissenschaft nach einer Institution benannt werden sollte und ob nicht vielmehr die Museumseffekte, wie sie weiter oben benannt wurden, oder die Musealisierung, die für viele Lebensbereiche konstatiert wird, genauer differenziert, mithin in einem breiteren Rahmen kontextualisiert werden müssen. Dann käme man nicht umhin, die wissenschaftshistorischen Forschungen zum Sammeln oder die kunstwissenschaftlichen zum Ausstellen gleichermaßen wahrzunehmen – was die Frage aufwirft, warum man die Beschreibung der Museumseffekte nicht gleich in den verschiedenen Fächern verankert. Die immer wieder in Anschlag gebrachte besondere Wahrnehmungs- und Organisationsform des Museums ist bei näherer Betrachtung eine Ordnung, die nur mit Methoden der Bild- und Kunstwissenschaft, nur vor dem Hintergrund der Naturwissenschaftsgeschichte oder der Kulturwissenschaft geklärt werden kann. Zahlreiche Verfahren oder Methoden zur Beschreibung und Analyse des Museums aus den verschiedensten Disziplinen wurden diskutiert. Ob es sich dabei um die Semiotik handelt, die für die Analyse der Besucher und Objekte genutzt wurde (Scholze 2004), oder ob man sich Museumsräumen in ihrer speziellen Wirkung mithilfe der »dichten Beschreibung« nach Clifford Geertz annäherte, all dies sind wichtige Versuche, die Besonderheit des Raumes zu erfassen, doch sie werden nicht unbedingt zu einem Leitfaden für eine umfassende Museumsanalyse führen, einem Set von methodischen Instrumenten, mit dessen Hilfe man sich einer Ausstellung aus abgesicherter Position annähern kann. Mieke Bal hat einen Schritt in diese Richtung unternommen, als sie in ihrem Buch »Kulturanalyse« von 2002 eine Beschreibung zweier New Yorker Museen und ihrer Präsentationen vornahm. Auf der Grundlage der Diskursanalyse und der *Cultural Studies* erstellte sie ein expositorisches Vokabular, das für die Betrachtung dieser Räume äußerst hilfreich ist, das aber nicht ohne Weiteres auf andere Museen angewandt werden kann. Die neueren Bestrebungen für eine Museumswissenschaft im weitesten Sinne (am ehesten erkennbar in der zunehmenden Einrichtung von Studiengängen und Ausbildungseinheiten) können als eine Reaktion auf den Gegenstand, mit dem sie sich beschäftigen, verstanden werden. Doch wird man mit dem Kunsthistoriker und -kritiker Douglas Crimp das Gefühl nicht los, dass die Geschichte der Museologie immer wieder darauf abzielt, die Heterogenität des Museums zu leugnen und es auf ein homogenes System zu reduzieren (Crimp 1996, 74). Um den Gedanken Crimps fortzusetzen: Es gibt nicht *die* Wissenschaft vom Museum, sondern ein weitaus komplizierteres Geflecht, das andere Institutionen und Fächer in der Beschreibung und Analyse eines musealen Phänomens miteinbeziehen muss und nicht aus sich selbst erklärt werden kann. Deshalb ist es fraglich, ob man aus dem Museum gleich eine Wissenschaft machen soll. Der Soziologe Ferdinand Tönnies hat ein vergleichbares Wissenschaftsbestreben des Jahres 1931 auf den Punkt gebracht: »Aber ich meine, es muß nicht jede Sache, über die man sehr nützliche Studien macht, gleich den Namen einer besonderen Wissenschaft haben; denn dann gäbe es innerhalb der Zoologie eine Hühnerwissenschaft, eine Entenwissenschaft, eine Wissenschaft der Schwäne, die übrigens recht schön wäre! Das ist nicht nötig.« (Tönnies 1931, 72) Tönnies wandte sich mit dieser Bemerkung gegen eine eigenständige Zeitungswissenschaft, deren Bestreben es zum damaligen Zeitpunkt war, sich aus dem großen Verbund der Soziologie zu lösen. Tönnies konnte freilich die Etablierung des Fachs nicht aufhalten, denn es entwickelten sich eigenständige zeitungswissenschaftliche Einrichtungen, und die Analyse der Zeitung wurde in die später entstehende Medienwissenschaft integriert. Und einen Einwand muss man gelten lassen: Neue Medien erfordern auch neue Analyseinstrumente. Mit der Museumswissenschaft verhält es sich ähnlich. Aber auch wenn es heute eine Vielzahl spezialisierter Studienrichtungen gibt, die nicht zuletzt aus dem Bedürfnis nach Interdisziplinarität als transdisziplinäre Einheiten gegründet wurden, so sollte man überlegen, ob es nicht heute um eine neue Verortung der vielfältigen und reichen Inhalte in ihren klassischen Fächern geht. Und auch wenn das Vorausgegangene einen Vergleich der Museumswissenschaft mit der »Hühnerwissenschaft« insinuiert, heißt dies nicht, dass das Museum nicht eines der zentralen Themen unserer gegenwärtigen Kultur wäre.

Auf den folgenden Seiten geht es deshalb nicht um eine Erklärung des Museums aus dem Geist der Museologie oder der Museumswissenschaft, werden keine anwendungsbezogenen Fragen beantwortet und keine Anleitungen gegeben. Vielmehr geht es um eine Geschichte der verschiedenen, durch die Jahrhunderte sich wandelnden theoretischen Konzepte des Museums, die hier im Überblick dargestellt werden sollen. Dass es dabei eine »Theorie des Museums« genauso wenig geben kann wie die eine Wissenschaft vom Museum, liegt auf der Hand. Doch es gibt verschiedene Entwürfe und Interpretationsansätze, die das Phänomen Museum überhaupt erst beschreibbar und erklärbar machen. Der Titel dieses Buches müsste also umständlicher, aber richtiger lauten: »Geschichte der Konzepte des Museums«. Eine solche Benennung des Gegenstands ist mit der Überzeugung verbunden, dass die Geschichte dieser Institution den Resonanzboden für ein vertieftes Verständnis heutiger Museumskonzepte bildet und deshalb etwa die gegenwärtige Berichterstattung zum Thema erhellen und verständlich machen kann. Eine solche Geschichte der verschiedenen Konzepte des Museums orientiert sich – wo möglich – an zentralen Texten und geht chronologisch vor.

Bei der Auswahl der Texte und der Strukturierung des Buches haben mich vor allem zwei Beobachtungen geleitet: Erstens wird die hier vorliegende Einführung von der zentralen These bestimmt, dass das Museum und die Ausstellung zwei verschiedene Präsentationsweisen sind, die erst zu Beginn des 20. Jahrhunderts zueinanderfanden. Der korrekte Titel müsste deshalb – noch genauer – »Geschichte der Konzepte von Museum und Ausstellung« lauten. »Museum« und »Ausstellung« werden heute oftmals synonym verwendet und nicht weiter differenziert. Einer der ersten, der auf ihren speziellen Zusammenhang verwiesen hat, war Tony Bennett. In seinem Buch *The Birth of the Museum* macht er deutlich, dass die Etablierung der ehrwürdigen Institution im 19. Jahrhundert im Vergleich zur zeitgleichen Entwicklung der Vergnügungsparks und Weltausstellungen verstanden werden muss (Bennett 1995). Doch die Geschichte des Museums und der Ausstellung zeigt – so möchte ich argumentieren –, dass sich ihre Präsentationsformen aus unterschiedlichen Quellen speisen, die sie heute immer noch reflektieren, ohne sie zu thematisieren. Das Beständige des Museums und das Mobile, Ephemere der Ausstellung bilden den Kernpunkt und die Dualität unserer heutigen Auffassung von räumlicher Präsentation. Zweitens steht in unserer Wahrnehmung des Museumsgedankens immer noch das Kunstmuseum als die eigentliche, kanonische Museumsgattung im Vordergrund. Viele unserer Zugangsweisen, Erwartungen und Vorurteile gegenüber der Institution Museum rühren aus einem Verständnis und der Wahrnehmung des klassischen Kunstmuseums her: Das ruhige Stehen vor einem Objekt und die Versenkung in seine Betrachtung, das leise Durchschreiten der Gelehrsamkeit ausstrahlenden Räume, die Erfahrung eines gültigen Kanons, der sich eher dem Kenner als dem Laien erschließt, kurz: »das museale Piedestaldenken« (Hofmann 1970, 120). Auch wenn es heute eine Vielzahl von Museen gibt, so bleiben diese Zuschreibungen merkwürdig gültig. Das Besondere daran ist, dass sie andererseits überholt und durch die Reformen der letzten dreißig bis vierzig Jahre praktisch nicht mehr existent sind. Natürlich ist das Museum immer noch ein Ort der Gelehrsamkeit, doch Sonderprogramme für Kinder, ausgefeilte museumspädagogische Begleitungen, Cafés, Events und Museumsshops haben ein Element hinzugefügt, das das Museum nicht nur als verstaubt, sondern als Teil unserer Alltagswelten erfahrbar macht. Und trotzdem bleiben bestimmte Erfahrungsweisen bestehen: Nach wie vor ist es eine Tatsache, dass sich dem Betrachter ein Gemälde an der Wand oder ein Objekt in einer Vitrine nur durch eine länger andauernde Betrachtung erschließen. Seine sorgfältige Wahrnehmung, im Gespräch oder allein, ist die Grundlage aller weiteren Erkenntnis, alles weiteren Wissens über das Objekt. Während beispielsweise das Naturkundemuseum von Anfang an von der Speicherung und Vermittlung von Wissensbeständen ausging, gründet das (preußische) Ideal des

Kunstmuseums in der Erhöhung des Menschen, seiner umfassenden Bildung und geistigen Vervollkommnung. Alle Reformen, alle Kritiken gehen von diesem Ideal und der mit ihm verbundenen Präsentationsform aus. Dies gilt es bewusst zu machen. Deshalb versucht der Text, auf verschiedene Museumsgattungen einzugehen und diese – wo möglich – auch vergleichend zu verbinden.

Diese zwei Argumente werden mich durch den Text führen. Sie zu verfolgen war nicht immer einfach, denn die Forschung zum Museum konzentriert sich immer noch auf einzelne Sparten wie Kunstgewerbemuseum, Naturkunde-, Technik- oder Kunstmuseum und wagt wenig Querbezüge. Zahlreiche exzellente Detailstudien sind erschienen, die das Feld der Museumsgeschichte als ein breites, spannendes Terrain erschlossen haben und die neben den institutionellen Rahmenbedingungen auch Auskunft über die täglichen Arbeiten und die im Museum vorangetriebenen Forschungen geben. Doch nur in selteneren Fällen ist es gelungen, valide Querbeziehungen herzustellen und Vergleiche – etwa von Präsentationsweisen oder räumlichen Dispositionen – auszuführen. Die Grundlage dieser Einführung besteht deshalb in der Auswahl zentraler Primärtexte und wichtiger Sekundärtexte sowie ihrer Kontextualisierung. Sie wäre nicht zustande gekommen, hätten mich dabei nicht Christian Vogel, Anja Sattelmacher und Martin Rosie unterstützt; auch die mit Museumsliteratur reich bestückte Bibliothek des Ludwig-Uhland-Institutes für Empirische Kulturwissenschaft der Universität Tübingen und deren Leiterin Kerstin Rehm haben zur Fertigstellung wesentlich beigetragen. Von Thomas Thiemeyer, Dietmar Rübel und Angela Matyssek erhielt ich zahlreiche wertvolle Hinweise, und die Studierenden des Ludwig-Uhland-Institutes haben durch ihre lebendigen Diskussionen zur Ordnung des Stoffes beigetragen. Ihnen allen sei herzlich gedankt wie auch den Herausgebern der Einführungsreihe für ihre Aufnahme des Museumsthemas und Steffen Herrmann vom Junius Verlag für seine unerschöpfliche Geduld und ein anschließendes exzellentes Lektorat.

Vorwort zur vierten Auflage

Die »Theorien des Museums« wurden 2011 abgeschlossen und erschienen 2012 in erster Auflage. Die nunmehr vorliegende vierte Auflage wurde behutsam korrigiert und – wo besonders offensichtlich – an einigen Stellen durch die in der Zwischenzeit erschienene Literatur ergänzt. Neu geschrieben und hinzugefügt wurde das achte Kapitel »Museumtransformationen«, das exemplarisch drei Aspekte der neueren Museumsentwicklungen zu beschreiben sucht. Die am Ende angefügte Auswahlbibliografie wurde entsprechend erweitert, die Register wurden ergänzt.

Ich danke dem Institut für Museumsforschung und seiner vorzüglichen Bibliothek, namentlich Vera Heyden, für die Unterstützung bei der Literaturbeschaffung. Dank auch an Thomas Thiemeyer sowie den Mitgliedern des Forschungskollegs »Wissen | Ausstellen« der Universität Göttingen für eine Diskussion des Kapitels, vor allem an Margarete Vöhringer, die sie ermöglicht hat.

2. Museumsbegriffe

Als der Kunsthistoriker Stephen Bann 1978 den Begriff des »ironischen Museums« prägte, beschrieb er damit ein Museum, das sich zu erkennen gibt, ein Museum, das sich als konstruiert und zusammengesetzt zeigt (vgl. Bann 1978). In ihm lassen sich zwei verschiedene Präsentationsweisen nebeneinander betrachten: das lineare, chronologische, den Schulen und Jahrhunderten gewidmete Modell, in dem die einzelnen Museumsobjekte als Exemplar fungieren und so stellvertretend für eine ganze Klasse von Objekten stehen; etwa Grabmäler der Antike, Vasen des 17. bis 19. Jahrhunderts oder die Entwicklung der aus Stein gehauenen Pfeilspitze. Das zweite Modell beruht auf rekonstruierten Räumen eines bestimmten geschichtlichen Prozesses, strebt eine atmosphärische Wirkung an und stellt das Objekt als Relikt eines historischen Zeitpunkts dar: ein Biedermeierarrangement mit Sitzgarnitur, Teppich, Porzellan und Scherenschnitten an der Wand. Obwohl sich Bann auf historische Museen bezog, zudem auf zwei Modelle, die um 1800 in Frankreich entstanden, hat er mit dieser Unterscheidung einen zentralen Punkt umrissen: Das ironische Museum verschreibt sich nicht einem dieser Modelle, sondern lässt beide nebeneinander bestehen und gibt so die Reflexion der Institution über sich selbst zu erkennen. Es geht um das gleichberechtigte Nebeneinander verschiedener Zeit- und Präsentationsschichten, die das Museum selbstbewusst integriert. Das »ironische Museum« verweist auf sich selbst, gibt sich als ein Konstrukt unter vielen zu erkennen und besteht nicht auf der

Meistererzählung, sondern vereint in seinen Präsentationsweisen verschiedene Wahrnehmungsstränge, die es nicht zuletzt dem Besucher ermöglichen, das Museum in seinem Gemachtsein zu erkennen.

Um das Museum auch heute als ein »ironisches«, selbstreflektierendes erkennen zu können, bedarf es einiger Kenntnis seiner konstituierenden Elemente und seiner Genese. Dazu gehören die verschiedenen Inszenierungs- und Darstellungsweisen, die in den nächsten Kapiteln erläutert werden, aber auch die einfache, bereits in der Einleitung vermerkte Unterscheidung zwischen Museum und Ausstellung. Deshalb sei hier zunächst eine Begriffsklärung vorangestellt, die die zentralen Komponenten des Phänomens differenziert, welche heute nur allzu schnell miteinander verwoben werden. Denn im Alltag sprechen wir mal vom Museum, mal von der Ausstellung, dann wieder von der Sammlung; wer ins Museum geht, ist ein Besucher, ein Konsument oder ein Kenner. Und der, der die Kunstwerke bewacht, ist ein Aufseher, ein Kustos oder ein Kurator. Selbst im Feuilleton oder in den Seminararbeiten der Studierenden kreuzen sich diese Termini munter. Die folgende kurze Wortgeschichte kann als Ergänzung des empfehlenswerten Bändchens *Was ist ein Museum?* dienen. Während dieses 2001 erschienene Buch von Melanie Blank und Julia Debelts im Überblick über die Jahrhunderte den Begriff mit der Geschichte der Institution verbindet, soll hier das Augenmerk auf die Unterscheidung der verschiedenen Institutionalisierungsformen gelegt werden: Eine Ausstellung findet nicht notwendigerweise im Museum statt, und eine Sammlung muss kein Museum sein. Diese an sich banal anmutende Ansicht hat Folgen, die umso sichtbarer werden, je weiter man das Museum und die Inflation des Ausstellungsbegriffs in die Gegenwart verfolgt.

Der Begriff Museum wird in seiner grundlegenden Form auf seine lateinische Herkunft zurückgeführt als ein Ort für gelehrte Beschäftigung, in leichter Variation zu seiner griechischen Bezeichnung als einem »Musensitz«. Der aktuelle Brockhaus fasst zusammen und markiert einen Anfang: »seit dem 18. Jh. öffentl. Sammlung von künstler. und wiss. Gegenständen und deren Gebäuden« (Brockhaus 1998, Bd. 15, 261). Damit ist bereits eine ganz bestimmte Sicht wiedergegeben, die die Gründung der Museen in das 18. Jahrhundert legt. Tatsächlich findet man im Jahrhundert der Aufklärung die ersten politisch motivierten, öffentlich zugänglichen Sammlungspräsentationen, doch lohnt es sich, noch einmal genauer zu schauen und den Begriff von seinem antiken Ursprung herzuleiten: Es handelt sich um einen Ort, an dem die Musen verehrt wurden – Berghöhen, Haine und Grotten –, die mit einem Altar ausgestattet und oftmals mit einer Lehrstätte verbunden waren (Ziegler/Sontheimer 1969, Bd. 3, 1482). Verehrung und gelehrter Dialog sind die entscheidenden Stichworte, die den ursprünglichen Begriff des Museums ausmachen. Es handelt sich also um einen Studienort, der auch entsprechende Studienwerkzeuge und deren Zusammenstellung einschließt. Zu einem solchen Museion gehörte auch die Bibliothek von Alexandria (heutiges Ägypten), die größte Bibliothek des klassischen Altertums im Reich der Ptolemäer: »Primary functions of Ptolemy's mouseion [...] included the recovery and preservation of texts and objects endangered by 4th-century BC political turmoil, the collection of biological samples and the production of new knowledge through organized study.« (Turner 1996, Bd. 22, 354) Das Museum bleibt ein Ort des Studiums und des gelehrten Austauschs bis weit in das 18. Jahrhundert hinein. Seine Nähe zum Sammlungsraum ist offensichtlich, es wird immer wieder auch als ein Kabinett oder Studierzimmer bezeichnet. Noch 1739 herrscht die Definition der »Studir-Stuben«

(Zedler 1739, Bd. 22, 1375) vor, sind spezielle Museen wie das Ashmolian Museum in Oxford eng mit einer Lehreinrichtung verknüpft (ebd., 1378). Erst im Laufe des 18. Jahrhunderts wird der Begriff häufiger benutzt und erhält langsam die Bedeutung eines Gebäudes, in dem eine Sammlung untergebracht und zum öffentlichen Vergnügen aufgestellt ist. Man beginnt nun eindeutiger zwischen Kunstgegenständen, Büchern und Gegenständen der Natur zu unterscheiden. Der Eintrag »Museum« im Brockhausschen *Conversations-Lexikon* von 1820 gibt seine Funktionen zu erkennen, nämlich »zur Ansicht der Kenner, zum Genusse der Kunstfreunde, zur Befriedigung der Neugierigen und zur Belehrung von Schülern und Meistern« (Brockhaus 1820, Bd. 6, 667). Die Lehrsituation wird in dieser Reihe an letzter Stelle genannt, im Vordergrund stehen die in einem Gebäude ausgestellte Sammlung und ihre Funktion: Ansicht, Genuss, Befriedigung.

Im frühen 19. Jahrhundert vereindeutigt sich zugleich das Wort »Sammlung«. In den begrifflichen Bestimmungen der Zeit vor 1800 versteht man unter Sammlung in erster Linie eine Ansammlung von etwas, die Sammlung der Gedanken, von Zitaten und Textstellen. Es ist die Handlung des Akkumulierens, welche das Wort charakterisiert. Der Eintrag in der *Oeconomischen Encyclopädie* am Beginn des 19. Jahrhunderts umfasst denn auch viele Seiten, da er für jeden Sammlungsbereich – Holzschnitte, Akten, Bücher, Gerätschaften – eine Vielzahl von Beispielen und detaillierte Beschreibungen der Bestände, ja selbst Anleitungen, wie man die Dinge zu speichern habe, aufführt: »Besonders angenehm ist es, wenn man bei diesen Sammlungen die Eier eines jeden Vogels in seinem Neste hat.« (Krünitz 1824, Bd. 135, 704) Das Zusammengebrachte und das Zusammenbringen als Prozess werden hier betont. Anders als in den Definitionen des Museums wird nicht die Reaktion des Betrachters oder eines Publikums in den Vordergrund gerückt (Genuss, Befriedigung), sondern das Zustandekommen und die Vollständigkeit eines Gegenstandsbereichs. Im Laufe des 19. Jahrhunderts wird die Sammlung als »eine Menge verschiedener gesammelter Gegenstände« bezeichnet, die sich in geordneter Form dadurch auszeichnen, dass sie »in ihrer Vereinigung gleichsam ein Ganzes bilden« (Meyer 1851, 6. Bd., 2. Abt., 1292). In einem zweiten Schritt erfolgt der Hinweis auf naturwissenschaftliche oder auf die Kunst bezogene Sammlungen und damit die Prägung des Begriffs im Hinblick auf eine der Wissenschaft gewidmete Institutionalisierungsform.

Ähnlich wie die Sammlung nimmt auch die Wortgeschichte der Ausstellung ihren Ausgang in einer Verrichtung: Wachen und Posten werden aus- und aufgestellt, ein Wechsel wird ausgestellt, jemand wird bloßgestellt, ein Tadel ausgesprochen. Schließlich können Waren ausgestellt, resp. ausgesetzt werden (Adelung 1774, Bd. 1, 588). Das ursprünglich lateinische »exponieren« bedeutet »darstellen, zur Schau stellen«. Anders als das Sammeln ist das Ausstellen ein Begriff, der eine nach außen gerichtete Tätigkeit bezeichnet und »ausstellen« auch im Sinne von »aushändigen« meint (Grimm 1854, Bd. 1, 987-990). Interessant ist, dass der Begriff erst im Laufe des 18. Jahrhunderts überhaupt auftaucht. Es geht beim Ausstellen um eine Bekanntmachung in der Öffentlichkeit, die sich auf zwei Gegenstandsbereiche bezieht: auf Werke der Bildenden Kunst (Kunstausstellungen) und auf Waren (Gewerbe-, Industrieausstellungen). Anders als beim Museum handelt es sich bei einer Ausstellung im 19. Jahrhundert um eine temporäre Einrichtung, die ihren Ort weniger in einem festen Gebäude haben muss, als vielmehr den Neuigkeitswert in den Vordergrund stellt: Ob Kunst oder Waren, beides soll zur »Kenntniß des Publikums« gebracht werden und den Verkauf des Ausgestellten ermöglichen (Ersch/Gruber 1887, Bd. 40, 250). Insbesondere für die Gewerbe- und Industrieausstellungen wird der nationale Wettbewerb, aber auch das Anregen des Ehrgeizes jedes einzelnen Herstellers, der sich auf diesen messeartigen Veranstaltungen im Vergleich betrachten kann, benannt (Meyer 1848, Bd. 12, 910). Während die temporären Kunstausstellungen in Paris mit den Salons in der Mitte des 18. Jahrhunderts beginnen, setzen die Gewerbeausstellungen Ende des 18. Jahrhunderts ein, die Weltausstellungen wiederum werden ab Mitte des 19. Jahrhunderts veranstaltet. Ausstellungen sind im Verständnis der Zeit dem Fortschrittsgedanken verpflichtet: Sie sind ein »mächtiger Hebel zur immer höheren Entwickelung der technischen Vollkommenheit« (ebd, 907).

Damit sind bereits einige wichtige Unterschiede deutlich geworden, die bei der Verwendung der Begriffe auch heute noch eine Rolle spielen. Die Sammlung ist eine Zusammenstellung von Gegenständen, bei der die Art der Zusammenstellung, die Verrichtung und das Prozesshafte im Vordergrund stehen. Eine Sammlung wird hergestellt, sie ist eine Vereinigung, die nicht notwendig für ein Publikum aufgestellt werden muss. Der moderne Begriff des Museums bezieht sich dagegen in erster Linie auf die Repräsentation. Ein Museum vermittelt etwas Kanonisches, das sich zum einen auf die Sammlung und ihre Zusammenstellung beziehen kann, zum anderen aber auf ein Kanonisches zweiter Ordnung – beispielsweise auf die Kunst. Ihm gegenüber steht das Publikum, Kenner wie Schaulustige, für die das Museum zu Schau- und Erkenntniszwecken eingerichtet wurde. Während das Museum etwas Dauerhaftes verkörpert, in seinem Gebäude und mit seinen überzeitlich gültigen Inhalten, ist der Ursprung der Ausstellung eine temporäre Verwirklichung, in der jedes einzelne Zurschaustellen in einer Kette von Präsentationsereignissen steht. Bei einer Ausstellung handelt es sich zunächst weniger um eine Repräsentation als um eine Verzeitlichung der Präsentation, die kein festes Gebäude besitzt, in großen Hallen statt in kleinen Kabinetten abgehalten wird und die weniger Versenkung ins Original als Vergleich des dargelegten Angebots ermöglichen soll. Ein Beispiel mag diesen Zusammenhang erhellen.

Wenn der Name des Hygiene-Museums in Dresden heute noch immer auf Befremden stößt, dann sind nicht nur die Verantwortlichen zu beglückwünschen, dass sie allen Umbenennungsforderungen widerstanden haben und die Sprödigkeit des Namens weiterhin zulassen, sondern die Erklärung des Begriffs der Hygiene, die Geschichte des Museums und seine Herkunft aus einer temporären Ausstellung kurz vor dem Ersten Weltkrieg lassen auch deutlich werden, dass es hier nicht um Sauberkeitsregeln, sondern um den menschlichen Körper und alle möglichen damit verbundenen geistigen wie materialen Kalamitäten geht. Diese Herkunft aus dem Ausstellungswesen macht auch deutlich, warum seit den 1990er Jahren Gastkuratoren an diesem Haus große Ausstellungen verwirklicht haben und dieses Museum einer der ersten Orte der vielgerühmten wie gescholtenen »Ausstellungsmacher« ist. Denn es handelt sich um ein Haus, das keine (umfangreiche) Sammlung besitzt, mithin nicht seine dauerhaften Bestände zugänglich machen muss und ihnen verpflichtet wäre, sondern auf aktuelle Themen setzen kann – wie im Grunde schon bei seiner Entstehung.

Dies führt zu einer letzten begrifflichen Unterscheidung, die mir wichtig erscheint. Immer wieder werden in den Diskussionen um das Museum die Bezeichnungen Kustode und Kurator benutzt. Während uns das Wort Kustode oder auch Kustodie zunächst altmodischer anmutet und wir aus Gründen der angemesseneren zeitgenössischen Verwendung den Begriff Kurator vorziehen, steckt in ihrer Verschiedenheit doch mehr als nur das vermeintlich unterschiedliche Alter.

Der Custos ist eine aus der römischen Antike stammende Bezeichnung für Jupiter und bezog sich auf dessen schützende Funktion. Das Wort beschreibt aber auch das Wiederkehrende, indem es im 18. Jahrhundert in der Buchdruckersprache die Silbe oder das ganze Wort meint, das am Ende der Seite in eine besondere Zeile gesetzt und zu Beginn der nächsten Seite am oberen Rand wiederholt wird. Adelung wie Krünitz nennen es in diesem Zusammenhang den »Blatthüter« (Adelung 1774, Bd. 1, 1224; Krünitz 1776, Bd. 8, 476). Um 1800 wird aus dem Blatthüter ein Schatzhüter, ein »Wächter« oder »Aufseher«, »besonders von öffentlichen Sammlungen« (Meyer 1846, Bd. 7, 3. Abt., 462). Im Laufe des 19. Jahrhunderts versteht man darunter ein Amt, dessen Inhaber nicht eine Präsentation beaufsichtigt, sondern als wissenschaftlicher Bearbeiter und Vermehrer der Sammlung des Museums tätig ist. Hier ist wiederum eine große Nähe zur kirchlichen Organisation zu verzeichnen – der Domkustos ist der »Domherr einer Kathedral- oder Kollegiatkirche, dem die Aufbewahrung des Kirchenschatzes und der kirchlichen Geräthe anvertraut war« (Meyer 1851, Bd. 19, 1. Abt., 651), und die Kustodie bezeichnet die »Würde eines Kustos«. Wenn in der zeitgenössischen Definition des Brockhaus für den Kustoden des Museums von einem »wiss. Sachbearbeiter« zu lesen ist, dann ist die Verbindlichkeit zwischen Amt und Institution und damit der Ehrenkodex dieser Verbindung weitgehend aufgehoben (Brockhaus 2006, Bd. 16, 158). Der Kustode ist innerhalb eines Museums also der wissenschaftliche Bearbeiter der Museumsobjekte, der innerhalb einer Fachdisziplin eine große Expertise besitzt und nicht zuletzt auch als »Kenner« bezeichnet werden kann. Er ist kein Generalist, sondern ein Spezialist eines bestimmten Gegenstandsbereichs, der über die (Teil-)Sammlung eines Museums wacht, sie erweitert, sie ordnet und bearbeitet.

Interessant ist, dass in den Einführungen zur Museologie oder selbst im *Handbuch der Allgemeinen Museologie* von Friedrich Waidacher zwischen Kustos und Kurator nicht unterschieden wird. Katharina Flügel spricht vom Kurator als Kustoden, indem sie sich auf den englischen Sprachgebrauch bezieht. »Im neueren museumsinternen deutschen Sprachgebrauch bürgert sich dieser Begriff zunehmend als Begriff für den wissenschaftlichen Mitarbeiter ein, der für ein Sammlungsgebiet zuständig ist.« (Flügel 2005, 71) Sie erwähnt den Begriff des Kustoden nicht. Waidacher benutzt die beiden Begriffe synonym, für ihn ist der Kurator der »wissenschaftliche Museumsmitarbeiter« (Waidacher 1999, 153, 626). Ein Blick auf die Herkunft des Begriffes »Kurator« macht aber deutlich, inwiefern eine Unterscheidung sinnvoll ist, respektive welche zentralen politischen Implikationen mit der Nivellierung verbunden sind.

Der Kurator ist eine Art Stellvertreter – vor der Regierung, vor dem Gesetz – für eine andere Person oder für eine Verwaltungseinheit. Aus dem Lateinischen stammend, bedeutet Kurator Besorger, Pfleger, Verwalter, Vormund – »curare« meint »Sorge tragen, besorgen, pflegen« (Pfeifer 1993, Bd. 1, 748). Das Wort begegnet uns heute noch in Bezeichnungen wie Kuratorium, ein Verwaltungsausschuss oder eine Aufsichtsbehörde. Am Ausgang des 18. Jahrhunderts ist mit Curator im Wesentlichen ein Stellvertreter, beispielsweise eines Minderjährigen, gemeint, Personen, »welche, wegen eines Mangels, ihren eigenen Sachen nicht vorstehen können« (Krünitz 1776, Bd. 8, S. 468). Betrachtet man das Wort in seiner (auch im 19. Jahrhundert gängigen) Bedeutung, nämlich als »Besorger einer Angelegenheit, Aufseher über eine Sache« (Meyer 1846, Bd. 7, 3. Abt., 434), so wird deutlich, dass es sich bei dieser Bezeichnung nicht um ein an eine bestimmte Institution oder Person gebundenes Amt handelt als vielmehr um eine Vertretungsfunktion, die etwas verhandelt, ohne dass sie damit auf längere Zeit verbunden ist. Das Verhältnis kann grundsätzlich wieder gelöst werden. Mit Kustode und Kurator sind also zwei verschiedene Tätigkeitsbereiche angesprochen, die eine heutige feine Differenzierung nahelegen: Während der Kustode für eine Sammlung und deren Bearbeitung verantwortlich zeichnet und sich damit in der Institution des Museums wiederfindet, ist der Kurator ein zeitlich bestellter Organisator, der Ausstellungskurator mithin jemand, der in der Regel zeitlich befristet an einer Institution arbeitet, um sich danach an anderem Ort neuen Projekten zuzuwenden. Auch diese Person kann Sammlungsbestände bearbeiten oder Ankäufe vorschlagen. Interessant ist aber, dass der Ausstellungskurator (oder wie seit den 1960er Jahren der Ausstellungsmacher) einen viel größeren gesellschaftlichen und öffentlichkeitswirksameren Status erhalten hat als der Kustode – wie etwa in der jüngeren Geschichte das Beispiel Harald Szeemanns und seiner »Agentur geistiger Gastarbeit« zeigt. Das Amt des Kurators ist zeitlich befristet und lässt eine bestimmte Akkumulation von Wissensbeständen und Detailkenntnis eines Objektbestandes nicht mehr zu. Mit anderen Worten: Was – auch im Museum – als Herrschaftswissen angeprangert und mit der Aufhebung der Verbindung von Person und Mandat zu Beginn der 1980er Jahre in der deutschen politischen Landschaft durchgesetzt wurde, hat sich nicht nur in vielen Bereichen der öffentlichen Hand durchgesetzt und zu einer Kapitalisierung des Wissens geführt, sondern betrifft auch das Museum selbst in eminenter Weise: Wenn Kuratoren Ausstellungen machen, die nicht der Institution, sondern ihrer Idee oder Firma verpflichtet sind, dann können und wollen sie in keine Sammlungsbewahrung und -aufarbeitung investieren. Umgekehrt sind Kustoden nicht geschult in Ausstellungskommunikation, deren Bedeutung aber in den letzten vierzig Jahren als zentrale Aufgabe der Museen zugenommen hat. Was sich hier ereignet und was die sorgfältige Bedeutungsunterscheidung der Begriffe zeigt, ist ein Auseinanderdriften von Museumsaufgaben einerseits und Ausstellungskonjunkturen andererseits. Heute werden Kustode und Kurator gar nicht mehr voneinander unterschieden, in den meisten Fällen arbeiten heute am Museum ausschließlich »Kuratoren« und vereinen beide Aufgabenbereiche. In der Tat mag dies als der geeignetere Begriff erscheinen, da das Berufsbild des zurückgezogenen, fern der trubeligen Welt arbeitenden Kustoden ohnehin nicht mehr existiert.

Ein Blick zurück auf die in diesem Kapitel behandelten Termini zeigt, dass im heutigen Museumsbegriff verschiedene Aufgaben zusammenkommen, die bis weit in das 20. Jahrhundert hin differenziert wurden. Wenn diese Differenzierung heute nicht mehr so bedeutsam ist, dann zeigt sich darin ein Paradox: Die letzten zwanzig Jahre haben eine Unmenge an historischen und systematischen Forschungen zu Sammlung, Museum und in jüngster Zeit auch zu Ausstellungen hervorgebracht, die zeigen, mit welcher Vielfalt in diesem Gebiet zu rechnen ist. Eine neue Sensibilität gegenüber Schauzusammenhängen ist dabei entstanden, die sich nicht zuletzt in der Berichterstattung über die Ausstellungen zeigt. Umgekehrt sind die Gegenstandsbereiche von Museum, Ausstellung, Sammlung, Kustode und Kurator noch nie so austauschbar benutzt worden wie heute. Das führt dazu, dass vielerorten eine Unterscheidung gar nicht mehr getroffen wird. Die Institutionen in ihren Verflechtungen treten zurück, und der Gegenstand selbst, das zu sammelnde, auszustellende Objekt gerät in den Vordergrund. Das ironische Museum wiederum vermag dieses Paradox aufzulösen: Indem es uns auf die beiden wichtigsten Schau- und Wahrnehmungszusammenhänge seit dem 19. Jahrhundert verweist – das in Reihe gestellte Objekt und das Objekt im historischen, atmosphärischen Zusammenhang –, fordert es uns zu einer sorgfältigeren Unterscheidung auf, der Präsentationsformen wie der Begriffe. Nur so können wir das Museum als Museum erkennen und sehen, welche verschiedenen Traditionen und Wahrnehmungsschulen in die jeweilige Institution einfließen.

3. Museografien und Museumsgründungen

Museografien

Samuel Quiccheberg hatte 1559 eine große Aufgabe vor sich: Es war das Jahr, in dem der Gelehrte offiziell in die Dienste Albrechts V. am Münchener Hof trat und dort die Objekte der Kunstkammer ordnete, sie mit den Buchbeständen verschränkte und während dieser Arbeit zahlreiche Sammlungen im mitteleuropäischen Raum bereiste. Ergebnis seiner jahrelangen Beschäftigung mit gelehrten Sammlungen aller Art und ihren für unsere heutige Zeit mitunter merkwürdig anmutenden Beständen war die Schrift *Inscriptiones Vel Tituli Theatri Amplissimi*, die er 1565 fertigstellte. Diese Schrift war nicht nur seiner zu diesem Zeitpunkt einzigartigen Kenntnis und Seherfahrung der verschiedenen Sammlungen geschuldet, sondern kann auch als erste museumstheoretische Schrift gelten, da hier in systematischer Weise die Gegenstandsbereiche aufgeführt und ihre Zusammenhänge erläutert werden. Geht man also dem Museumsgedanken nach, dann ist das Jahr 1565 der geeignete Zeitpunkt, um mit der Betrachtung zu beginnen.

Bereits bei Quiccheberg wird deutlich, dass ein Museum einen Ordnungsentwurf darstellt, der mit herrschaftlicher Gebärde und mit gelehrter Sorgfalt zugleich ausgeführt wird. Diese Ordnungsentwürfe waren in der Geschichte des Museums immer mit der Geschichte der Wissenschaft verbunden, sei es, dass in der Ordnung des Museums Anleihen beim Gelehrtenwesen gemacht wurden, sei es, dass das Museum auf die Inhalte der gelehrten Beschäftigung zurückwirkte. Im ersten Kapitel haben wir einzelne Begriffe sprachgeschichtlich und in den jeweiligen zeitgenössischen Fassungen an allgemeinen Lexika verschiedener Zeiten exemplifiziert. Sie sollten eine genauere Unterscheidung der mit dem Museum assoziierten Begriffe ermöglichen, die selbst in allgemeinen lexikalischen Beschreibungen – nicht in Speziallexika – vorkommen und deshalb unser Grundverständnis von Museum wiedergeben können. Ähnlich wie die verschiedenen Lexikaeinträge bietet die gegenständliche, institutionalisierte und theoretische Ausgestaltung des Museumsgedankens durch die Jahrhunderte den wertvollen und lohnenswerten Hintergrund, um Umbrüche, Neuformulierungen und Phasen der Museumstheorie zu verstehen. Bei näherer Betrachtung wird schnell deutlich, dass es zahlreiche »erste« Museen gibt: Man könnte mit der Platonischen Akademie und der Bibliothek von Alexandria beginnen. Man könnte die Renaissance als Zeitraum der ersten Museen charakterisieren oder schließlich die öffentlich zugänglichen Sammlungen des 18. Jahrhunderts. Will man den fernen Ursprung und die Tiefe der Zeit betonen, so führt man die genannten antiken Einrichtungen an, die gemäß ihrer Idee des Studierens und gemeinsamen Lebens mit Sammlungen ausgestattet waren. Soll das Museum als Bestreben des Menschen, seine Welt ordnend und gestaltend zu durchdringen und mit Zukunftsentwürfen auszustatten, verstanden werden, dann ist die Epoche der Renaissance maßgeblich und mit ihr die Kunst- und Wunderkammern. Ein dritter Ansatz datiert den Ursprung der Museen in die zweite Hälfte des 18. Jahrhunderts und bringt sie in Zusammenhang mit dem Entstehen einer Öffentlichkeit, einer nationalstaatlichen Entwicklung und im weitesten Sinne einem öffentlich-rechtlichen Gefüge.

Als der Historiker Krzysztof Pomian sein Buch mit dem Titel *Der Ursprung des Museums* veröffentlichte (Pomian 1988), fügte er den Untertitel »Vom Sammeln« hinzu, und seine Betrachtungen beginnen bei den Grabbeigaben 6000 v. Chr. Wenn der Anfang im Folgenden in das 16. Jahrhundert gelegt wird, dann deshalb, weil hier erste Überlegungen nicht nur zur Sammlung, sondern auch zu ihrer repräsentativen Organisation öffentlich gemacht wurden. Das eingangs erwähnte Traktat Quicchebergs kann als die erste Museumstheorie und als ein Handbuch für Sammler bezeichnet werden. Damit begründet der aus Antwerpen stammende Gelehrte eine literarische Form, die theoretische Erörterungen, gelehrte Inhalte, aktuelle Sammlungen und anwendungsbezogene Hinweise zur Erstellung einer Kollektion miteinander verknüpft. Bis weit in das 18. Jahrhundert hinein werden solche Traktate und Bücher verfasst und von den Sammlern konsultiert, ihr Rat befolgt und als Reisehandbuch benutzt. Um solche »Museographien« wird es im Folgenden gehen.

Quicchebergs Traktat stellt eine Art Idealplan einer Kunstkammer dar. Er lautet: »Überschriften oder Titel des umfangreichsten Theaters, welches einzelne Stoffe aus der Gesamtheit aller Dinge und herausragende Bilder umfaßt, so daß man mit Recht auch sagen kann: ein Archiv kunstvoller und wundersamer Dinge, eines vollständigen seltenen Schatzes und kostbarer Ausstattung, Aufbauten und Gemälde, was hier alles gleichzeitig zum Sammeln im Theater empfohlen wird, damit man durch dessen häufige Betrachtung und die Beschäftigung damit schnell, leicht und sicher eine einzigartige, neue Kenntnis der Dinge sowie bewundernswerte Klugheit erlangen kann. [...] München. Aus der Werkstatt des Druckers Adam Berg. Im Jahre 1565. Mit der Gnade und dem Privileg des Fürsten.« Das Traktat entsteht zur gleichen Zeit, zu der die Münchener Kunstkammer gebaut und eingerichtet wird (1563 und 1567), eine Arbeit, in die Quiccheberg sicherlich involviert war. Die Schrift setzt sich aus fünf Abteilungen zusammen, die minutiös die Gegenstände, Bilder und Bücher einer idealen Sammlung aufzählen, begründen, sie miteinander verschränken und so ein »Universaltheater« entwerfen. Zu den Objekten gehören vor allem Artificialia (Kunstgegenstände) und Naturalia (Naturobjekte), die zwei großen Sammlungsbereiche der Kunst- und Wunderkammern dieser Zeit. Schon mit dem Titel seiner Publikation und der klaren, in unterschiedliche Kategorien aufgeteilten Ordnung verweist Quiccheberg auf die *Ars memoriae*. Die antike Tradition der Erinnerungskunst spielte für die Sammlungen und deren Ordnung eine große Rolle, waren doch in ihnen gelehrtes Wissen und ein vorgestelltes oder im Modell gebautes räumliches Gefüge und die jeweilige Zuteilung von Wissens- und Objektbeständen in einzelnen »Locationen« und deren Stichworte entscheidend. Diese Zuteilung sollte der besseren Memorierbarkeit von gelehrten Inhalten dienen und war dazu erdacht, die grundsätzliche Ordnung und Harmonie der gesamten Welt zu verdeutlichen und zu repräsentieren. Die Ordnung der Welt, der Makrokosmos, konnte so in einer verkleinerten Darstellung als Mikrokosmos wiedergegeben und – im wahrsten Sinne des Wortes – fassbar werden (Roth 2000, 37 ff.).

Die zum Zeitpunkt der Entstehung des Werkes maßgebliche Sammlungs- und Ausstellungsform war die Kunst- und Wunderkammer. Inzwischen als Schlagwort überstrapaziert, bezeichnet dieser Begriff einen Ort, an dem das Wissen der Welt in Büchern, Objekten und Bildern zusammengestellt und präsentiert wurde. Die sich neben den kirchlichen Schatzkammern während der Renaissance ausbildenden fürstlichen Sammlungen dienten der Lobpreisung Gottes, aber ebenso der Wissensvermehrung des Herrschers und der Repräsentation innerhalb der Regierungselite. Vor allem ermöglichten sie, die zentrale Stellung des Menschen in der Welt anschaulich zu machen und ihm – sich im Raum gleichsam um die eigene Achse drehend – Erkenntnis aller Dinge zu gewähren. Die enge Verschränkung von Kunst und Natur, von antiker Skulptur und Maschine vereint die göttliche Schöpfungskraft mit der menschlichen Handwerkskunst. Dem Kunsthistoriker Horst Bredekamp nach ist der Sammler dieser Zeit eine prometheische Gestalt, die die Natur zu entziffern in der Lage ist und den Naturstoff zugleich bearbeitet (Bredekamp 1993). Die dabei entstehenden Gegenstände erlauben eine Nachbarschaft des heute nicht mehr als zusammengehörig Empfundenen, wie etwa das perfekte Miteinander von Goldschmiedearbeiten und Naturgegenständen zeigt: Oftmals wurden exotische und sehr seltene Naturgegenstände wie etwa eine Kokosnuss oder ein Rhinozeroshorn in höchster Meisterschaft von Gold- und Silberarbeit gefasst, zu einem Pokal erhöht oder in einem entsprechend schützenden Gefäß geborgen. Dabei wurden die Objekte der Kunst und die der Natur nicht allein aufeinander bezogen und gewürdigt, sondern sie verfügten auch über nützliche Funktionen: Die Automatenuhr der Kunstkammer in Ambras vom Ende des 16. Jahrhunderts erfreute die Anwesenden mit den verschiedenen Tonlagen ihrer Glockenschläge und den jede Viertelstunde in Gang gesetzten Bewegungsabläufen ihrer feinen vergoldeten Figuren. Während diese Automaten von der kunstvollen Präzision der Mechanik künden und zugleich die Mechanik des Weltalls repräsentieren, auch den anwesenden Gast des Herrschers verzücken sollten, konnte der kostbar gefasste Bezoar Erstaunen hervorrufen: Bei Bezoaren handelt es sich um verkrustete oder verhärtete Einschlüsse unverdaulichen Materials, die von Rindern und anderen Tieren ausgeschieden werden. Im 16. Jahrhundert wurde er gesammelt und als Gegengift verwandt und hatte so – kostbar gefasst oder nicht – auch eine medizinische Bedeutung. Ein solches Nebeneinander verschiedener Gegenstände in einem Raum, ihre unterschiedlichen Bedeutungs- und Anwendungsebenen vereinten sich nicht zuletzt auch in einer visuellen Nachbarschaft, die das vergleichende Sehen des Betrachters begünstigte. Man muss sich solche Kammern als einen geschlossenen Raum vorstellen, der sich, angefüllt mit Regalen und Schränken, auf den ersten Blick als überwältigend darstellte: eine Zusammenkunft glitzernder, merkwürdig geformter, nie gesehener und erst bei näherer Sicht in ihren Einzelheiten zu entdeckender Gegenstände.

Hieraus erschließt sich der Begriff der Kunst- und Wunderkammer, in der nicht erklärliche oder zumindest nicht auf den ersten Blick entzifferbare, vor allem aber nicht alltägliche Objekte gesammelt und präsentiert wurden, deren Aufgabe es war, Neugier und Staunen auszulösen. Die Wissenschaftshistorikerin Lorraine Daston hat darauf hingewiesen, dass die Neugierde (*curiositas*) als eine Wissbegierde zu verstehen ist, die im Laufe des 17. Jahrhunderts grundlegend für die frühmoderne Forschungshaltung wurde. Das, was sich beginnend mit Francis Bacon als Fakten, als einzelne, isolierte Tatsachen, die es zu erforschen galt, darstellte, korrespondierte in dieser Zeit noch mit den einzelnen Objekten (Daston 1994). Blickt man auf die frühen Darstellungen der Kunst- und Wunderkammern, der Kuriositätenkabinette, wie sie später genannt wurden, so sind dies Abbildungen im Sinne einer Guckkastenbühne, die sich dem Betrachter zentralperspektivisch öffnet: Das Museum des Francesco Calceolari wird 1622 als eine solche Kammer gezeigt, in der an den Wänden Schränke aufgebaut sind, die zahlreiche Objekte in sich bergen, die Fenster des Raumes sind kaum zu erkennen, und selbst die Decke ist mit hängenden Naturgegenständen reich bestückt. Dem aufmerksamen Betrachter zeigen sich Seesterne, Pokale, Korallenäste, Skulpturen, Vögel und Bücher gleichermaßen auf einen Blick. Hierbei kommt es nicht darauf an, die tatsächliche Einrichtung einer solchen Kammer vorzuführen – sie waren sehr unterschiedlich – als vielmehr ihr Programm zu verdeutlichen: Eine unendlich erscheinende Anzahl an Gegenständen, von denen jeder einzelne für sich eine ganze Welt an Wissens- und Erkenntnismöglichkeiten bereithält, findet sich an einem Ort, geordnet und aufgereiht in einem materiellen wie gelehrten System, das in seinem Nebeneinander ein Ganzes und Zusammenhängendes repräsentiert. Ein solcher Ort enthielt das Wissen der Welt, konnte eine begehbare Enzyklopädie sein und ein Labor zur Erforschung der Natur. Er wurde tatsächlich als Mikrokosmos des Museums im Makrokosmos der Welt verstanden (Grote 1994).

Das Traktat Quicchebergs, sein »Theater« oder auch das »Theater der Weisheit«, scheint deshalb in direkter Beziehung zu den Darstellungen der Kunstkammer als Guckkastenbühne zu stehen. Der von einem Punkt vollkommen einsehbare Raum, in dem alles gespeichert ist, was die Welt zu bieten vermag, wird von Quiccheberg als ein Museum bezeichnet. Am Ende des Traktats mit seinen Aufzählungen von wichtigen Sammlungen und Sammlern (»Exempla ad Lectorum«) wird die Funktion und Aufgabe des Museums bereits genau beschrieben: Es geht darum, Dinge »in sicheren Museen« zu sammeln, sie zu ordnen und zu gliedern, sie mit Sorgfalt zu bewahren und zu vermehren, zur Erforschung und für die Zukunft zusammenzutragen und sie zum ewigen Gedächtnis in vollständigen Verzeichnissen niederzulegen und in ausgeschmückten Räumen unterzubringen. Deutlich wird auch die auf die Zukunft ausgerichtete Archiv- und Bewahrungsfunktion des Museums: Denn das Betrachten der Gegenstände, wie Quiccheberg bereits im Titel seines Traktats vermerkt, vermittelt eine »einzigartige, neue Kenntnis der Dinge« und man könne mit ihnen »bewundernswerte Klugheit erlangen« (Roth 2000, 37). Hier werden mehrere Aspekte des Museumsbegriffs deutlich: Das Museum ist ein Ort des Staunens und des Lernens, an dem Besitzer wie Besucher Gelegenheit finden, ihre Kenntnisse zu erweitern. Es handelt sich um einen geschlossenen und nur einem begrenzten Personenkreis zugänglichen Raum. Er repräsentiert die Welt in ihrer Vollständigkeit und Harmonie, zugleich kennzeichnet ihn die Bereitschaft, Neues hinzuzufügen. Sammlung und Museum werden bei Quiccheberg und seinen Zeitgenossen nicht voneinander getrennt, sie bilden eine Einheit.

Kann man Kunst- und Wunderkammern als den Ort betrachten, der Gedächtnistheater und Museum, Labor und Kuriositätenkabinett zugleich darstellte, so differenziert sich im Laufe des 17. Jahrhunderts das Kabinettwesen aus, werden speziellere Sammlungen aufgebaut und wird der Repräsentationsgedanke der ganzen Welt zugunsten der genaueren Erforschung und Darstellung eines Teils der Welt zurückgestellt. Nach und nach werden viele Kunstkammern aufgelöst oder bleiben als Relikte einer anderen Zeit ungenutzt bestehen. Manche Objekte werden aus ihnen zur weiteren Erkundung herausgenommen, und die Nachbarschaft der Kunst des Menschen und der Vielfalt der Natur ist nicht mehr zentral. Bildete die Kokosnuss in ihrer Gestalt den Mittelpunkt der kunstvollen Umarbeitung in Gold und Silber, so werden im Zuge der sich entwickelnden Naturgeschichte die Nuss selbst, ihre Herkunft und Zugehörigkeit zu einer bestimmten Pflanzenfamilie, ihr Aufbau und ihrer Struktur wichtiger. Der Bezoar verliert seine magischen Kräfte und ist nun eher als ein Ausscheidungsprodukt eines Tieres interessant denn als heilende Substanz.

Schloss bisher der Begriff Museum die ganze Welt in sich, bedeutete Theater, Sammlung und Kammer zugleich, so bleibt in den Lexikoneinträgen der folgenden Zeit diese Bedeutung zwar bestehen, doch es werden einzelne exemplarische Häuser und Sammlungsformen in den Vordergrund gestellt: in *Zedlers Universallexicon* um 1739 beispielsweise das »Museum Ashmoleanum« in Oxford (Zedler 1739, Bd. 22, 1377 f.). Dies wird auch in Krünitz' *Oeconomischer Encyclopädie* zu Beginn des 19. Jahrhunderts deutlich, in der in dem Lemma »Museum« die führenden Häuser verzeichnet sind, während unter »Sammlungen« die Gegenstandsbereiche auftauchen: Bücher, Fische, Farben, Gemmen oder Gemälde (Krünitz 1805, Bd. 98). Nicht jede Sammlung fügt sich nun notwendigerweise zu einem Museum: Naturalienkabinett, Warenkabinett, Antikensammlung und Gemäldegalerie sind nur einige Bezeichnungen der Orte, die die Kunstkammern der Renaissance ablösen und ankündigen, was von nun an der vorherrschende Gedanke sein wird: Vollständigkeit und durchdachte Ordnung. Begriffe wie Sammlungsorte differenzieren sich jetzt aus.

Quiccheberg hätte diesen Gedanken nicht abgelehnt, im Gegenteil. Doch der Gedanke von Ordnung und Vollständigkeit bezog sich bei Quiccheberg auf die Repräsentation der kosmisch verankerten Welt, während die Vollständigkeit des 17. und 18. Jahrhunderts auf einen abstrakt aus der Lebenswelt gelösten Gegenstandsbereich und dessen Teile zielte. Konnte der Bezoar als Stellvertreter einer exotischen, weit entfernten Welt und als heilkräftige Substanz genügen, so waren in der Folge seine verschiedenen Herkünfte, seine Formen und Zusammensetzungen entscheidend: Aus einem Bezoar wurden viele verschiedene Bezoare, die man zur besseren Kenntnis miteinander verglich.

Diese im 17. Jahrhundert einsetzende Veränderung des Kunstkammergedankens hatte vor allem zwei Gründe: Zum einen werden durch den zunehmenden überseeischen Handel sowie durch die Erkundung bisher nicht zugänglicher Gebiete unter und über der Erde mehr und mehr Gegenstände bekannt. Dies betrifft einerseits die Objekte der Natur und andererseits von Menschen gefertigte Objekte aus aller Welt. Sammlungen werden deutlicher funktionalisiert und in einen auf Handel und Arbeit bezogenen Zusammenhang gebracht: Warenkabinette dienten sicher auch dem Staunen und der Befriedigung der Neugier, indem hier Proben zur weiteren Erforschung bestimmter Substanzen entnommen werden konnten. Doch ihre vornehmliche Existenz in Hafenstädten zeugte vor allem davon, dass hier ein Abgleich der Qualität bestimmter Naturprodukte erfolgen konnte und die Möglichkeit bestand, fremdländische Substanzen überhaupt erst kennenzulernen, bevor man sie erwarb oder ihre Verwendung plante und damit neue Handelsmöglichkeiten erkundete. Zum anderen entstanden weit mehr Sammlungen als zuvor, was auf ihre geografische wie soziale Verbreitung hinweist: Der sich im 18. Jahrhundert entwickelnde ›mittlere Stand‹ aus Gewerbetreibenden, Amtspersonen, Gelehrten und Geistlichen widmete sich mit mehr oder weniger finanziellen Ressourcen der Sammlung und Präsentation von Objekten. Das Sammeln als Praxis weitete sich aus, Sammlungen wurden zum Vergnügen und zur Wissenserweiterung angelegt, zur Kapitalanlage und zum naturwissenschaftlichen Studium, sie sollten Zeugnis vom guten Geschmack des Eigentümers ablegen und verhalfen zum sozialen Aufstieg und zur sozialen Vernetzung.

Und die gelehrte Praxis des Sammelns verlangte nach Anleitungen. Denn wenn Sammlungen nicht innerhalb einer Familie bereits entstanden waren und so eine gewisse Selbstverständlichkeit im Umgang mit den Objekten existierte, sondern sie erstmals begründet und mit der Konzentration eines neuen gesellschaftlichen Bewusstseins zusammengestellt wurden, brauchte es Orientierung. So entstehen zahlreiche Schriften, die einen Überblick zu geben versuchen und die bekannten Sammlungen einer Region annoncieren: Dazu gehört Johann Daniel Majors *Unvorgreiffliches Bedenken von Kunst- und Naturalienkammern insgemein* (1674), Michael Bernhard Valentinis *Museum Museorum* (1704) oder Caspar Friedrich Neickels *Museographia* (1727). So viele Veränderungen auch seit dem 16. Jahrhundert zu verzeichnen sind, in der Gattung des beschreibenden Verzeichnisses einer Sammlung bleiben sich die verschiedenen Schriften von Quiccheberg bis Neickel ähnlich. Zwar werden sie mehr und mehr zu einer möglichst vollständigen Erfassung der zu besuchenden Sammlungen – ihren Höhe- und Endpunkt findet diese Art der Beschreibung in den unabgeschlossenen und dennoch bereits vier Bände umfassenden *Nachrichten von sehenswürdigen Gemälde- und Kupferstichsammlungen* (1786-1792) von Friedrich Karl Gottlob Hirsching – doch ihre Struktur aus idealem Verzeichnis, konkreter Nennung und anleitenden Ratschlägen zieht sich als ein roter Faden durch dieses Sammlungsschrifttum.

Museographia oder Anleitung zum rechten Begriff und nützlicher Anlegung der Museorum oder Raritäten-Kammern heißt die umfangreiche Schrift, die 1727 in Leipzig und Breslau unter dem Namen Caspar Friedrich Neickel verlegt wird und die später durch den Breslauer Stadtarzt Johann Kanold ergänzt und herausgegeben wurde. Sie besteht aus vier unterschiedlich gewichteten Teilen, zu denen die ausführliche Beschreibung sämtlicher bekannter existierender und nach Städten geordneter Sammlungen zählt sowie eine besondere Kategorie, die Bibliotheken. Daneben ist es Neickel vor allem darum zu tun, die Begrifflichkeiten der verschiedenen Sammlungsformen zu beschreiben und abschließend zu klären. Das entscheidende Stichwort in Bezug auf das Sammlungswesen ist bereits im Titel des Buches notiert: die »nützliche Anlegung« einer Sammlung. Ihr Nutzen also steht im Vordergrund und bestimmt die Erwartungen ihrer mehrheitlich mittelständischen Besucher und Verwalter. Die Sammlung stellt bei Neickel eine Art Gottesdienst dar, sie ist Ausdruck der göttlichen Schöpferkraft und des menschlichen Erkenntnisvermögens, doch nie ohne ihren Nutzen für Belehrung und Handel, für Andacht und Erbauung herauszustellen. Neickels Schrift zeugt von der bereits genannten Ausdifferenzierung: Er beginnt mit den zahlreichen Benennungen der verschiedenen Kammerarten, um diese sorgfältig voneinander zu scheiden. Ob »Schildereyen« (Neickel 1727, 4) oder Antiquitäten, Münzen oder anatomische Objekte, alle Gegenstandsgruppen geht er sorgsam durch, was ihn schließlich zu einer Definition des Museums führt: Ein Museum ist ein semi-privater Ort, der vornehmlich dem Studium gewidmet ist, weshalb dort notwendigerweise Bücher und »Naturalibus oder Artificiosis, natürliche[n] und künstliche[n] Dinge[n], wozu ein Curiöser incliniret« (ebd., 6), versammelt sind. Das Museum fungiert bei Neickel als eine Art Oberbegriff, seine eigentliche Besonderheit liegt aber in dem planvollen Nebeneinander der Objekte wie etwa Münzen und der dazugehörigen kanonischen Literatur. In diesem Sinne ist auch das Frontispiz des Buches zu verstehen, das einen Mann zeigt, der an einem Tisch sitzt und ein Buch liest. Auf dem Tisch befinden sich Naturalien, ein Buch und eine Schreibfeder. Dieses zentrale Arrangement befindet sich inmitten eines Raumes, der perspektivisch auf einen Schrank an der Stirnseite des Raumes zuläuft. An den Längswänden sind eingebaute Regale zu erkennen, die auf der linken Seite Bücher, auf der rechten Seite Naturalien enthalten. Der Raum ist für den Betrachter des Frontispiz' bühnenartig verbrämt, das schmale, den vorderen Raum begrenzende Gitter jedoch mit einer kleinen Pforte versehen. Dem Betrachter wird Einblick in eine Studierstube gewährt, in ein Museum, das Bücher und so das (zu erweiternde) Wissen um die Objekte und die Objekte selbst einander gegenüberstellt. Ähnlich wie bei Quiccheberg werden Museum und Sammlung noch nicht voneinander geschieden. Die »Museographia« Neickels steht an der Schwelle zu einem neuen Museumsbegriff, den sie bereits ankündigt, aber noch nicht einlöst. Sie ist eines der letzten Beispiele für ein um eine ganzheitliche Form, einen – wenn auch indirekteren – Makrokosmos-im-Mikrokosmos-Gedanken bemühtes Gehäuse. Doch sie stellt zugleich den Beginn für ein neues Verständnis des Museums dar, indem sie inhaltlich wie ikonografisch nicht einfach nur eine Ordnung, sondern die Klassifikation der Objekte voranstellt. Die klare Aufteilung der Bücher und der Naturalien im Raum lassen auf eine gelehrte Ordnung schließen, die weniger den Assoziationen über die verschiedenen Bedeutungsebenen des Objekts und seinen Ähnlichkeiten folgt, als vielmehr versucht, eine rationale Klassifikation mit dem Gegenstand und aus naturgeschichtlichen Überlegungen heraus zu erstellen, dessen Bestimmung das Buch an die Seite gestellt wird. Dies ist der langsame Übergang aus dem – wie Michel Foucault es genannt hat – Zeitalter der Repräsentation in das Zeitalter der Klassifikation (Foucault 1974). Der Mann am Tisch ist bereits einen Schritt weiter gegangen als der Inhalt des Buches, dem er vorsteht: Während dieses noch mit der Nennung möglichst vieler Kabinette beschäftigt ist, macht das Frontispiz bereits deutlich, dass es keine umfassende Sammlungsform mehr gibt. War man bis zu diesem Zeitpunkt davon ausgegangen, dass die Kammer, das Museum, ein anzufüllendes Reservoir eines unendlichen, aber doch irgendwann zu umfassenden Wissensbestandes sei, das in entsprechenden Konstellationen eine Repräsentation der Welt markierte, so wurde nun deutlich, dass es um die Etablierung eines Rasters ging, einer Struktur, in der die Dinge der Natur und Kunst auftauchen und eingeordnet werden konnten. Dem am Tisch sitzenden Mann war klar, dass er nie die ganze Welt würde vereinen können, sondern ihre Art des Funktionierens aufgrund von Struktur und Merkmal würde ergründen müssen. Nicht mit den Gegenständen zu repräsentieren war sein Anliegen, sondern mit ihnen Serien von Forschungsgegenständen aufzubauen, deren Untersuchung Rückschlüsse auf ihr Funktionieren und ihre Merkmale geben konnte.

Zu den bereits erwähnten Verzeichnissen eines Neickel kommen im Laufe des 18. Jahrhunderts weitere hinzu, die eine Orientierung zu geben versuchen: Johann Georg Meusels *Verzeichnis sehenswürdiger Bibliotheken, Kunst-, Münz- und Naturalienkabinette in Deutschland und in der Schweiz* (1778) oder Johann David Köhlers *Anweisungen zur Reiseklugheit für junge Gelehrte um Bibliotheken, Münzkabinette, Antiquitätenzimmer, Bildergalerien [...] mit Nutzen zu besehen* (1762) – diese Werke versuchen die Klassifikation der Klassifikation und fungieren als Wegweiser durch die nunmehr kaum zu überblickende Landschaft aus Gemälde-, Naturalien-, Münz-, Modell- und Antikensammlungen. Praktische Ratschläge, relevantes Wissen über die Sammlung, ihre Eigentümer und Öffnungszeiten bilden den Kern dieser Publikationen. Daneben werden Verzeichnisse oder Kataloge der Sammlungen gedruckt: um eine Übersicht zu geben, um einzelne Sammlungsgegenstände zu verifizieren und um das Gesehene entsprechend memorierbar zu machen. Dies gilt für die Objekte der naturgeschichtlichen Betrachtung im gleichen Maße wie für die Objekte der Kunst und Kunstgeschichte. Die bei Neickel erwähnte »nützliche Anlegung« erweitert sich nun zur Gemeinnützigkeit, dem Bewusstsein, dass Kabinette und Kammern, Galerien und Sammlungen zu Lehrzwecken dienen können und »nützliche Kenntnisse« zu verbreiten sind, kurz: neben dem Buch ein wertvolles Aufklärungsinstrument für jedermann darstellen (te Heesen/Spary 2001). Der zentrale Gedanke der Aufklärung, nämlich dass der Mensch durch Selbsttätigkeit und mit dem Gebrauch von Vernunft und Sinnen gleichermaßen zum ›ganzen Menschen‹, zu einem sich ermündigenden Menschen werden könne, soll nicht zuletzt durch die Sammlungen verwirklicht werden.

Als der Naturhistoriker Carl von Linné 1735 seine *Systema Naturae* herausbrachte, war damit der Grundstein für ein klassifizierendes Ordnen gelegt, ein nicht-hierarchisches Ordnen, das nach den – nicht unbedingt sichtbaren – Merkmalen der Dinge fragte und nicht nach ihren äußerlichen Ähnlichkeiten. Wie sehr Linné damit für das 18. Jahrhundert stimulierend wirkte und sein Systematisierungsgedanke die Bereiche der Kunst und Natur gleichermaßen umfasst, zeigt die Entwicklung des Museumsgedankens in den 1780er Jahren im kaiserlichen Wien. Bei der Neuordnung der Habsburger Gemäldegalerie und des Hof-Naturalienkabinetts zeigt die Kunsthistorikerin Debora Meijers auf, dass die klassifikatorischen Bestrebungen gleichermaßen zum Tragen kommen.

Die Gemäldegalerie wird von dem Schweizer Kupferstecher und Kunsthändler Christian von Mechel neu geordnet: Seine Ordnung erfolgt nach Schulen und Chronologien – also nach italienischen oder niederländischen Schulen, nach frühen und späten Arbeiten. Der Berliner Schriftsteller und Verleger Friedrich Nicolai besuchte die Galerie gegen Ende der 1780er Jahre und ist begeistert: Er bevorzuge das »Zusammenbringen von Werken, von einerley Manier [...] so daß jedes in seiner Art für das erkannt wird, was es ist‹, im Gegensatz zur gemischten Präsentation, bei der den Gemälden, durch die Zusammenstellung mit ganz fremden Arten ein scheinbarer Werth beygelegt wird. [...] Der Geist ist in mehrerer Ruhe, wenn er Gegenstände von einerley Art übersiehet, als wenn er durch Gegenstände von mancherley Art zerstreuet wird‹«, so schließt Nicolai, aber: »›Noch mehr öfnet [sic, AtH] sich ein Feld zu lehrreichen Betrachtungen, wenn man ähnliche Dinge, die doch von verschiedener Art sind, betrachtet; am meisten, wenn man durch ähnliche Dinge stufenweise, von der mindern Schönheit zu der größeren geleitet wird.‹« (zit. n. Meijers 1995, 80) Damit sind zwei entscheidende Punkte genannt: Erstens ordnen die Kabinette und entstehenden Museen der Zeit »Gegenstände von einerley Art« zueinander. Nicht das Disparate, das wie noch bei den Kunst- und Wunderkammern im Zusammentreffen neue Assoziationsfelder aufspannt, findet Gefallen, sondern die klassifikatorisch geordneten Gegenstände sind nun maßgebend und damit erstmals die Serie. Zweitens hält die Zeit Einzug in die Räume der Dinge: Sie besitzen unterschiedliche Ausprägungen an Schönheit, die sich immer mehr vervollkommnet, und sie sind Teil einer Entwicklungsgeschichte, deren Beginn in grauer Vorzeit liegt und die noch nicht abgeschlossen ist. Klassifikation und Temporalisierung sind also die entscheidenden Stichworte. Dies gilt für die Werke der Kunst wie der Natur. Anders als in den Kunst- und Wunderkammern werden sie zwar getrennt präsentiert, doch ihre Ordnungen beziehen sich im 18. Jahrhundert noch aufeinander: Johann Karl von Wezel schreibt nämlich ungefähr zur gleichen Zeit über die Ordnung der Kunstwerke von Mechel im Wiener Belvedere: »Ihre vier Hauptabteilungen, nämlich die italienischen, die niederländischen, die altniederländischen und die deutschen Schulen, sind gleichsam die vier Hauptäste, wovon jeder seine besonderen Nebenzweige hat, oder wenn man's philosophisch ausdrücken wollte, die vier Hauptklassen, wovon jede in mehr oder weniger Gattungen abgetheilt ist, wie bei dem Naturkundigen Mineralien, Pflanzen und Thiere; [...] Man sieht also, daß die Anordnung ganz systematisch ist.‹« (zit. n. ebd. 1995, 81) Der Kunstgelehrte bezieht sich in seinem Verständnis der Ordnung der Kunst auf die Ordnung der Natur, die Naturgeschichte. Anlass dazu gab es genug: Innerhalb der Naturgeschichte waren im Laufe des 18. Jahrhunderts die entscheidenden Ordnungssysteme etabliert worden.

Aber auch in Wien selbst spielte die Naturgeschichte am Hofe eine Rolle, denn das dortige Mineralienkabinett wurde kurz vor von Mechels Gemäldeneuordnung ebenfalls einer Revision unterzogen: In den Jahren 1778 bis 1780 arbeitete der Bergbauspezialist und Mineraloge Ignaz von Born an seiner Neuaufstellung der Mineralien. »Die Neuverteilung der Hofsammlungen

[...] hatte auch Folgen für das Naturalienkabinett. So ließ Born einige Aerolithen [d.i. Meteoriten, AtH], die sich bis dahin in der Schatzkammer befanden, in sein Kabinett bringen, womit ihr Rang als Wunder der profanen Einstufung als Steinsorte weichen mußte.« (ebd. 1995, 111/113) Es geht nun nicht mehr darum, die Zusammenhänge zwischen den verschiedenen Reichen der Natur aufzuzeigen, nicht darum, »wie sich ›die ganze Natur nach und nach entfaltet‹«, sondern um eine systematische Einteilung (ebd., 117). Kennzeichnend dafür ist, dass die neue Ordnung die Fossilien aufgrund ihrer materialen Zusammensetzung ins System einordnet, statt sie »nach dem Grad ihrer Überlegenheit einzuteilen. Das heißt, Edelsteinen und Edelmetallen wird keine andere Behandlung zuteil als etwa Gips und Zink.« Hier wird nicht der »›Weg, den die Natur beschreitet‹«, gezeigt, »›um uns schrittweise vom Einfachen zum Vollkommenen zu führen‹. [...] Mit anderen Worten, die scala naturae hat sich gewandelt.« (Ebd., 118) Im »Kabinettseculum«, wie es der Theologe Johann Samuel Schröter im 18. Jahrhundert beschreibt, teilten die Objekte der Kunst und Natur nicht unbedingt die kosmologisch orientierten Assoziationsfelder, die sich beispielsweise nach Materialien sortieren ließen, wie es noch bei den Kunst- und Wunderkammern der Fall war. »Einerley Marnier« bezog sich bei Nicolai auf die Gemälde, »einerley Marnier« kann aber übergreifend verstanden werden, indem die Objekte ihre Aussagekraft im Vergleich finden, mithin Reihen gebildet werden, die die feinen Abstufungen verdeutlichen.

In dem Moment, in dem die Klassifikation der Objekte eine größere Bedeutsamkeit erhält, stehen auch göttlicher Schöpfer und Sammler zurück, werden die Dinge nicht durch die Person, sondern durch die Ordnung legitimiert. Dies hat nicht zuletzt Auswirkungen auf die Organisation der Präsentation: Denn die Vernetzung der Objekte und ihre Einordnung in ein übergreifendes System benötigen den durch die Sammlung führenden Belehrer und Geschichtenerzähler nicht länger, die Objekte lösen sich vom Menschen. Bis weit in das 18. Jahrhundert hinein war eine der zentralen Figuren der Kammern und Kabinette der Aufseher, Inspektor oder Kustode. Ihm oblag die Öffnung des Raumes, er führte durch die Räume und war derjenige, der die Geschichten zu den Dingen entfaltete. Kabinette zu besuchen war immer mit persönlicher Führung verbunden. Ob dies der Sammler selbst oder sein Aufseher tat: Die Entfaltung der Objekte für den Besucher durch die Sprache eines anderen wird gegen Ende des Jahrhunderts als störend empfunden, zumal ein Aufseher als jemand gilt, der seinen Text auswendig aufsagt: »Der Herr Inspektor war ein wahrer Guckkasten-Mann, der seine Lection herleierte, und manchmal gar possierliche Aufwallungen von Kunstgefühl affektierte« (zit. n. Savoy 2006, 22). Dies wird 1796 über den Aufseher einer Gemäldegalerie geäußert und damit indirekt ein zentraler Wunsch nach ungestörter Betrachtung der Objekte formuliert. Festzuhalten bleibt, dass neben die Klassifizierung und Temporalisierung auch eine Entpersönlichung tritt, die die Person des Sammlers und sein Gedächtnis ablöst und stattdessen einen Raum bereitstellt, in dem sich der Besucher nun zum selbstbewussten Betrachter wandelt. Ob neue Ordnung oder autonomer Betrachter, der veränderte Status verschiedener zum Museum gehöriger Aspekte deutet nun darauf hin, dass sich Museum und Sammlung auseinander bewegen und nicht, wie noch zu Quicchebergs Zeiten, in eins fallen. Im Zeitalter der Aufklärung bilden Museum und Sammlung im Schauzusammenhang keine Einheit mehr.

Museumsgründungen

In der zweiten Hälfte des 18. Jahrhunderts wird eine Reihe von großen neuen Museen eröffnet: 1759 in London das British Museum, das aus den Sammlungen Sir Hans Sloanes hervorging (Delbourgo 2017), die auf Parlamentsbeschluss hin angekauft worden waren; 1779 das Museum Fridericianum des Landgrafen Friedrich II. in Kassel. Der Bau selbst gilt als einer der ersten, die eigens für ein Museum errichtet wurden. Mit Beginn des institutionalisierten Museums wird zugleich das Problem von Kunst und Natur diskutiert, eine vollkommene Ausdifferenzierung hatte sich diesbezüglich noch nicht etabliert. Allerdings läuft die Entwicklung auf Parallelgründungen von Kunst- und Naturmuseen hinaus, die mit unterschiedlicher Aufmerksamkeit und Finanzausstattung bedacht werden und auf einer strikten Trennung basieren. Waren in den Kabinetten oftmals die Objekte beider Gebiete noch unter einem Dach vereint (etwa in dem 1754 gegründeten Kunst- und Naturalienkabinett in Braunschweig oder auch im British Museum), so ist dies bei den nun folgenden Gründungen nicht mehr ohne Weiteres möglich: Sowohl die Entwicklung des Museumsgedankens in Paris (ab 1793) als auch in Berlin (ab 1797) führen dies vor.

Die Etablierung des Museumsgedankens wird mit den der Französischen Revolution nachfolgenden Museumsgründungen in Zusammenhang gebracht. Die dafür gängigste Begründungsformel lautete lange Zeit, dass es die Öffnung der Museen für ein Publikum, also ein standesunabhängiges, zu festen Öffnungszeiten Eintritt zahlendes Publikum war, das sich in Paris zum ersten Mal formieren konnte. In jüngerer Zeit wurde von Bénédicte Savoy und anderen überzeugend dargelegt, dass dies nicht der Fall war, vielmehr am Beispiel der deutschen Staaten aufgezeigt, dass es ein solches Reglement bereits während des 18. Jahrhunderts gab, mithin ein öffentliches Museum lange vor der Neuordnung der Königlichen Sammlungen und der eroberten Kulturgüter im postrevolutionären Paris existierten (Savoy 2006). Was die Pariser Museen dennoch heraushebt, sind ihre nationalstaatliche Verankerung und die Zentralisierung der Sammlungen, die geregelten Öffnungszeiten, in denen die Sammlungen nicht nur allen Bürgern offenstehen (zumindest in den ersten Jahren ihres Bestehens), sondern mit ihnen dezidiert eine National- oder Volkserziehung angestrebt wird. Nicht die Öffnung allein ist das Entscheidende, sondern die Funktionalisierung der zugänglichen Sammlung als politische Plattform und Ort, an dem die Objekte der Vergangenheit, der Kirchen wie der königlichen Sammlungen zusammengestellt und profanisiert werden. Ihre radikale und bedingungslose Zusammenführung lässt das Musée central des arts, dann Musée Napoléon, den späteren Louvre, zu einer richtungsweisenden Institution werden. So ist es nicht verwunderlich, dass man sich in der deutschsprachigen Berichterstattung immer wieder auf dieses Museum und benachbarte Einrichtungen bezieht. In ihrem Artikel zum »Museum« nennt die *Oeconomische Encyclopädie* der Vollständigkeit halber die verschiedenen Definitionen des Museums, um dann, nach wenigen Zeilen zu Anfang des Artikels, mit dem »Museum Napoleon zu Paris« zu beginnen (Krünitz 1805, Bd. 98, 450) und ihm den Hauptteil seines insgesamt 76 Seiten zählenden Artikels zu widmen, unmittelbar gefolgt vom »National jetzt Kaiserlichen-Museum der Naturgeschichte zu Paris« (ebd., 484) und schließlich dem »Industrie-Museum in Paris« (ebd., 509). Die Aufzählung zeigt, dass Paris und seine neugegründeten Museen bei Krünitz die Vorrangstellung einnehmen und bereits hier der Zentralisierungsgedanke in der Beschreibung im Vordergrund steht: dass der Louvre jetzt »eine solche Anzahl von Kunstwerken der alten und neuen Zeit enthält, wie man nirgends auf der Erde an einem Orte beysammen findet« (ebd., 451).

Dass eine solche Menge an Kunstwerken zugänglich werden konnte, war nicht von Beginn an geplant. Zwar wurden der Kunstbesitz des Adels und der Kirche enteignet, doch sein Aufbewahrungswert jenseits seiner Provenienz war mitnichten geklärt: Zahlreiche Kunstwerke und -denkmäler wurden zerstört oder veräußert. Schließlich wurde der Louvre, ursprünglich Palast des Königs, zum zentralen Museum ausgebaut. Drei Jahre nach dem Ausbruch der Revolution, am 10. August 1792, gehen die königlichen Sammlungen in das Eigentum der Nation über, ein Jahr später zum gleichen Datum wird das königliche Schloss als »Musée central des arts« der Öffentlichkeit übergeben. Der zentrale Begriff, der ermöglichen sollte, dass dieses Erbe als eine objektbasierte Geschichte der neuen Nation gesehen werden konnte, war die *instruction*, die Bildung. Während die Zerstörung der Kunstwerke eine machtpolitische Demonstration bedeutete, galten die Werke doch als Symbol des besiegten Standes, wurde hier eine »kompensatorische Kontinuitätsstiftung durch Bildung« (Ritter 2006, 26) ermöglicht. Die Bildung wiederum bestand in dem Zugänglichmachen und Vermitteln des historisches Wertes und der künstlerischen Qualität des Kunstwerkes, beides Aspekte, die in direkter Verbindung zur Repräsentation des (neuen) Staates standen (vgl. Grasskamp 1981, 17 ff.). Zugleich war durch den vorangegangenen Vandalismus »das Kunstbewusstsein geschärft worden und wurde nun zum Antrieb für den Kunstraub im großen Stil« (Ritter 2006, 26), womit die Beutezüge Napoleons in Europa um 1800 gemeint sind. Zuvor war das Gebäude durch die Académie française genutzt worden, und die regelmäßig stattfindenden Salons, also temporäre Kunstausstellungen, wurden hier abgehalten. Parallel dazu wird ein Museum der französischen Denkmäler errichtet. In der Folge wird das Museum beständig umgeordnet, nicht zuletzt durch die in den Jahren 1794 bis 1812 in mehreren Schüben eintreffenden Kunstwerke aus den Beutezügen Napoléons und seines Kunstbeauftragten, Dominique Vivant Denon, in Belgien, Deutschland und Italien. Anfangs waren die Gemälde im Louvre noch gemischt angeordnet, »so daß die Besucher dazu angeregt wurden, selbst zu entdecken, was ihnen am besten gefiel, statt zu sterilen Vergleichen zwischen gleichartigen Gruppen von Bildern gezwungen zu sein. Nach 1796 ging man zu einem didaktischeren Kurs über, indem man die gemischte Einrichtung gegen eine Ordnung nach Schulen austauschte.« (Meijers 1995, 162) Das Museum müsse, so die Forderung, erfreuen und unterrichten (*plaire et instruire*), wobei es sich um eine historische Unterrichtung handelte, die in der sukzessiven, chronologischen Hängung der Bilder nicht zuletzt das politische Argument der höchsten Vervollkommnung der historischen Entwicklung in der Gegenwart mit der Revolution sah und räumlich zu verwirklichen wusste.

Das ebenfalls 1793 gegründete Muséum National d'Histoire Naturelle stellte wiederum eine Vereinigung dreier Institutionen dar: des Cabinet d'Histoire Naturelle, des Jardin des Plantes und der Ménagerie. Der Botaniker Jean-Baptiste de Lamarck war von 1788 an Kustos des Pariser Jardin du Roi und verfasste 1790 eine Denkschrift, in der er vorschlug, die königlichen Naturhistorischen Kabinette und den Botanischen Garten zu einem naturgeschichtlichen Nationalmuseum umzugestalten. Am 10. Juni 1793 entschied der Nationalkonvent, ein Muséum National d'Histoire Naturelle zu gründen und mit neun gleichberechtigten Lehrstühlen auszustatten. Anders als im Kunstmuseum wurde hier eine intensive institutionelle Verbindung der musealen Sammel- und Präsentationstätigkeit mit Forschung und Lehre beibehalten. Hierin ist einer der grundlegenden Unterschiede zwischen Kunstmuseen und naturgeschichtlichen Museen zu sehen: Während die Kunstsammlungen traditionell mit den Akademien verbunden waren und als Ausbildungsinstrument der Künstler dienten, wurde dieser Gedanke in Paris und, wie noch zu beschreiben sein wird, in Berlin sukzessive zugunsten einer freien, bildenden Betrachtung aufgegeben. Der Blick auf ein Gemälde Jacques-Louis Davids oder auf ein sorgfältig ausgestopftes Präparat war spätestens um 1800 ein völlig anderer. Während das eine durch seine ästhetische Qualität und Einzigartigkeit den menschlichen Geist erheben sollte, war dem anderen nicht durch Kontemplation, sondern nur durch eingehende sezierende Untersuchung beizukommen.

Die zentrale naturgeschichtliche Wissenschaftseinrichtung Europas wurde ob seiner Forschungsmöglichkeiten von den dort beschäftigten Lehrenden und Kustoden gleichermaßen gerühmt. Doch so unterschiedlich die Anlage der Museen auch sein mochte, ihre politische Funktionalisierung war in beiden Fällen gegeben. Auch das Muséum National d'Histoire Naturelle diente als Erziehungs- und Bildungseinrichtung für den neuen Gesellschaftsgedanken, für die Verbreitung patriotischen Wissens, indem hier etwa landwirtschaftliches Wissen in aufklärerischer Absicht verbreitet und eine Repräsentation der Vielfalt und Schönheit des Landes gewährleistet wurde: »In short, the Muséum d'Histoire Naturelle was the location at which the future perfection of France could be displayed to all citizens.« (Spary 2000, 221, 237)

So fasst auch Krünitz die Funktion des Museums in seiner *Oeconomischen Encyclopädie* auf, indem er beide Museen komplementär und aufeinander bezogen in ihrer politischen Absicht darstellt. Im Vordergrund steht dabei die Bezeichnung als ein »National-Museum« (Krünitz, 1805, Bd. 98, 494), eine Form der zentralen Einrichtung, die den deutschen Staaten nicht zur Verfügung stand. »Wichtig bleibt festzuhalten, daß die französischen Revolutionäre und auch Napoleon mit dem Zugänglichmachen von Kunst- und Kulturgütern in der eigenständigen Institution des Museums, dessen Einbindung in staatliche Organisation und

Verwaltung, dem geordneten Aufstellen der Exponate und der Diskussion der Museumsfunktionen in diesem Bereich die wichtigsten Impulse zur Schaffung einer bürgerlichen Öffentlichkeit setzten und für das deutsche Museumswesen Vorbildfunktion gewannen.« (Hochreiter 1994, 23)

Das Genre der Museografien kommt in dieser Zeit an sein Ende.[1] In der Zeit der expansiven Museumsgründungen in Frankreich, Deutschland, England und Italien zu Beginn des 19. Jahrhunderts sind es vor allem die Denkschriften wie die eines Lamarck oder Wilhelm von Humboldt, die aus konzeptionellen Entwürfen und Begründungen für die neuen staatstragenden Häuser verfasst werden. Aufgelöste oder enteignete Kirchenschätze, die Aufhebung der Klöster, eine expandierende Welt des 19. Jahrhunderts und ein einsetzendes historisches Bewusstsein sorgen dafür, dass aus den ehedem als privat verstandenen Sammlungen nun »öffentliche« werden und im Begriff des Museums zwei Aspekte zusammenkommen, die Eilean Hooper-Greenhill wie folgt beschreibt: »that of the elite temple of the arts, and that of a utilitarian instrument for democratic education« (Hooper-Greenhill 1989, 63). Für die Museumswissenschaftlerin sind diese beiden Aspekte widersprüchlich, weil der Tempel der Kunst sich vor allem dem Kenner öffnete, also eine hohe Schwelle besaß, zugleich aber Erzieher aller Bürger eines Staates sein sollte. Am Beginn der Museumsgründungen steht noch eine weitere Widersprüchlichkeit, denn Sammlungen »zu veröffentlichen« bedeutete nicht nur, sie einem erweiterten Publikum zuzuführen, sondern auch die Sammlerpersönlichkeit verschwinden zu lassen. In Johann Wolfgang von Goethes *Der Sammler und die Seinigen* (1788/89) wird deutlich, wie sehr Goethe die Sammlung als eine Art Physiognomie des sie besitzenden Potentaten oder Bürgers verstand, die Auskunft über Vorlieben und Charaktereigenschaften zu geben vermochte (Goethe 1997). Mit der allgemeinen Zugänglichkeit der Objekte in staatlichen Einrichtungen müssen die Sammlungen, die, wie Wilhelm von Humboldt für Berlin beschreibt, der Vollständigkeit halber angekauft wurden und zusammen mit den königlichen Sammlungen ein großes umfassendes Museum bilden sollten, entpersonalisiert werden, müssen die Ordnungskategorien in abstraktere Taxonomien überführt und die Geschichte selbst – etwa für Gemälde – in Schulen und Epochen dargestellt werden. Von jetzt an ist das Museum der Ort, an dem Geschichte – der Kunst, der Natur, der Technik – gezeigt wird, an dem in den Objekten nicht die Physiognomie eines Sammlers, sondern des Staates erscheint. Die Überführung des Sammlungs- in den Museumsgedanken ist von Anfang an nationalstaatlich gebunden und soll – so die Vorstellungen der Zeit – identitätsstiftend wirken. »The birth of the museum is coincident with, and supplied a primary institutional condition for, the emergence of a new set of knowledges – geology, biology, archeology, anthropology, history and art history – each of which, in its museological deployment, arranged objects as parts of evolutionary sequences (the history of the earth, of life, of man, and of civilization) which, in their interrelations, formed a totalizing order of things and peoples that was historicized through and through.« (Bennett 1995, 96)

Die neuen Aspekte des Museums und seiner konzeptionellen Ideen zeigen sich besonders deutlich in der Genese des Berliner Kunstmuseums. Die Diskussion über ein solches Museum wurde bereits in den 1790er Jahren geführt, als man sich noch vorstellte, die Kunst- und Wunderkammer des Königs zu reformieren und in der Planung des zukünftigen Museums die Einheit von Kunst- und Naturgeschichte zu belassen. Doch nach einiger Zeit setzt sich der Gedanke durch, bei dem Museum müsse es sich um ein Kunstmuseum handeln. Die Planungen, die nun 1797 ihren Anfang nahmen, sehen ein solches Haus vor allem zur Belehrung der Schüler der in Berlin ansässigen Kunstakademie vor. Erstes Ziel ist es, die verstreuten Sammlungen des Königs (z.B. die des Berliner Schlosses, des Schlosses Sanssouci) zu vereinen und sie im Zusammenhang mit der Akademiereform in den Dienst der zu befördernden Handwerke zu stellen. Wilhelm von Humboldt, damaliger Leiter der Section für öffentlichen Unterricht des preußischen Staates, äußert sich zu Sammlungen allgemein 1809 wie folgt: »Der erste Gedanke an eine allgemeine und höhere Lehranstalt in Berlin entstand« aus der Beobachtung, dass es neben Akademien, einer großen Bibliothek auch viele Sammlungen gab. »Man fühlte, dass jede Trennung von Fakultäten der ächt wissenschaftlichen Bildung verderblich ist, dass Sammlungen und Institute [...] nur erst dann recht nützlich werden, wenn vollständiger wissenschaftlicher Unterricht mit ihnen verbunden wird, und dass endlich, um zu diesen Bruchstücken dasjenige hinzusetzen, was zu einer allgemeinen Anstalt gehört, nur um einen einzigen Schritt weiter zu gehen nöthig war.« (Humboldt 1903, Bd. 10, 150) Ob Universität oder Akademie, die Sammlungen stehen zunächst im Kontext einer Lehranstalt. Auch eine Stellungnahme Humboldts zur Einrichtung eines Museums für die Gemäldesammlung des Königs vom 24. April 1810 sieht eine Galerie noch im Verbund des Universitätsgebäudes (Humboldt 1903b, Bd. 10, 243). Während aber die Gründung des Zoologischen Museums 1810 und dessen Öffnung 1814 im Kontext der Universität erfolgt, wird in den folgenden Jahren das geplante Kunstmuseum auf Karl Friedrich Schinkels Betreiben hin aus den Lehranstalten gelöst und als sogenanntes Altes Museum ab 1822 geplant und schließlich in den Jahren 1824 bis 1830 ausgeführt. Sowohl die Architektur des Gebäudes wie seine Lage gegenüber dem Alten Schloss (heute der Ort, an dem das Humboldt Forum steht) lassen es im Zentrum der politischen Macht erscheinen. Seine Elemente – die Rotunde im Innern, die hochführende

Freitreppe, die Säulenanordnung – sakralisieren den Ort und dienen der Museumsarchitektur des 19. und 20. Jahrhunderts als Vorbild: »Der ›sakrale Ort‹ Museum nahm von hier seinen Ausgang.« (vgl. Hochreiter 1994, 37)

Im Vorfeld der Eröffnung setzte der König eine Kommission für die Auswahl der Kunstwerke und die Einrichtung des Schinkel'schen Baus ein, die durch Wilhelm von Humboldt geleitet wurde. Dieser legte vom 21. August 1830 an, nachdem das Museum eröffnet worden war, mehrere Berichte an den König vor, in denen er über die Funktion des Museums, seine Ordnung und seinen Zuschnitt Auskunft gibt. Diese Berichte sind keine veröffentlichte museologische Schrift und bilden dennoch zusammengenommen eine Art Gründungsdokument des Kunstmuseums, dessen Organisation und Architektur den Weg der Museen in den deutschen Staaten und dem späteren Deutschen Reich maßgeblich bestimmen sollte. In seinen Berichten wird zunächst deutlich, dass die Begriffe »Museum« und »Galerie« austauschbar benutzt werden und an einer Stelle von einem »ganz neuen Museum« die Rede ist (Humboldt 1904, Bd. 7.3, 543). Das Bewusstsein, eine neuartige Institution ohne Tradition zu schaffen, wird hier deutlich. Die Institution sollte aus den Königlichen Sammlungen gebildet und durch gezielte Ankäufe vervollständigt werden. Humboldt beharrte in seiner Darstellung darauf, dass es um die Schaffung eines großen Ganzen gehe, in dem die einzelnen Epochen der künstlerischen Entwicklung und ihre Schulen entsprechend repräsentiert sein müssten. »Von Staaten gemachte Sammlungen können nicht füglich anders, als durch Erwerbungen grosser Privatsammlungen den Grad der Vollständigkeit gewinnen, von welchem aus man durch einzelnen Kauf weiter vorschreiten kann.« (Ebd., 565) Die Sammlung des Königs wurde im Interesse eines übergeordneten Staates dem abstrakten Gemeinwesen »Volk« gestiftet. Humboldt fasst 1833 zusammen: »Der Zweck des Museums ist offenbar die Beförderung der Kunst, die Verbreitung des Geschmacks an derselben und die Gewährung ihres Genusses. Wenn aber von Kunst die Rede ist, so muss man zuerst und hauptsächlich an die antike Sculptur und die Malerei in allen ihren Schulen und Epochen denken.« (Ebd., 573) Zentral ist in seiner Argumentation, dass zu den Sammlungen Gemälde, antike Bildwerke (griechische und römische Altertümer), Vasen und kleinere Kunstgegenstände sowie Handzeichnungen und Kupferstiche gezählt werden können. Damit etablieren Humboldt und die Kommission einen bestimmten Kanon, der etwa ägyptische Altertümer oder auch ethnologische Objekte ausschließt. »Die Gemälde- und Antiken-Gallerie sind die Sammlungen, in welchen die artistische Beziehung vorwaltet und die, um benutzt und genossen zu werden, der Anschauung der Original-Gegenstände selbst bedürfen.« (Ebd., 574) Kein »Gyps« sollte Einzug halten und auch eine Auswahl musste getroffen werden, um nur die Meisterwerke entsprechend aufnehmen zu können. Die Galerien sollten den Zeichnern und »Copirern« nicht mehr uneingeschränkt offenstehen, sondern diesen sollte nur beschränkt Einlass gewährt werden, um den Genuss der Besucher nicht zu stören, und schon gar nicht sollten ihretwegen Gemälde umgehängt oder zeitweilig entfernt werden. Diese Anstalt, so der Tenor aller Texte, war für das »Allgemeine der Kunst und die Bildung des Geschmackes« eingerichtet worden (ebd., 575/76) und stand dabei unter der Obhut des Staates.

Das Alte Museum ist im Zuge der Humboldt'schen Bemühungen zu sehen; eine Institution für ein kunstinteressiertes Publikum, für ein aufstrebendes Bürgertum, das sich in solchen Räumen als »Staatsbürger in Ausbildung« bewegte und in der Betrachtung der Kunstwerke in kontemplative Verehrung versinken sollte. »Gleichzeitig als die Ausstellungsweise von Kunst öffentlicher wurde, wurde ihr Erleben privater« (Sheehan 1994,

858). Das Museum soll verstanden werden »als Ausnahmesituation, als das erklärte Gegenteil eines von Arbeit bestimmten Alltags« (Grasskamp 1981, 39). Neben den veränderten und paradox anmutenden Gegensatz von privat und öffentlich tritt ein zweites Spannungsmoment, das bereits im Zuge der Etablierung der Revolutionsmuseen deutlich wurde: die gleichzeitige Funktion des Museums als Bildungs- und Forschungseinrichtung. Wurde dies zunächst zwischen Kunst- und naturkundlichen Museen verhandelt, so betraf diese Spannung in den folgenden Jahrzehnten alle neuen Museen in ihrer Organisation und Ausrichtung. Ähnlich den Aufgaben einer Universität, Forschung und Lehre zu verbinden, entwickelten sich die Aufgaben des Museums zu Bildung und Wissenschaft – zwei nicht unbedingt vereinbare Funktionen. In den naturkundlichen Kabinetten und Museen wurde dieses Problem bereits im ausgehenden 18. Jahrhundert durch eine strenge Teilung zwischen öffentlicher Präsentation und einem nichtöffentlichen Depot gelöst, zu dem nur der Besitzer, die Bediensteten und ausgewählte Kenner oder Gelehrte Zugang hatten. In Humboldts und Schinkels Idee des Museums existierte diese Trennung nur indirekt. Auch hier wurden Stücke im Depot belassen oder eigene »Lokale« mit Gipsabgüssen von Statuen zum Studium bereitgestellt, doch Kenner und Dilettanten, Gelehrte und Bürger traten im gleichen Raum vor die originalen Meisterwerke. Im Alten Museum also ist der Beginn der feierlichen Andacht vor dem Bild, der einsame Genuss des Kunstwerks und die Konzentration auf die Hochkunst zu suchen: »Von nun an sollte der durch Kunstgenuß geläuterte Museumsbesucher sich mit dem Staatswesen identifizieren [...]. Der Untertanenstaat sollte zum Kulturstaat transformiert werden. Die teilnahmslos-desinteressierte Haltung des Untertanen zum politischen Geschehen, [...] sollte der bewußten Loyalität und aktiven Mitwirkung eines gebildeten Staatsbürgers weichen.« (Hochreiter 1994, 33)

Mit den französischen Museen und dem Berliner Museum um 1800 wird die Phase der Museumsgründungen eingeleitet. Das 19. Jahrhundert ist das Jahrhundert der Gründungsakte, zunächst vor allem der Kunstmuseen (vgl. Pfisterer 2020, 209 ff.), dann auch historischer und kulturhistorischer sowie technischer Museen, es ist das Jahrhundert der großen Museumsbauten. Die in Paris in den 1790er Jahren und von Krünitz trefflich dargestellte Trias der Museumsinhalte – Kunst, Natur, Technik – wird durch Kulturgeschichte beziehungsweise das historische Museum ergänzt: Das Germanische Nationalmuseum in Nürnberg (1852), das Nordiska Museet in Stockholm (1873) oder die Etablierung zahlreicher Landesmuseen (Stuttgart 1862) haben hier ihren Ursprung. Es wird im nächsten Kapitel darauf zurückzukommen sein, dass die Museen, die historischen wie die der Natur, Kunst und Technik, einen Beitrag zur Nationalstaatsbildung leisten, dem das Verständnis der Nation als einer Kulturgemeinschaft zugrunde liegt. Diese Kulturgemeinschaft durch Überlieferungen und Objekte zu charakterisieren und vor Augen zu führen war das vornehmliche Ziel. Dabei dominierten zwei Zugangsweisen, die der Historiker Krzysztof Pomian beschreibt: Einerseits kann das Museum zeigen, wie die Nation am Universalen partizipiert, an dem, »was für alle Menschen, oder mindestens für alle zivilisierten Menschen gilt«. Andererseits können Museen das Nationale als das Außergewöhnliche der Nation begreifen (Pomian 1992, 25). Während die erste Position einen historischen Rückbezug in die römische, griechische oder ägyptische Antike sucht, knüpft die zweite Position an das lokale und ethnische Altertum an, also an das Etruskische der Toskana, das Keltische Spaniens oder das Germanische Deutschlands. Während die Kunstmuseen eher dem ersten Weg folgen, liegt die Bedeutung der historischen Museen in der regionalen Verankerung. Die sich bildenden Nationalstaaten des 18. und 19. Jahrhunderts beruhten auf einer sich am Territorium ausrichtenden Identität. Wollte man die Funktion des Museums zusammenfassen, so ist es Bildungsanstalt und Ort der Meisterwerke, es ist identitäts- und nationsstiftend und bewahrt die Zeugnisse und Quellen der Vergangenheit auf.

Die koloniale Expansion der europäischen Staaten im 19. Jahrhundert zieht Völkerkundemuseen nach sich, wie die Industrialisierung eine neue Sensibilität für technische Grundlagen zur Folge hat, es entstehen Museen der Armee und der Post, der Wissenschaft und des Kunstgewerbes. Ihnen allen gemeinsam ist die Ausrichtung und Bedeutungszuschreibung im Rahmen der Geschichte. Jacob Burckhardt sieht bereits in den 1840er Jahren den Historismus als eine Reaktion auf das veränderte Zeiterleben der beginnenden Moderne, denn es sei den europäischen Völkern das, »was man historischen Boden nennt, unter den Füßen weggezogen worden« durch die »völlige Negation, die zu Ende des vorigen Jahrhunderts in Staat, Kirche, Kunst und Leben eintrat«. Die gewaltigen Umbrüche haben laut Burckhardt ein Gegengewicht benötigt, eine neue Art der Reflexion der Geschichte (Burckhardt 1949, 201). Die Museen allein als eine Kompensationsbemühung und einen Effekt des Historismus zu beschreiben wird ihnen sicher nicht gerecht. Klar ist jedoch, dass sie im Spannungsfeld von evozierter Vergangenheit und rasanten gesellschaftlichen und technischen Entwicklungen stehen. Dieser Widerspruch betrifft vor allem ihre Inhalte: Während Kunst- und Geschichtsmuseen vornehmlich eine historische Entwicklung in der Präsentation ihrer Objekte vor Augen führen, tun dies Technik- und Naturkundemuseen zwar auch, doch sind sie durch die neuesten technologischen Entwicklungen oder die durch Expeditionen gemachten Entdeckungen in einem weitaus höheren Maße der unmittelbaren Gegenwart verpflichtet.

Lange bevor die ersten Datensammlungen das Präfix »Welt« tragen und damit eine Einbeziehung von möglichst allen, die

Welt umspannenden Aspekten versuchen, existiert die Idee der Lückenlosigkeit in den Museen, einerlei, ob es sich um Kunst- oder Naturkundemuseen handelt. Das noch junge Germanische Nationalmuseum in Nürnberg ist dafür ein anschauliches Beispiel. In einer Denkschrift des Museums von August Ottmar von Essenwein wird 1884 von einer »Universalanstalt« (Essenwein 1884, 3) gesprochen, in der systematische Sammlungen eine wissenschaftliche Einheit bilden und für das Studium das notwendige Material zur Verfügung stellen sollen. Hier taucht auch die für das 19. Jahrhundert im Museumsdiskurs typische »Rettung bedrohten Materials« (ebd., 17) auf, die für den Verfasser eine besondere Rolle spielt. Sein Museum hatte sich vor allem der Alltagskultur zugewandt, konnte aber in vielen Fällen nur noch feststellen, dass aus bestimmten historischen Perioden kein Stück mehr für die Sammlung gefunden oder erworben werden konnte. Den Museen wird eine archivalische Funktion zugeschrieben. Die angestrebte Lückenlosigkeit der Sammlung korrespondiert mit den in den Schauräumen gezeigten »Gesamtbildern«. Wie noch im 18. Jahrhundert hegt man die Hoffnung, dass aus den vielen gesammelten Objekten sich etwas – gleichsam von selbst – ergibt und offenbart damit auch eine Ratlosigkeit in Bezug auf Anfang und Ende eines solchen Sammel- und Zeigeprozesses. Essenwein schreibt: »Indessen war sie [die Sammlung, AtH] doch nach und nach auf einzelnen Gebieten so reichhaltig geworden, daß man es versuchen konnte, das Gleichartige zusammenzustellen, so daß sich ganze Serien daraus bildeten und, wenn auch nicht der zeitliche Entwicklungsgang, doch wenigstens der gesamte Formenkreis einer jeden solchen Serie sich überblicken läßt.« (Ebd., 19)

Das Germanische Nationalmuseum als kulturgeschichtliches, volkskundliches Museum verweist zudem auf einen weiteren Aspekt: Waren es ehedem Meisterwerke der Kunst oder eine abstrakte Ordnung repräsentierende Gegenstände der Natur, so kommen nun Objekte hinzu, die Herrschafts- und Wirtschaftsverhältnisse repräsentieren sollen – bäuerliches Gerät oder mittelalterliche Einrichtungsgegenstände halten als Nachweis zivilisatorischer Etappen fremder Völker und der eigenen Kultur Einzug. Essenwein beschreibt diese Gegenstände in der bereits zitierten Denkschrift als »Monumente«: »Schrank und Truhe und alles, was darinnen eingeschlossen, sind Monumente; was auf dem gedeckten Speisetische steht und die Geräte in Küche und Keller sind Monumente, ebenso wie die Spielsachen der Kinder« (ebd., 48). Als Monumente galten mithin nicht nur Schriftrollen und Urkunden aus der Vorzeit – wie bei den *Monumenta Germaniae*, der zu Beginn des Jahrhunderts gegründeten Sammlung von mittelalterlichen Quellentexten –, sondern auch einfaches Gerät verschiedener Lebensbereiche des Menschen. Dinge werden nun zu Zeugnissen und faktischen Belegen, »wie es eigentlich gewesen«. Daraus resultiert ein zweigeteiltes Objektverständnis. Der zu Beginn zitierte Kunsthistoriker Stephen Bann hatte von einem Nebeneinander zweier Darstellungsarten gesprochen, nämlich der Darstellung der linearen, chronologischen Entwicklung, in der das Objekt als Exemplar fungiert, und von den atmosphärischen Bildern, in denen das Objekt ein Relikt und Zeuge ist. Diese beiden Darstellungsweisen sieht Bann zum ersten Mal in Paris im Musée des Monuments Français und im Musée de Cluny verwirklicht (Bann 1978). Eine Anordnung in Serien und eine in Bildern – dies sind die Schaumaximen bis weit in das 20. Jahrhundert hinein. Auch sie hält Essenwein in treffenden Worten fest: »Die erste [Art der Betrachtung, AtH] untersucht, wie Denkmäler derselben Gattung sich durch den Lauf der Zeiten geändert haben, die zweite, welche Verwandtschaft die sämtlichen Denkmäler jeder Zeit haben. Je nach Zweckmäßigkeit ist die eine oder die andere Art der Betrachtung gewählt.«

(Essenwein 1884, 19) Blickt man auf die späteren naturkundlichen Museen, so sind auch hier die gleichen Präsentationsprinzipien zu erkennen: Zum einen handelt es sich dort um solche Vitrinen, in denen in reihenartiger Anordnung die taxonomischen Sammlungen ausgestellt oder Abstammungen durch baumähnliche Verzweigungen dreidimensional veranschaulicht wurden. Zum anderen wurde um 1900 eine Darstellungsweise etabliert, die noch heute unter dem Begriff »Diorama« die szenische Ausstattung einer Vitrine bezeichnet, indem verschiedene Tierpräparate zu einer Gruppe zusammengefasst und in vergleichsweise natürlicher Stellung zueinander vor einem illusionistischen Hintergrund als ökologische Gemeinschaft von Fauna und Flora dargestellt werden (Wonders 1993). In den kulturhistorisch orientierten Museen sind es die Gesamtbilder oder Stuben, in den naturgeschichtlichen Museen die Dioramen. Ihr Pendant im Kunstmuseum besteht in den sogenannten »period rooms«, für die der Kunsthistoriker Wilhelm von Bode Gemälde und Skulpturen sowie zeittypische Tapeten, Teppiche und Möbel zusammenstellte: »While for the Botticellis, Fra Filippos, Donatellos, Desiderios, &c., we shall take a Florentine saloon of the fourteenth century as a pattern, and put life into it with a few pieces of the best furniture, tapestry and carpet of the time.« (Bode 1891, 512) Gemeinsam war den Entwürfen, dass sie dem Besucher durch einen atmosphärischen Zusammenhang einen Eindruck der Kunstwerke, der Gerätschaften oder der nunmehr als Präparate ausgestopften Tiere in ihrem ursprünglichen Kontext vermitteln wollten. Die Hinwendung zum atmosphärischen Raum, in dem die Objekte vermeintlich zeit- und kontextgerecht präsentiert werden, markiert im Verlauf des 19. Jahrhunderts ein Bewusstsein von den Objekten des Museums als entkontextualisierte Gegenstände, die sich nicht allein durch entsprechende Versenkung oder systematische Aufstellung erklären ließen und somit vermittlungsbedürftig waren.

Während die Museen zu Beginn des 19. Jahrhunderts noch versuchten, die Fülle der Objekte enzyklopädisch zur Schau zu bringen, so im Louvre oder in Humboldts Plädoyer für eine möglichst breite Hängung, setzt sich die Aufteilung in Schauraum und Depot durch und damit die Unterscheidung zwischen Kenner und Wissenschaftler, Laie und interessiertem Besucher. Das galt nicht nur für die Kunstmuseen, sondern auch für naturhistorische Museen, wie sich am Beispiel der Gründungsbestrebungen für das Natural History Museum in London zeigt: Während Evolutionstheoretiker wie Charles Darwin und Thomas Henry Huxley vehement für eine Zweiteilung des Museums in Studien- und Depoträume zur Forschung und Schauräume für den interessierten Laien plädierten, waren Protagonisten der naturtheologischen Richtung wie Richard Owen, die die Einheit der göttlichen Geschöpfe auch im Raum des Museums repräsentiert sehen wollten, für eine Zurschaustellung aller Spezimen in einer Phalanx von miteinander verbundenen Räumen (Yanni 1996).

Die naturkundlichen Sammlungen hatte man zuvor im British Museum untergebracht, und sie wurden dort in Teilen ausgestellt. Die Kontrahenten waren sich darin einig, dass es einen neuen Ort zur Ausstellung und Unterbringung geben müsse, uneinig war man sich darin, wie die neue Architektur auszusehen habe, eben weil es unterschiedliche Wissenschaftsauffassungen gab. Owen verstand ein Naturgeschichtliches Museum als einen Repräsentationsort der nach seinen Auffassungen göttlich durchdrungenen Natur und der imperialen Großmacht Großbritannien, die in dem Museum nicht nur die nationalen Naturschätze, sondern auch die überseeische Flora und Fauna zu zeigen hatte. Huxley dagegen schwebte ein Haus vor, in dem kleinere didaktische Schauräume eine breitere Öffentlichkeit in Naturkunde unterrichteten, während der größere Teil einer der Öffentlichkeit unzugänglichen Forschungseinrichtung vorbehalten sein sollte. Das Museum wurde schließlich 1881 als Mischung aus beiden Bestrebungen eröffnet, indem die Architektur in Struktur wie ornamentaler Ausschmückung starke kirchliche Züge trug und für ein größeres Publikum konzipiert war, während man zugleich zwischen eindeutigen Schauräumen und Depot unterschied. Insbesondere Wissenschaftler monierten, dass die sakralen Anklänge nicht der modernen Wissenschaftsauffassung entsprächen. Der Streit um die Ausgestaltung dieses riesigen und spektakulären Museums in mehr als zwanzig Jahren Planungs- und Bauzeit zeigt, wie sehr die sich stetig wandelnde und sich spezialisierende Forschung angesichts ihrer immer wieder neuen Anforderungen mit der Permanenz und der Ausgestaltung der Architektur zu kämpfen hatte. Der Streit manifestierte sich nicht zuletzt in der Teilung des Museumsraums, der sich, Mitte des 19. Jahrhunderts in London noch heiß umkämpft, gegen Ende des Jahrhunderts zum Standard für alle größeren naturkundlichen Museen entwickelt (Köstering 2003, Kretschmann 2006). Mit der Diskussion um das Natural History Museum in London wird ein Aspekt deutlich, der die zahlreichen Museumsplanungen des 19. Jahrhunderts mehr und mehr beschäftigt: Die Dynamisierung der Gesellschaft und die sich ausbreitende Industrialisierung ließen zwar auch neue Museen entstehen (Museen für Post, Technik, etc.), doch sie konnten den Grundkonflikt zwischen den andauernden Wandlungsprozessen und der Permanenz des Museumsgebäudes und seiner Konzeption nicht auflösen. Dies galt selbst für die Museen, die ausdrücklich als Orte der Kontemplation und Beschaulichkeit gedacht waren.

Das Beispiel des Natural History Museums in London zeigt einen weiteren Gesichtspunkt auf, der für die Museen des 19. Jahrhunderts – das Kunstmuseum, das kulturhistorische Museum, das technische Museum und das Naturkundemuseum –

gleichermaßen diskutiert wird: Es waren Orte der Forschung. Aber welcher Forschung? Waren die Museen Verkünder oder Popularisierer eines bereits erreichten Wissens und damit in einer eindeutigen und beschränkten Vermittlungsposition, oder handelte es sich um Einrichtungen, in denen Kunst- und Kulturgeschichte bzw. die entsprechenden Bereiche der Naturwissenschaften (Biologie, Mineralogie, Geologie usw.) vorangebracht wurden, indem eine gegenseitige Bereicherung zwischen ausstellender und forschender Tätigkeit entstand?

Überblickt man die größeren naturkundlichen Häuser der deutschen Staaten und des späteren Deutschen Reiches, wie sie sich im Laufe des 19. Jahrhunderts entwickelten – in Berlin, Frankfurt, Bonn, Hamburg oder Karlsruhe –, so wird schnell deutlich, dass sie verschiedenen Initiativen entsprangen: Zum einen stammten die Museen aus einem fürstlichen Kabinett, teils über einen langen Zeitraum angelegt und mit entsprechenden finanziellen Ressourcen zusammengetragen. Zum anderen waren es seit der zweiten Hälfte des 18. Jahrhunderts bürgerliche naturkundliche Vereine, die Sammlungen anlegten und aus deren Engagement in der ersten Hälfte des 19. Jahrhunderts naturkundliche Museen entstanden. Ihre akademische Institutionalisierung erlangten diese Museen in Deutschland, indem sie Bestandteil der Humboldt'schen Forschungsuniversitäten wurden und damit eine genuine Bildungsfunktion zugesprochen bekamen. In allen Fällen war die Forschung eng mit der Bildung und Instruktion verbunden, bei den Vereinsgründungen stand das Motiv der Partizipation an Sammlung und Forschung im Vordergrund, während in der akademischen Einrichtung zwar Öffnungszeiten für ein größeres Publikum angegeben waren, doch das Museum vor allem der Lehre und Forschung diente und sich so nicht zuletzt an der Pariser Konzeption des Muséum National d'Histoire Naturelle orientierte. Ist die museale Praxis immer noch – bis heute – von Sammeln, Katalogisieren, Erforschen und Präsentieren bestimmt, kam es im Laufe des 19. Jahrhunderts zu gravierenden Änderungen: Durch die fortschreitende Spezialisierung in den Naturwissenschaften, die Forschung nunmehr ausschließlich in den Laboren und durch das Experiment verwirklicht sahen, mussten sich beispielsweise die Naturkundemuseen neu legitimieren. Denn hier war nicht unbedingt der Platz für die Entwicklung einer experimentellen Physiologie, und die entstehende Naturwissenschaft sah in den Depots eher Mottenbrutplätze als Forschungsorte. Die Museen versuchten zu reagieren: Aus dem Primat der taxonomischen Systeme, deren vorrangiges Ziel die Bestimmung der einzelnen Tiere, Pflanzen und Steine innerhalb einer großen umfassenden Nomenklatur darstellte, galt nun ein Verständnis der Natur als nach den Gesetzen einer Biologie wirkend, bei der es auf die Lebensweise der Tiere, ihre stammesgeschichtliche Entwicklung und die Wechselwirkung mit ihrer Umwelt ankam. Dies führte mit sich, dass die alte Darstellungsweise der taxonomischen Reihe, also der über und über gefüllten Vitrinen etwa mit verschiedenen Vogelarten (mit zum Teil nur minimal erkennbaren Unterschieden), sich zu einer Darstellung der Zusammenhänge in lebensnah gestalteten Tiergruppen und deren Umwelt, den sogenannten Dioramen, wandelte. Sie waren Teil museumsreformerischer Bemühungen, wie sie etwa Otto Lehmann, Direktor des Altonaer Museums in Hamburg, seit 1901 vorantrieb. Das Ziel der dortigen Inszenierung »Wolfskampf im Elchrevier« war es, »die Tiere nicht nur um ihrer selbst willen, als Einzelwesen losgelöst von ihrer Umgebung zu zeigen, sondern dieselben in Lebensbildern, in lebensvollen Gruppen so zur Anschauung zu bringen, daß der Besucher einen unmittelbaren Eindruck vom Tier und seiner Lebensweise empfängt« (zit. n. Kretschmann 2006, 84).

Auch im Naturkundemuseum war die Darstellung am Ende des Jahrhunderts in Bewegung geraten: Nicht »starre« Objekte konnten den Besucher anziehen, sondern die lebendige Inszenierung, die Nähe zum Leben. Was dies für das Museum bedeutet, wird im Kapitel zur Museumsreform näher ausgeführt. An der Beschreibung des Hamburger Naturkundemuseums wird jedoch schon deutlich, was in seiner Bedeutung für das zukünftige Museumswesen nicht hoch genug eingeschätzt werden kann: Die grundlegende Fähigkeit der Beobachtung und ihre Ausbildung und Übung hatten seit Entstehung der Museen und Sammlungen die Betrachtung vor allem von naturkundlichen Sammlungen für Laien wie Wissenschaftler gleichermaßen geprägt. Jetzt aber war die Konzeption der Präsentation mehr und mehr durch das Erlebnis und das Überwältigtsein eines bisher noch nicht gewährten Eindrucks geleitet. Überblickend kann festgehalten werden, dass sich insgesamt drei Visualisierungsweisen herausgebildet hatten, die bis heute Bestand haben: die Betrachtung des Einzelstücks als Meisterwerk oder als Trophäe, die Betrachtung einer Serie von Objekten als taxonomischer Systematik oder als Entwicklungsgeschichte sowie die Zusammenstellung von Objekten als ein Gesamtbild, in dem der Gegenstand in einen atmosphärischen Zusammenhang eingebettet wird (vgl. Köstering 2003, 212 ff., und Kretschmann 2006, 185 ff.). Diese drei Darstellungsweisen nutzten im 19. Jahrhundert alle Museen, gleich welcher Fachrichtung.

1904 wurde in Glasgow ein Buch unter dem Titel *Museums, Their History and Their Use: With a Bibliography and List of Museums in the United Kingdom* veröffentlicht. Aufgeteilt in drei Bände, widmet sich der erste umfassend der Geschichte und der Nutzung von Museen, während der zweite und dritte Band den bibliografischen Apparat enthalten. Das Buch von David Murray erscheint im ersten Moment als eine Wiederaufnahme der vergangenen Museografien. Doch bei näherer Betrachtung können vor allem die letzten beiden Kapitel – »The Modern Museum – Archeological Museums« und »The Uses of Museums« – als eine Charakterisierung des Museums im 19. Jahrhundert gelesen werden. Für Murray ist das Museum ein Ort für die Entwicklungsgeschichte der Zivilisation: »The illustration of the growth and development of culture and civilisation is one of the aims of the modern museum; and we have rooms filled with objects, chronologically arranged, to show the progress not only of such things as costume, weapons, and furniture, but of trade and navigation and the industrial arts, of geography, of education, of surgery, and of physical research« (Murray 1904, 39). Das hier prototypisch beschriebene Museum ist ein historisches Spezialmuseum, das sich verschiedenen Gegenstandsbereichen widmet (Militär, Post, Landwirtschaft, Ethnologie, Stadtgeschichte, Technik, Natur) und versuchen muss, die Geschichte möglichst instruktiv und belehrend darzustellen und weiterzugeben. Wenn Murray von Museen spricht, dann meint er die historischen Museen und unterscheidet diese explizit von Bildergalerien, respektive Kunstmuseen. Sein Museum des 19. Jahrhunderts ist ein wissenschaftliches Museum, das seinen Gegenstandsbereich beständig erweitert, an dem Forschung betrieben wird und das Kataloge verfasst. »A Museum, as now understood, is a collection of the monuments of antiquity or of other objects interesting to the scholar and the man of science, arranged and displayed in accordance with scientific method.« (Ebd., 1) Das Museum ist eine Folge der sich ausweitenden Spezialgebiete des Wissens und versucht Vollständigkeit zu erlangen. Murray verurteilt solche Museen, die versuchen, in allen Gebieten zu sammeln, dies sind für ihn Kuriositätenkabinette. Für ihn gilt die saubere Trennung der Gegenstandsbereiche, er befürwortet Systematik und Klassifikation (ebd., 231 ff.). Der Zugriff bleibt enzyklopädisch, wird aber in Teilbereiche aufgeteilt. Sinn und Zweck des Museums ist es, den Besuchern das Erlernen der Beobachtung zu ermöglichen (was eben nicht mehr als selbstverständlich vorausgesetzt werden kann) und Wissen zu popularisieren (ebd., 259). Damit spricht Murray zwei Aspekte an, die verschiedene Zugangsweisen zum Museum, ja verschiedene Darstellungsweisen in sich bergen: Während das Beobachten aus der alten naturhistorischen Tradition stammt und im 19. Jahrhundert als eine entscheidende Schulung des Kindes und jungen Menschen verstanden wird und sich an das Individuum wendet, bezieht sich die Popularisierung auf eine didaktisch aufbereitete Wissensvermittlung an möglichst viele Menschen, die von keinerlei Vorwissen ausgeht. Murray hat, als einer der Letzten, noch die Hoffnung, dass beides vereinbar sei.

Doch es wäre ungerecht, in Murray nur einen letzten umherirrenden Anhänger des Gelehrtenmuseums zu sehen, so wie wir ihn durch Neickels »Museographia« kennengelernt haben. In den Bemühungen der Museen, beständig mit der kurz zuvor vergangenen Geschichte Schritt zu halten, hat Murray das zentrale Paradox der Zeit erkannt: Im Museum bedarf es der andauernden Aktualisierung. Dadurch entwickelt das Museum selbst eine Geschichte, die Museumsgeschichte. Murray ist einer der ersten, die ein reflexives Verhältnis, fast sollte man in Hinblick auf Bann sagen, ein ironisches Verhältnis zum Museum einnehmen, und er ist darin den zeitlich nach ihm folgenden Reformbewegungen näher, als man annehmen könnte: Er bedauert einerseits, dass alte Schaustellungen in Museen einfach erneuert werden, ohne dass man sie dokumentiert oder auch nur teilweise erneuert (ebd., 266), um zu zeigen, wie sehr sich das Verständnis gegenüber den Objekten auch wandeln kann. Zu Beginn seines Buches konstatiert er eine erstaunliche Amnesie des Museums in Bezug auf seine eigene Genese (ebd., viii f.). Sein Buch endet mit den Worten: »The museum of 1897 is far in advance of the museum of

1847; but it in turn will be old-fashioned by the end of twenty years and when the coming century is half-way through its methods and arrangements will probably be wholly superseded by something better. We are ever moving onwards, but we do not reach the goal.« (Ebd., 285) Mit der Konstatierung dieses beständigen Wandlungsprozesses des Museums charakterisiert er bereits das neue Jahrhundert, und so liest sich seine vorherige Beschreibung in der Tat wie eine letzte Manifestation des »Gelehrtenmuseums« und wagt zugleich einen Vorausblick auf die kommenden Anforderungen.

Wenn die Idee des Museums in der Renaissance begründet wird, dann setzt die Museumsgeschichte und -wissenschaft am Ende des 19. Jahrhunderts, auf dem Höhepunkt der industriellen und expansiven Entwicklung der europäischen Staaten, ein. Und dies nicht ohne Grund: Denn das 19. Jahrhundert ist zugleich dasjenige, in dem es neben den Museen vor allem um Ausstellungen geht, die sich aus den Wettbewerbszusammenhängen industrieller Produkte entwickeln. Zusammenfassend lässt sich deshalb festhalten, dass Museum und Sammlung jetzt als zwei getrennte Bereiche, in der Aufteilung zwischen Schauraum und Depot, aufgefasst werden. Die drei Visualisierungsweisen der Objekte deuten darauf hin: Das singuläre Meisterwerk lädt zur Kontemplation aller ein, doch ist es fraglich, wer mehr Erhebung und Nutzen daraus zu ziehen vermag, der Kenner oder der Laie. Während die Reihendarstellung das Objekt als Exemplar einer vorzuführenden Klassifikation versteht und in der seriellen Anordnung zunehmend nur vom wissenschaftlich Interessierten goutiert werden kann, ist das atmosphärische Bild, in dem die Objekte passend zusammengestellt werden und das Objekt als Relikt und Zeugnis einer Geschichte gilt, für ein immer größer werdendes Publikum gedacht. Doch würde man die Entwicklung des Museumswesens missverstehen, erklärte man diese Schauzusammenhänge allein aus dem Museum heraus. Parallel zu den Museumsgründungen hatte das sich entwickelnde Medium der Ausstellung das Objekt als Ware präsentiert und damit die Zugänglichkeit des Objekts, ja seine Käuflichkeit in Einklang mit einem Schau- und Präsentationszusammenhang gebracht – und so Besuchermassen anlocken können.

4. Ausstellungsexpansion und Museumsreform

Ausstellungsexpansion

Setzt die Geschichte des Museums und damit seiner konzeptionellen Entwürfe vor allem mit den Gründungen in Paris am Ende des 18. Jahrhunderts ein, so ist dies zugleich der Moment, in dem sich auch die Gewerbeausstellungen formieren und als eine eigenständige Ausstellungskultur in den Weltausstellungen Mitte des 19. Jahrhunderts eine globale Dimension erreichen. Peter Sloterdijk sieht Museum und Weltausstellung als getrennte Sphären an, die aber durch die »kapitalistische Kulturrevolution, die seit dem Ende des 18. Jahrhundert die lokalen Zivilisationen auf der Erde zunehmend in das Abenteuer der Synchronisation verstrickt«, miteinander verbunden sind: »Das Kapital synchronisiert die Welt« (Sloterdijk 1990, 196). Dieses Kapital bringe zwei Effekte hervor, das »historisierende Museum« und die »aktualisierende Ausstellung«. Während das Museum als ein Wertetempel funktioniere, sei die Ausstellung ein »Weltkaufhaus« (ebd., 197). Sloterdijk verweist auf die Aktualität, die Ausstellungen durch ihren schnellen Wechsel einzulösen vermögen. Das Gegenwärtige, die Anbindung an die Lebenswelt des Betrachters, sei hier leichter zu verwirklichen als im Museum. Ähnlich argumentiert Tony Bennett in seinem Buch *The Birth of the Museum*, indem er die Expansion des Museumsgedankens als parallele Entwicklung der Weltausstellungen beschreibt, aber auch mit Jahrmarkt, Festplatz und Panoptikum in

Verbindung bringt. Im Anschluss an Foucault analysiert er Museum wie auch Ausstellung als Orte, die der Beobachtung und Machtausübung dienen, an denen der Besucher in seiner Wahrnehmung gelenkt und kontrolliert werden kann (Bennett 1995).

Unabhängig davon, ob man die Ausstellung als Wertekaufhaus oder als panoptisches System versteht, gilt, dass sie eine parallele Geschichte mit den zeitgleichen Museumsgründungen aufweist. Anders als im Museum werden in den gewerblich-industriellen Ausstellungen des 19. Jahrhunderts Objekte nicht dauerhaft zur Schau gestellt und sind grundsätzlich käuflich. Sie werden zwar in museumsähnlichen Präsentationsweisen dargeboten – Vitrine, Podest, Tisch –, aber die gezeigten Gegenstände entstammen keiner dauerhaften Sammlung, sondern wurden in der Regel für den Markt hergestellt. Die Ausstellung rührt also eher von der periodisch stattfindenden Messe her und nicht wie das Museum aus der Sammlung, für sie werden eigens Hallen errichtet und keine für die Ewigkeit entworfenen Bauten. Während die Ausstellungen durch ihren beständigen Wechsel an der Gegenwart teilhaben, versucht das Museum, diese in einer Bildungsabsicht zu prägen. Während Ausstellungen Teil eines technischen Fortschrittsgedankens und einer sich beschleunigenden Welt sind, werden Museen in kulturkritischer Absicht als Horte der Widerständigkeit und Bewahrung verstanden. In diesem Kapitel wird deshalb noch einmal ein zeitlicher Rückblick vorgenommen, der vor Augen führt, welch zunehmenden Einfluss das Ausstellungswesen des 19. Jahrhunderts auf die Entwicklung und das Verständnis von Museen hat.

»Gewerbeausstellungen dienten der Präsentation von handwerklichen, gewerblichen oder industriellen Erzeugnissen aus einem genau eingegrenzten Gebiet vor einem breiten, nicht eingeschränkten Publikum. Die Exponate wurden nicht von den Veranstaltern angekauft, sondern von den Teilnehmern freiwillig zur Verfügung gestellt und am Veranstaltungsort einer Bewertung durch eine Jury unterzogen, die ihre Ergebnisse veröffentlichte. Die Veranstalter verfolgten [...] eine gewerbefördernde Zielsetzung. [...] Die Veranstaltungen sollten in regelmäßigen Abständen wiederholt werden.« (Beckmann 1991, 3) Diese knappe und doch umfassende Definition einer Gewerbeausstellung macht ihren funktionalen Charakter und ihren zeitlichen Rhythmus deutlich. Hier ist weder die Rede von Kontemplation noch von Geschichte. Es geht nunmehr um die aktuell bedeutsamen, auf dem (bedingt) offenen Markt zu bewerbenden und zu platzierenden Gegenstände. Auch die Gewerbeausstellungen haben ihren Anfang – wie die Museumsgründungen – im postrevolutionären Frankreich. Neben dem Louvre und dem Muséum National d'Histoire Naturelle hatte bereits Krünitz in seiner *Oeconomischen Encyclopädie* auch das Conservatoire des arts et métiers genannt. Es gilt als das erste Technikmuseum und wurde 1794 gegründet. Doch verstand er darunter noch nicht das Technikmuseum, das man heute beispielsweise mit dem Deutschen Museum in München oder dem Science Museum in London verbindet. Das Conservatoire beinhaltete eine Sammlung von Maschinen und Werkzeugen, die der Verbreitung technischen Wissens und dem Aufbau einer modernen florierenden Industrie dienen sollte und damit ähnliche Ziele verfolgte wie die erste Gewerbeausstellung. Hintergrund der Gründung des Conservatoire war die damalige Vorrangstellung englischer Produkte auf dem französischen Markt – von Kleidung über Tafelgeschirr bis zu Rasierzeug –, die aus französischer Sicht behoben und einer modernen eigenständigen Industrie Platz machen sollte. Folgt man der Denkschrift des Gründers, des Geistlichen Henri Grégoire, so ging es bei der Zurschaustellung von Werkzeugen wie den mit ihrer Hilfe gefertigten Waren vor allem darum, eine Aufwertung der manuellen Arbeit zu befördern, die im alten System zugunsten geistiger Tätigkeit abgewertet worden sei. Und so verwundert es nicht, wenn das Gewerbeausstellungswesen neben Maschinen und Waren immer wieder

Arbeitsabläufe und Produktionskontexte vorführte. Das Pariser Conservatoire war der Ausgangspunkt für die ab 1798 stattfindenden Gewerbeausstellungen, deren erste noch als Revolutionsfest gedacht und die der Hebung des Nationalstolzes sowie als Symbol der errungenen Gewerbefreiheit dienen sollte (ebd., 17). Die französischen Gewerbeausstellungen waren wegweisend für die zukünftigen Ausstellungen ihrer Art in den verschiedenen Ländern.

Während das Museum eine Inventarisierung der Geschichte vorantrieb, hatte die Ausstellung die zu einem bestimmten Zeitpunkt verfügbaren Waren zusammengestellt und dem vergleichenden Blick freigegeben. Anders als in Frankreich setzt diese Entwicklung in den restlichen europäischen Ländern später ein, in Deutschland nur sehr zögerlich. Hier entwickelte sich schließlich Mitte des 19. Jahrhunderts trotz aller kleinstaatlichen Beschränkungen ein Ausstellungswesen. Doch ginge man falsch in der Annahme, dass die Gewerbeausstellungen nur aus Stoffen und Bürsten, etwas Amüsement und einer Preisverleihung bestanden. Während in den Museen die großen sich gegenseitig beeinflussenden Gegenstandsbereiche Kunst und Natur heißen, geht es im Ausstellungswesen um Kunst und Industrie. Die Sozialwissenschaftlerin Ingeborg Cleve weist darauf hin, dass diese Ausstellungskultur auch als ein Ort der Geschmacksbildung zu verstehen sei, dass Gewerbe und Kunst oftmals auch in den gleichen Lokalitäten gezeigt wurden (Cleve 1996, 32), ja Kunst und Waren gemeinsam präsentiert werden. Parallel zur Ausstellung der Technik und der Produkte organisierte man Ausstellungen der Werke zeitgenössischer Künstler, die es genauso zu prämieren galt wie die angebotenen Waren. Zeitlich begrenzte Präsentation und eine anschließende Bewertung sind die entscheidenden Elemente des gewerblichen Ausstellungswesens. Aus heutiger Sicht kann man sie als zentrale Erfahrungsorte für den technischen und wirtschaftlichen Fortschritt beschreiben: Das zunehmend expandierende Ausstellungswesen regte nicht nur den Kontakt und Austausch der Fabrikanten und Gewerbetreibenden an, sondern weckte Konsumbedürfnisse, erschloss neue Märkte und popularisierte technische und wissenschaftliche Innovationen (Großbölting 2008, 14, 27). Hatte ein zeitgenössischer Beobachter die nationalen Gewerbeausstellungen in Frankreich 1848 noch in ihrem Festcharakter mit den Ritterturnieren des Mittelalters verglichen (vgl. Beckmann 2002, 257), so sprengen die um die Mitte des 19. Jahrhunderts einsetzenden Weltausstellungen jegliche Vergleichsmaßstäbe. Anders als die Gewerbeausstellungen, die regional oder national organisiert waren, ist es 1851 in London zum ersten Mal möglich, eine internationale Selbstdarstellung der Industrienationen zu organisieren. Es handelt sich um eine technische und kunsthandwerkliche Leistungsschau, die von jetzt an in regelmäßigen Abständen in wechselnden Metropolen stattfindet. Mehr und mehr beklagte man zwar eine gewisse »Ausstellungsmüdigkeit« (Ciré 1993, 55), doch zugleich war in diesem Medium, vor allem seit der zweiten Hälfte des 19. Jahrhunderts, eine der wirksamsten Agenturen des Fortschritts und seiner Veranschaulichung zu finden, handelte es sich hier um einen der zentralen »spaces of modernity« (Geppert 2010, 3 ff.).

Theoretische Reflexionen zu dieser Ausstellungsform setzen erst zögerlich ein, doch lässt sich durch zeitgenössische Beschreibungen ein guter Eindruck von der Wahrnehmung der Ausstellung gewinnen. Gustave Flaubert besucht 1867 die »Exposition universelle de Paris« und schreibt: »Ich war zweimal in der Ausstellung; man wird davon erschlagen. Es gibt dort großartige und höchst merkwürdige Dinge. Doch der Mensch ist nicht geschaffen, um das Unendliche zu verdauen. Man müßte sämtliche Wissenschaften und sämtliche Künste kennen, um sich für alles zu interessieren, was es auf dem Champ de Mars zu sehen gibt. Gleichviel, wenn jemand drei ganze Monate Zeit hätte und jeden Morgen hinginge und sich Notizen machte, würde er sich später eine Menge Lektüre und viele Reisen ersparen.« (zit. n. Wörner 2000, 11) Die Weltausstellung nimmt er als ein weltumspannendes Geschehen wahr, das die zentralen Aspekte eines jeden Landes wiedergibt und »ein Reisen erspart«. Flaubert formuliert die Vorstellung, dass man sich gleichsam exzerpierend durch die Hallen bewegt und von der Darstellung eines wie auch immer aufbereiteten Wissens ausgeht. Dies ist der Erfahrung und der Konzeption eines Museums nicht ganz unähnlich, es scheint sich hier nur um eine größere und umfassendere Form zu handeln. Doch während das Museum die Geschichte vor Augen stellt, zeigt die Ausstellung die lebendige zeitgenössische Welt. Ausstellungen werden nicht nur von Händlern aus Erwerbsinteresse besucht, sondern das Gros der Besucher nimmt eine Warenwelt wahr, ohne unmittelbar in sie involviert zu sein. Ganz anders stellt sich dies für Sigmund Freud in seinen Schilderungen über die Weltausstellung 1873 in Wien dar: »In der Ausstellung war ich bereits zweimal. [...] Es ist im Ganzen ein Schaustück für die geistreiche, schönselige und gedankenlose Welt, die sie auch zumeist besucht. [...] Es ist unterhaltend und zerstreuend. Man kann dort auch prächtig allein sein in all dem Getümmel.« (zit. n. ebd., 11) Hier wird wiederum das Überbordende deutlich, das Unbewältigbare und das Zerstreuende, aber anders als Flaubert, der in den zur Schau gestellten Zusammenhängen Wissenswertes entdeckt, stellt sich für Freud ein gleichsam überdimensionierter Rummel dar, und in seiner bildungsbürgerlichen Auffassung zieht er einen scharfen Trennstrich zwischen Weltausstellung und Museum. Was aber Ausstellung und Museum vereint, ist die Hervorhebung und Wertschätzung des Objekts. Karl Marx spottete über die Weltausstellung 1851 in London: »Die Bourgeoisie der Welt errichtet durch diese Ausstellung im modernen Rom ihr Pantheon, worin sie ihre Götter, die sie sich selbst gemacht hat, mit stolzer Selbstzufriedenheit ausstellt.« (zit. n. ebd., 74) Worauf Marx hinaus will, ist der ausschließliche und zugleich vereinende Warencharakter der Objekte. Man muss sich das heterogene Nebeneinander in der Präsentation vorstellen: teils Rohstoffe wie Baumwolle, dann hochentwickelte Maschinen oder fein ziselierte Kerzenleuchter, kurz: alles zwischen »mechanischen Mähdreschern und marmornen Madonnen« (Bollenbeck 1986, 290). Das Objekt als ein Fetisch in den neuen gesellschaftlichen und politischen Entwicklungen der Moderne, dieser grundlegende, sich auf Gemälde wie Rasierzeug beziehende Diskurs durchzieht seitdem die Diskussionen zur Ausstellung.

Über das Nebeneinander von Kunst und Waren schreibt deshalb auch der »Amtliche Bericht über die Wiener Weltausstellung« von 1873: »Kunstgenuß [...] ist überhaupt nicht Zweck und Ziel der Ausstellungen. Wie die Maschinen und die Producte des Gewerbefleisses hier nicht ihre endgültige Wirksamkeit entfalten, sondern nur als Proben dienen, um darnach [sic!] den Stand und den Fortschritt der verschiedenen Industriezweige zu beurtheilen, so sind auch die Bildwerke nicht ausgestellt, um einzeln genossen zu werden, sondern um an ihrer Gesamtheit erkennen zu lassen, in welcher Strömung sich die gegenwärtige Kunst bewege, welche Richtungen in ihr vorherrschen.« (Centralkommission des Deutsches Reiches, Bd. 1, 1874/1877, 107 f.). Zentral steht also der Vergleich im Vordergrund, nicht die Betrachtung eines einzelnen Objekts, sondern der abschätzende Blick soll aus Mähdreschern und Madonnen gleichermaßen eine Entwicklung herauslesen, die den Stand der Nation und der Welt im Ganzen veranschaulicht. Dies gilt für die Kunst ebenso wie für Instrumente, denn – so konstatiert der Verantwortliche Leiter der Abteilung für »Wissenschaftliche Instrumente«: »Das zerstreuende Gewühl einer Weltausstellung ist nicht der Ort einer eingehenden Prüfung.« (ebd., Bd. 2, 1874/1877, 190) Die große, das Gewühl vereinende Formel beschwört den »Fortschritt« und seine angemessene Präsentation. Die Wahrnehmungen von Flaubert über Freud bis hin zu amtlichen

Ausstellungskatalogen zeigen, dass der Besuch einer solchen Ausstellung nichts mit dem Museum zu tun hat. Er gleicht eher einem zu dieser Zeit ebenfalls bedeutsamen Wahrnehmungsmodus, dem der Expedition. Von eingehender Betrachtung oder gar »Kunstgenuß« ist der einfache Besucher weit entfernt. Er versteht nur, dass es sich um etwas Ungeheuerliches, alle bekannten Dimensionen Sprengendes handelt. Dass Marx dafür das Bild eines revidierten römischen Pantheons bemüht, ist aufschlussreich. Denn die bisherigen Heiligtümer des Bürgertums lagerten in einem anderen, architektonisch tatsächlich dem Pantheon ähnelnden Gebäude, dem Kunstmuseum. Doch in diesem Bau, in dem die kontemplative Versenkung in das Einzelobjekt im Vordergrund steht, wird nicht der technische Fortschritt vor Augen geführt. Dieser ist nur aus einer sich regelmäßig erneuernden Masse von Objekten abzulesen.

Die Expositionsweisen veränderten sich ständig und verfolgten – je nach Gastgeberland und -stadt – unterschiedliche Ziele. Gemeinsam ist allen, dass sie von einer spektakulären Architektur begleitet wurden, die jeweils eigens zum Zwecke der Ausstellung errichtet wurde und deren prominenteste Beispiele der Glaspalast zur Weltausstellung in London 1851 und der Eiffelturm zur Weltausstellung in Paris 1889 sind. Die neuen Konstruktionsweisen des 19. Jahrhunderts – Eisenskelette, die erstmals riesige, lichte Hallen ermöglichten, die gleichermaßen für Gewächshäuser, Ausstellungshallen und Warenhäuser genutzt wurden – bestimmten die Ausstellungsflächen. Kojenartige Zuschnitte für die Einzelaussteller wurden in späteren Jahren durch eine pavillonartige Struktur einzelner Bauten abgelöst, in denen sich die Nationen oder Unternehmen jeweils separat vorstellen konnten (Ciré 1993).

Schnell wird deutlich, dass mit der Präsentation der Warenwelt zugleich eine Präsentation der Nation, der sie entstammen, betrieben wird. Die Darstellung des technischen Fortschritts findet ihr Pendant in der Darstellung von Traditionen, Sitten, Gebräuchen, mit deren Hilfe ein Volk im besten Fall gezeigt, vor allem aber für den Besucher konstruiert wird. Dies funktionierte nach zwei sich durch alle Weltausstellungen ziehenden Mustern: Die Sitten und Gebräuche eines europäischen Volkes wurden in einer Rückschau präsentiert, die sich zumeist auf einen agrarischen Zusammenhang bezog und einen Kontrast zum zeitgenössischen Entwicklungsstand in Form von Produkten als entwicklungsfähig markierte. Oder die Sitten und Gebräuche der außereuropäischen Völker wurden als solche einer elementaren Kulturstufe, wenn nicht als rückständig dargestellt. Neben die Objekte traten Menschen als Ausstellungsgegenstände: Menschen bildeten das exotische, lebende Inventar der Schaustellung, indem man für die Dauer der Ausstellung eigens aufgebaute Dörfer und Lager exponierte und sie »mit Leben füllte«, etwa mit der Vorführung ritueller Tänze und Alltagsverrichtungen. Dabei konnte es sich um »Eskimos« handeln oder um »Tätowierte Südseeinsulaner«, wie Mark Twain berichtete. Solche Dörfer und ihre nur für die Dauer der Ausstellung gemeinsam lebenden Bewohner markierten kulturelle Fremdheit, einen gegenüber dem europäischen oder amerikanischen inferioren Kulturstand und müssen als Herrschaftsgeste der kolonialen Expansion verstanden werden. Diese Aufbauten stellten den Versuch dar, die unterschiedlichen Entwicklungsstadien der Geschichte des Menschen anschaulich zu machen, und wurden – wie etwa 1893 in Chicago – im Rahmen des zeitgleich stattfindenden anthropologischen und ethnologischen Kongresses diskutiert. Gewissermaßen als Gegenfolie dazu vergewisserte man sich des eigenen Entwicklungsstandes, indem nicht nur die neuesten Waren ausgestellt, sondern auch ein Rückblick auf die eigene nationale Geschichte und ihre Besonderheiten geworfen wurde. Folkloristische Staffagen in den Nationenpavillons, Landschaftspanoramen und nachgebaute Dörfer mit in Trachten gehüllten Bewohnern machten den Gegensatz zur Technisierung deutlich, zugleich aber auch das enorme

Entwicklungspotenzial, das zwischen »davor« und »danach« liegen konnte. In einer Festrede anlässlich der Eröffnung der ersten Weltausstellung 1851 heißt es: »Die Ausstellung im Jahre 1851 soll uns ein treues Zeugniß und lebendiges Bild der Entwicklungsstufe geben, auf welche das ganze Menschengeschlecht in der Lösung jener großen Aufgabe gelangt ist« (zit. n. Bollenbeck 1986, 291). Hier wurde das »Gesamtbild« des ersten Direktors des Germanischen Nationalmuseums, August Ottmar von Essenwein (vgl. letztes Kapitel), wenn nicht erfunden, so doch zeitgleich entwickelt: Das »Stubenprinzip«, nach dem etwa ganze bäuerliche Räume nachempfunden, d. h. munter konstruiert wurden, hat sich dafür als Begriff durchgesetzt.

Vergegenwärtigt man sich, dass die erste Weltausstellung 1851 in London fast mit der Gründung des Germanischen Nationalmuseums in Nürnberg 1852 zusammenfällt, so ist es müßig, darüber zu spekulieren, wo sich die Präsentationsweise des »Stubenprinzips« oder des »Dioramas« entwickelt hat. Einmal mehr wird deutlich, wie sehr das Gefüge der Museen mit dem der Ausstellungen verbunden war. Besonders markant lässt sich dies an der Verbindung zwischen kulturhistorischem Museum und Freilichtmuseum beobachten. Die Geschichte des Freilichtmuseums beginnt am Ende des 19. Jahrhunderts in Schweden: Stockholm war der Ort, an dem der junge Philologe und Lehrer Artur Hazelius 1873 das Nordiska Museet gründete, den kulturhistorischen Sammlungsgedanken auf ganze Häuser erweiterte und 1891 durch die Idee eines »lebendigen Museums« (Hazelius 1900, 18) – und in Anknüpfung an die Darstellung der Weltausstellungen – in ein heute sogenanntes »Freilichtmuseum« erweiterte. Hazelius steht mit seiner Arbeit am Beginn der Entwicklung eines spezifischen Museumstyps, der ohne das Ausstellungswesen der Zeit undenkbar gewesen wäre: 1867 zeigt die Pariser Weltausstellung die ersten Pavillons im nationalen Stil mit Trachten, »part of the exhibition area was made into a park, where participating countries were invited to show their national architecture in connection with folk customs and traditions« (Rentzhøg 2007, 26). Die Figuren, die hier u. a. eingesetzt wurden und die Hazelius beeindruckten und beeinflussten, stammten von dem Bildhauer Carl August Söderman. Auf der Weltausstellung in Wien wird schließlich 1873 erstmals ein ganzes Dorf aufgebaut. Es ist das gleiche Jahr, in dem Hazelius das Stockholmer Nordiska Museet, das Nordische Museum gründet, dessen Dioramen so erfolgreich waren, dass Hazelius beauftragt wurde, Präsentationen für die Pariser Weltausstellung von 1878 zu entwickeln (ebd., 15). Außerdem galt es, in einer an Fortschritt und Technisierung orientierten Welt alte Lebensformen zu bewahren und diese nicht nur durch Sammlungen zu dokumentieren, sondern zugleich »lebendig« zu halten: Das, was die naturhistorischen, kulturhistorischen Museen und die Präsentationen der Industrieausstellungen in dioramatischen Komplexen veranschaulicht hatten, wurde hier in Objekte und Tätigkeiten, in Gegenstände und Bauten übersetzt. In dem in Form eines Parks angelegten Museum »Skansen« wurde der Besucher von in Trachten gewandeten Frauen beaufsichtigt, zogen Rentiere an dem Betrachter vorbei und konnte das Wachsen der regionentypischen Pflanzen beobachtet werden.

Für Hazelius, so beschreibt er es im Jahr 1900 selbst, ist ein lebendiges Museum, »a museum which not only shows buildings and household goods, tools and implements of the most different types [...] It tries to depict folklife through its living characteristics« (ebd., 10/11). Die Objekte sollten nicht in Serien dargestellt, nicht in abstrakter Klassifikation stillgestellt werden, sondern »see them beeing used [...] see how the costumes were worn« (ebd., 15). Das Nordische Museum wurde zunächst 1873 als »Skandinavisk-etnografiska samlingen« gegründet, bevor es in »Nordiska Museet« umbenannt wurde, und tritt in der Folge vor allem durch seine Dioramen volkskundlich orientierter Szenen hervor, die von dem Wunsch des Gründers geprägt sind, das unwissende breite Publikum veranschaulichend zu belehren. Hazelius' Absicht war es, nationale Identität zu stiften und volkserzieherisch tätig zu sein. Seine Tätigkeit muss, obwohl Gründer zweier Museen, in Opposition zum Museum gesehen werden, wenn er über seine Idee formuliert: »Here there are no dead pictures or costumes hung up in cupboards for the observer to go past as if they were dead [...] no museum conventions to frighten people.« (Ebd., 19) Hatte er bereits im Nordischen Museum versucht, verlebendigende Elemente zu verwenden, so wird das erste, von ihm gegründete Freilichtmuseum »Skansen« dies in einem noch viel umfassenderen Rahmen tun. Denn hierbei handelte es sich um eine Art Park in Stockholm, den er sukzessive mit originalen Bauten bestückte, die an anderer Stelle abgetragen und hier wieder errichtet wurden. Hinzu kamen Pflanzen, die für die Regionen Schwedens stehen, ebenso wie landestypische Tiere. Belehrung und Vergnügen sah er auf dieses Weise zusammengefasst. 1891 wird »Skansen« eröffnet und mit ihm der Versuch gemacht, ein miniaturisiertes, vergangenes Schweden zu etablieren. Der Assistent von Hazelius, Nils Edvard Hammarstedt, charakterisiert die Beziehung beider Komplexe 1897 wie folgt: »The main museum preserves objects valuable from a scientific viewpoint [...] and investigates, classifies, organises, systematises and describes them; the open air museum receives from the main museum objects of a kind that cannot appropriately be preserved within its walls, such as buildings, agricultural implements, vehicles etc., and comparatively general objects and duplicates for the furnishing of the buildings [...], which can be used in order, as far as possible, to call forth effective and living images from days gone by.« (zit. n. ebd., 31)

Es erscheint kurios, aber die Aufteilung von Hazelius, der viele kulturhistorische und Freilicht-Projekte folgten, führt zu einer tieferen Kluft zwischen Ausstellung und Museum statt zu einer Annäherung und Verbindung beider Formen. Während er das Museum als den Ort der umfassenden Sammlung sieht, an dem die Objekte dokumentiert und geschützt werden, ist »Skansen« der Ort, an dem die Objekte benutzt und gebraucht, an dem die dort lokalisierte Sammlung von Bauten und Menschen ihren Zweck nur in Interaktion mit dem Besucher erfüllt.

Es kann deshalb nicht genug hervorgehoben werden, dass einer der zunächst am wenigsten beachteten (weil nicht veröffentlichten) theoretischen Museumsentwürfe genau aus dieser Aufteilung entstanden ist. Der Architekt Gottfried Semper war an der ersten Weltausstellung beteiligt und gestaltete einige der Länderkojen des Glaspalastes. Ein Jahr nach der Weltausstellung verfasste Semper eine Schrift über *Das Ideale Museum*«, in der er die Durchdringung von Wissenschaft und Kunst beschreibt und die öffentliche Sammlung als ein nationales Erziehungsinstrument charakterisiert: »A complete and universal Collection must give, so to speak the longitudinal sections – the transverse sections and the plan of the entire science of culture; it must show how things were done in all times; how they are done at present in all countries of the earth; and why they are done in one or another way, according to circumstances; it must give the history, the ethnography and the philosophy of culture.« (Semper 2007, 37) Das ideale Museum sieht er in vier Sparten gegliedert, den »Grundbegriffen des menschlichen Kunstfleisses« entsprechend, nämlich des Flechtens und der Weberei, der Töpferei, der Zimmermannskunst und der Maurerkunst. Semper entwarf damit den Plan eines Kunstgewerbemuseums, wie es 1852 in London und dann 1863 in Wien gegründet wurde. Sein Entwurf geht von einer umfassenden Sammlung aus, die an die Gegenwart anknüpfen muss und somit stetig erweitert wird. Dieser umfassende und dokumentarische Sammlungsanspruch, der Sammlung und Kulturphilosophie vereint, findet sich auch bei Hazelius, der das Sammeln nicht nur für die Vergangenheit reklamierte, sondern als einen immerwährenden Prozess bis in die Gegenwart verstand (Rentzhøg 2007, 17), eine Auffassung, die der bereits genannte David Murray am Ende seines Buches über die Museumsgeschichte genauso vertrat wie die noch zu beschreibenden Museumsreformer.

Festzuhalten bleibt, dass nicht nur Kunst und Industrie in der Mitte des 19. Jahrhunderts im Begriff des »Kunstgewerbes« zusammengeführt wurden, sondern auch Kunst und Technik aus ähnlichen Erwägungen gemeinsam ausgestellt wurden. Zeitgleich mit den Weltausstellungen und als einen ihrer substanziellen Teile veranstaltete man Kunstausstellungen. Wie bereits dargestellt, fand nun eine Parallelführung von Kunst- und Weltausstellung statt wie etwa 1854 im Münchener Glasplast, in dem neben Industrie- und Landwirtschaftsausstellungen auch zeitgenössische Kunst gezeigt wurde. Schon um die Mitte des 18. Jahrhunderts wurden Salon- und Akademieausstellungen abgehalten, doch die Kunstausstellungen und mit ihnen die Kunstvereine, die Kunstkritik und der Kunsthandel entwickelten sich während des 19. Jahrhunderts und parallel mit den gewerblich orientierten Ausstellungen. Kunst wurde – wie andere Produkte auch – dem Verkauf und der Schau dargeboten (Mai 2002). Mit der Biennale fand 1895 die erste Weltausstellung der Kunst in Venedig statt. Der internationale Kunstmarkt, der sich bei den jährlichen Ausstellungen in Brüssel, London und Paris präsentierte, wurde um Venedig erweitert und einem internationalen Publikum dargeboten. Auch hier waren Publikumserfolge zu verzeichnen und konnten zahlreiche Kunstwerke noch während der Schau verkauft werden (Fleck 2009).

Ausstellungen und Museen zeigten vielleicht in einigen Fällen ähnliche Objekte – wie im Falle zeitgenössischer Kunstwerke, die gegen Ende des Jahrhunderts zögerlich Einzug in die Kunstmuseen hielten, und gelegentlich wurden die Bestände von temporären Ausstellungen wie im Fall des Victora & Albert Museums in London in Museen überführt, doch bestand immer noch eine große Kluft zwischen Veranstaltung und Musentempel, die aber gerade das Museumswesen selbst inspirierte und veränderte. Die Weltausstellungen und andere Ausstellungsformen hatten deutlich gemacht, dass Objekte zu präsentieren und in rituelle Kontexte zu setzen nicht allein das Privileg der Museen (und Kirchen) war und dass eine technisierte Gegenwart kein Widerspruch zur Vermittlung von Geschichte sein musste. Vor allem aber war das Ausstellen als ein neues Medium entwickelt, aufgebaut und bestätigt worden. Die Auseinandersetzung darüber, wie präsentiert werden sollte, welche Medien dazu benutzt, welche davon besonders erfolgversprechend seien und auf welche Weise abstrakte Produkte wie Tiefseekabel in eine ansprechende, die Blicke auf sich ziehende Darstellung gebracht werden konnten, all dies wurde im Ausstellungswesen des 19. Jahrhundert diskutiert und perfektioniert. Dies führte zu verschiedenen Versuchen der Theoretisierung, deren prominentester die Darstellung Alfons Paquets von 1908 ist.

In seinem Buch *Das Ausstellungsproblem in der Volkswirtschaft* geht es um die Beschreibung des wirtschaftlichen Werts der Sichtbarkeit von Waren und darum, durch welche Mittel die Sichtbarkeit des Angebots gesteigert und sich verkaufsfördernd auswirken könne. In seinem Buch sind frühe Ansätze einer Warenpsychologie zu finden, die sich auf die Gestaltung des Objekts respektive der Güter selbst beziehen, deren Erscheinungsform Teil der »wirtschaftlichen Wertbildung« sei (Paquet 1908, 4), sowie auf ihre Präsentation im Ausstellungszusammenhang. Dafür prägt Paquet den Begriff des Schauwertes, den er neben den Gebrauchswert des zu verkaufenden Gegenstandes stellt. Ausstellungen sind für ihn ein unabdingbares »Kommunikationsmittel« (ebd., 27), eine Veranstaltung, die nach »außen hin ein unteilbares Ganzes darstellt, während sie nach innen selbst eine mehr oder weniger zusammengesetzte, gegliederte und abgestufte Masse ist, deren Teile auf einander reagieren« (ebd., 34). Ausstellungen seien transitorisch, Museen dagegen Sammlungsorte, an denen sich Objekte befänden, bei denen es eine große Distanz zwischen Publikum und Gegenstand gebe (ebd., 25). Diese »Ferne« betrachtet Paquet nicht notwendigerweise negativ, sondern sie ist der natürliche Weg, den Objekte nehmen müssen, wenn sie ihren Wert verändern und ihre Aktualität einbüßen. Den Ausstellungsbegriff spannt Paquet von den Schaufenstern bis zu den großen Gewerbe- und Industrieausstellungen und versucht eine »Systematik der Ausstellungsformen« zu entwickeln. Interessant ist bei ihm, dass er die »Sichtbarkeitseigenschaften« von Produkten behandelt, die, wenn sie eingeschränkt sind – wie z. B. bei Getreide –, bestimmter »Darstellungsgüter« wie Modellen, Schaubildern oder Reproduktionen bedürfen. Anders also als es bis dahin die Museen taten, dürfen und müssen Ausstellungen mit solchen Hilfsmitteln arbeiten und sie zu einer erfolgreichen Gesamtdarstellung verweben. Während die Objekte des Museums durch Alter und Originalität gekennzeichnet waren, bescheinigt er den Exponaten der Ausstellung eine Mischung aus Originalität (die eigentliche anzupreisende Ware), Substitution (Anschauungsobjekte) und Symbolhaftigkeit. Das Gemachtsein der Objekte zum Zwecke des Ausstellens – etwa eines Modells – lässt die eigentliche Grundlage des »Schaustellens« deutlich werden, nämlich die »Fähigkeiten seines Ausstellers«. Damit bringt Paquet eine Art Messekurator ins Spiel, der nicht Kustode einer Sammlung, aber ein zeitweiliger Vertreter der anzupreisenden Waren und ihrer Zusammenstellung ist.

Mit seiner Schrift versucht Paquet, den »Mangel an theoretischer Klarheit über den Gegenstand« (ebd., VII) aufzuzeigen und zumindest teilweise zu beheben. Sieht man Paquet weniger aus der Perspektive der entstehenden Warenpsychologie und ihres (national-)ökonomischen Hintergundes, so liest man eine frühe ausstellungstheoretische Schrift, die nicht nur Hinweise für die folgende Entwicklung gibt, sondern zugleich die Bestrebungen des 19. Jahrhunderts auf den Punkt bringt und erklärt. Sein Buch ist als theoretische Ausarbeitung der gesammelten Erfahrungen mit Welt- und Gewerbeausstellungen zu lesen, wie sie von Flaubert bis Freud notiert wurden. Paquet hatte selbst zahlreiche dieser Ausstellungen besucht, als Journalist beschrieben und war bisweilen sogar an der Planung beteiligt. Der »Sehens- oder Schauwert« von Objekten wurde hier in all seinen Facetten niedergelegt und spannt eine begriffliche, aber differenzierende Brücke zwischen Ausstellung und Museum. Paquets Schrift ist zu lesen als ein frühes Plädoyer für eine Professionalisierung des Ausstellungswesens.

Museumsreform

Paquets Text erscheint in einer Zeit, in der die Reformbedürfnisse der Museen konstatiert und ein neues Verständnis dieser Institution gefordert werden, in der aber auch die Ausstellungen Gegenstand kritischer Betrachtung sind. Die Erfolge des Ausstellungswesens und ihr schneller zeitlicher Rhythmus hatten das gerade ins Leben gerufene Museum zunehmend verstaubt wirken lassen, wie umgekehrt der an die Betrachtung in beschaulichen Museumssälen gewohnte Besucher Ausstellungen als ein mit Objekten wie Menschen überfülltes Spektakel empfand. Wenn Paquet Ausstellungen als »Anschauungsunterricht großen Stiles« beschreibt (ebd., 113), dann ist Werner Sombart in seiner Kritik viel expliziter, wenn er schreibt, dass auch die Ausstellungen einer dringenden Reform unterzogen werden müssten: Es seien zwei Seelen, die in den Ausstellungen wohnten, die der Messe und des Verkaufs für Händler und die der Schaustellung für ein größeres Publikum. Entweder solle nun das eine oder das andere verfolgt werden, aber beides auf einmal gehe nicht. Am ehesten sollten Ausstellungen eine Art »Fortbildungsschule für das lernbedürftige Publikum« werden (Sombart 1908, 256). Sombarts Text »Die Ausstellung« ist deshalb interessant, weil er 1908 die Definitionen und die Historie der Ausstellungen auf einen Punkt bringt und sie als »Schaustellung« mit »demokratischem Omnibus-Prinzip« bezeichnet (ebd., 250): Gegen ein »billiges Entree« wird einer »unbekannten Masse« etwas erschlossen, und es verhalte sich gegenüber allen »intimen und persönlichen Veranstaltungen gleichen Inhalts wie der Omnibus zur eigenen Equipage« oder der Volkspark zum kurfürstlichen Garten oder eben wie die Ausstellung zum Museum. Was dabei verloren gehe, sei die »Intimität« und die »organisch persönliche Wertung eines Gegenstandes« (ebd., 250). Doch muss man sich vor Augen führen, dass Ausstellungen aus ihrer Geschichte heraus ja auch Angebot und Nachfrage zusammenbringen sollten, dass sie zur Absatzorganisation gedacht waren und man sich jetzt allen Ernstes fragen sollte, ob dieses Prinzip nicht veraltet sei. Zugleich ist eine »Ausstellungsbesuchsmanie« (ebd., 254) zu beobachten, und wo »auch immer wir unsern Schritt hinsetzen, stoßen wir auf eine Ausstellung von irgend etwas« (ebd., 249). Der logische Endpunkt der Entwicklung davon sei eine »Ausstellung für Ausstellungswesen«, also die Selbstdarstellung der Ausstellungsidee. Damit ist Sombart an einem ganz ähnlichen Punkt angelangt wie vor ihm David Murray. Es gilt nun, das Ausstellungswesen selbst zu historisieren und sich die verschiedenen Entwicklungsetappen vor Augen zu führen.[2] Ähnlich wie in den Museen, in denen man sich zwischen trockener Reihendarstellung und einem atmosphärischen Gesamtbild zur emotionalen Überwältigung bewegte, lautet auch für Sombart das Dilemma der Ausstellung, dass sie Reklame machen müsse und zugleich belehrend sein solle, Händler und Publikum zusammenführen müsse.

Auch Paquet beschreibt diese Art der Ausstellung, die Spezialausstellung, die zwischen »Musterlager und Museum« (Paquet 1908, 92), also zwischen einer Verkaufsausstellung und einer dauerhaften Einrichtung zur Aufklärung, steht, und nennt ein Beispiel, die »Ausstellung für Säuglingspflege« in Berlin 1906: »Bei dieser Veranstaltung stand, wie ihr Name besagt, ein gegebenes Bedürfnis im Vordergrunde, das zu seiner Befriedigung äußerst vielseitige und dabei spezielle Anforderungen an gewisse z.B. ärztliche Dienstleistungen, sowie an die Leistungsfähigkeit bestimmter technischer Produktionszweige stellt. Als charakteristisch erscheint diese Spezialausstellung besonders wegen ihres bei kleinem Umfange doch äußerst vielseitigen Inhaltes. Die in ihr enthaltenen Gegenstände wirkten teilweise lediglich als Unterrichtsgegenstände, teilweise aber auch als Angebotswaren. In hohem Maße trat an dieser typischen Spezial-Ausstellung eine reichliche Durchsetzung mit Darstellungsgütern und sonstigen Verständigungssymbolen hervor. Es handelte sich in der Ausstellung darum, zunächst einen Überblick über die bisherigen Maßnahmen und Forschungsergebnisse auf dem Gebiete der Säuglingspflege zu erhalten. Die Ausstellung sollte auf dem Wege des Anschauungsunterrichts die Aufmerksamkeit der weitesten Kreise auf die Maßnahmen lenken, die zur Verminderung des sozialen Übelstandes der Kindersterblickeit beizutragen vermögen.« (Ebd., 115)

Das Beispiel Paquets und die vorangegangenen Beschreibungen Sombarts zeigen, dass das zentrale Kennzeichen der Ausstellungen um 1900 in der Bedeutungsvariabilität der Objekte lag. Es war nicht immer deutlich, ob es sich um »Unterrichtsgegenstände« oder um »Angebotswaren« handelte, denn in den Ausstellungen wurden, anders als im Museum, Objekte kreiert, die Paquet als »Darstellungsgüter« bezeichnete, also Modelle, Schaubilder etc. Es ging um die »Sichtbarkeitseigenschaften« der Produkte, die in den seltensten Fällen gegeben waren und deshalb aufbereitet werden mussten. Wie sollte Getreide veranschaulicht oder Kohle dargestellt werden? Der typische Besucher, so Sombart, gehe nicht durch die Ausstellung, um »Bartwichse oder [...] Strumpfbänder« zu kaufen, vielmehr schaue man sich verrückterweise »Berge von Bedarfsartikeln« an, »die man zu Hause kaum eines Blickes würdigt« (Sombart 1908, 254). Warum dies so ist, hat Paquet beschrieben: In den Veranschaulichungs- und Aufbereitungsmitteln liegt ein neues Element, das alltägliche Gegenstände oder Waren verfremdet, »übersetzt« und in einen neuen Zusammenhang stellt. Die Faszination der »Darstellungsgüter« kann darin bestehen, Hunderte von Tomatenketchupflaschen zu einem riesigen Kegel aufzubauen oder mithilfe eines eigens entwickelten Modells die Funktionen des menschlichen Körpers darzustellen. Wurde das Objektverständnis im Laufe des 19. Jahrhunderts erweitert, indem man das einzelne Meisterwerk neben das kultur- oder naturhistorisch eingebettete Objekt (in Systematik und Serie oder in Diorama und Szene) stellte, so wurde jetzt ein Verständnis für das dargestellte, ›übersetzte Objekt‹ geschaffen, ein Repräsentationsobjekt zweiten Grades. Dies ist der Grund, warum vor allem auch Themen wie die Säuglingspflege durch Ausstellungen präsentiert wurden: Hier fand eine Vermischung von Gewerbe und Belehrung statt, aber auch von großen abstrakten Themen, die dem breiten Publikum nicht anders als durch »Darstellungsgüter« zu vermitteln waren. Mit dieser Art von »Wissenschaftsausstellung« ist auch ein Themenkreis angesprochen, der seit den 1880er Jahren mehr und mehr Verbreitung findet – gemeint sind Arbeiterschutz- und Hygieneausstellungen.

Neben den Gewerbe- und Weltausstellungen hatte es vor allem seit der Mitte des 19. Jahrhunderts immer wieder Ausstellungen zu bestimmten Anlässen gegeben, etwa zu naturwissenschaftlichen Kongressen, bei denen Produkte, die mit dem Kongressthema in Zusammenhang standen, gezeigt wurden. Waren es hier bestimmte wissenschaftliche Entdeckungen – wie die Röntgenstrahlen und deren Anwendungen, die Röntgengeräte und deren Ausstattung –, die in diesem Umfeld zur Schau gestellt wurden, müssen die Arbeiterschutz- und Hygieneausstellung in engem Zusammenhang mit den Entwicklungen in der Industrie gesehen werden. Durch die zunehmende Technisierung bestimmter Herstellungs- und Gewinnungsverfahren entstanden bisher nicht gekannte Arbeitsverläufe, die der Arbeiterschaft, aber auch den Gewerbetreibenden und Industriellen selbst zur Kenntnis gebracht werden mussten. Die Arbeiterfrage als eine der Krankenversicherung, der Unfallversicherung einerseits und die entstehende Gesetzgebung zum Schutze des Arbeiters andererseits waren Ausgangspunkt dieser Ausstellungskultur. Krankheiten wie Tuberkulose und Geschlechtskrankheiten oder die Säuglingssterblichkeit aufgrund mangelnder Hygiene und Ernährung, die Entdeckung von Krankheitserregern und deren Bekämpfung bildeten die Grundlage für ein florierendes und oftmals im Anschluss in ein Museum überführtes Ausstellungswesen. Herausgestellt seien an dieser Stelle die Maßnahmen zur Unfallverhütung, die mit dem Einsatz neuer, höchst gefahrvoller Maschinen erforderlich wurden. Bei ihrer Darstellung ging es um eine umfassende Aufklärung und Information der Arbeiter, Ingenieure, Fabrikanten und Techniker. Zum anderen war mit diesen Ausstellungen eine symbolhafte Anerkennung und Wertschätzung des Arbeiterstandes aus wohlkalkulierten politischen Vorstellungen verbunden, denn sie sollten den Arbeiter von »der Sozialdemokratie entfremden« (Bericht 1890, Bd.1, XIV), wie ein öffentlicher Bericht über die »Deutsche Allgemeine Ausstellung für Unfallverhütung« mitteilte, die 1889 in Berlin stattfand: »Es wurde insbesondere darauf hingewiesen, daß nicht nur Schutzapparate an und für sich, sondern auch Maschinen mit Schutzvorrichtungen zur Ausstellung zu bringen seien, und daß die Ausstellung auch Vorkehrungen und Einrichtungen umfassen sollte, welche sich auf die Gesundheit und die Wohlfahrt der Arbeiter beziehen.« (Ebd., IX)

»Arbeiterwohlfahrt« meint in diesem Zusammenhang die »›Leistungen des Arbeitgebers behufs des materiellen, geistigen und sittlichen Wohls der Arbeiter‹, die über den gesetzlichen Rahmen hinausgehen« (zit. n. Poser 1998, 32). Arbeiterschutz wiederum kann die gesamten Lebensumstände des Arbeiters umfassen und wird im engeren Sinne verstanden als diejenigen Maßnahmen, die zum Schutz der im Unternehmen beschäftigten Arbeiter unternommen werden, gegen Gefahren und Nachteile, die ihnen aus dem Arbeitsverhältnis entstehen könnten (ebd., 30-31).

Die Ausstellungen, die in der zweiten Hälfte des 19. Jahrhunderts entstehen, sind als eine Mischung aus Gewerbe- und Industrieausstellung einerseits und der Darstellung wissenschaftlicher Erkenntnisse und ihrer Popularisierung sowie Aufklärungsarbeit andererseits zu begreifen. Sie können als Spezialausstellungen im Paquet'schen Sinne gedeutet werden, was ein Zeitgenosse in anschauliche Worte kleidet und konstatiert, »jene großen Weltausstellungen sind wie das Geräusch eines Monstrekonzertes [sic!] mit Pauken und Trompeten, während diese Ausstellung dem Wohllaut einer schönen Symphonie zu vergleichen wäre.« (Bericht 1890, Bd. 1, XXVII) Doch ob mit Pauken oder Geigen, die Begleitmusik war die gleiche: Amtliche Kataloge, Führer durch die Ausstellung, schriftliche Erläuterungen an den Objekten, angestelltes Personal und didaktische Hilfsmittel wie Einblicke in ein eigens aufgebautes Bergwerk oder das zur Vorführung dienende »eigens erbaute Taucherhaus« (ebd., XXX) untermauern nicht nur die Ausstellung im Sinne einer spezialisierten Ausstellung, sondern verdeutlichen, dass zunehmend mehr Wert auf didaktische Programme gelegt wurde. So nimmt es nicht wunder, dass aus den zur Schau gebrachten Exponaten neue Museen entstanden: zunächst das Berliner Hygiene-Museum, das, 1885 gegründet, aus der zwei Jahre zuvor veranstalteten Hygiene-Ausstellung hervorging, dann das Berliner Sozialmuseum und schließlich die »Ständige Ausstellung für Arbeiterwohlfahrt«, die 1903 in Berlin eröffnet wurde (Poser 2000, 208). Die in ihren Räumen ausgestellten Objekte bestanden aus Modellen, Zeichnungen, Fotografien und Maschinen, sie standen zwischen der Mustersammlung wie im alten Conservatoire und den neuesten Produkten. Und hiermit ist zugleich die Spannung dieser Museumsform benannt, deren Bestände immer wieder erneuert und den neuesten Entwicklungen angepasst werden mussten, um auch weiterhin belehrend wirken zu können. »Es gab also«, beschreibt der Historiker Stefan Poser, »im Idealfall keine feststehende Sammlung, sondern eine ständige Fluktuation.« (Ebd., 211) Zusammenfassend lässt sich festhalten, dass »Sozialmuseen mit ihrem Ziel, einen Beitrag zur Bewältigung der sozialen Industrialisierungsfolgen zu leisten, einen eigenen Museumstyp bilden: Sie sind problemorientierte Fachmuseen, die sich dem Themenkreis Mensch – Gesundheit – Technik widmen; dabei verbinden sie die Information und Schulung von Besuchern mit der messeähnlichen Funktion und den Aufgaben von Prüfanstalten. Aufgrund der hier skizzierten Charakteristika sollen Sozialmuseen als ahistorische Gegenwartsmuseen, oder richtiger, als zukunftsgerichtete Gegenwartsdokumentationszentren bezeichnet werden.« (Ebd., 213)

Mit dem »Gegenwartsmuseum« greift Poser eine Bezeichnung auf, die der Publizist Heinrich Pudor in einem Aufsatz mit dem Titel »Museumsschulen« von 1910 geprägt hatte. In seinem Text kommt ein Topos der Ausstellungs- und Museumsliteratur zur Sprache, der den museumskritischen und -reformerischen Diskurs seit Ende des 19. Jahrhunderts wie ein roter Faden durchzieht: Klassische Museen wirkten auf den zeitgenössischen Betrachter wie tote Sammlungen, wie Gräber, die nichts mit den aktuellen Aufgaben der Gegenwart – Technik, Industrie, Landwirtschaft, Handwerk – zu tun haben. Es seien »Kultur-Leichenkammern«, durchzogen von einem »Atem der Verwesung« und nicht vom »Odem des Lebens« (Pudor 1910, 250). Ein Gegenwartsmuseum aber sollte zweierlei leisten: Es sollte sich auf zeitgenössische Themen beziehen, ja, darauf aufbauen und es sollte, um das Interesse des Besuchers zu wecken und ihm gute Vermittlungsdienste zu leisten, auf die Lebendigkeit der Darstellung Wert legen, »das Leben selbst in Aktion« zeigen (ebd., 249). Die Lebendigkeit sieht Pudor vor allem in der Vorführung gegeben, wie er eigens hervorhebt: Vorstellungen von Töpfern und Webern, Besuche in den Ateliers der Künstler würden ein lebendiges Museum hervorbringen. Er sieht diese Ideen bisher an zwei Stellen verwirklicht: Zum einen bei den Schaufenstern der »klugen Geschäftsleute«, die oftmals einen Teppichweber oder einen Zigarettendreher im Fenster platzierten, zum anderen im Gedanken der »Freiluftmuseen« des Hazelius, die er bei seinen Reisen in Skandinavien kennengelernt hatte. Pudor bringt damit die Spannung zwischen klassischen Museen und Ausstellungen oder neueren Museumsformen wie dem Sozialmuseum auf den Punkt: Das auf Dauer gestellte Museum mit seiner zurückblickenden historischen Betrachtungsweise musste sich einerseits neueren Vermittlungstechniken und Darstellungsformen wie dem von Pudor in einer Fußnote erwähnten »Kinematographen« stellen, der in einer Reihe weiterer Belustigungseinrichtungen um 1900 zu sehen ist. Andererseits wird in seinem Text schnell deutlich, womit die Museumsreformbewegung, ja die Lebensreformbewegung, der auch Pudor angehörte, zu kämpfen hatte: Notwendig war eine »Erziehung zum Industriestaat« geworden, einer der »nächsten und wichtigsten Aufgaben«, doch gleichzeitig machte diese Erziehung auch eine Vergegenwärtigung elementarster Kulturtechniken und eine Anknüpfung an die grundlegendsten Bedürfnisse des Menschen notwendig, um »das Leben mit dem Leben zu versöhnen« (ebd., 251).

Pudors »Lebendigkeitsforderungen« knüpfen an die schon weiter oben beschriebenen Kontextualisierungsbemühungen von Objekten innerhalb der Museen, von Dioramen, Gesamtbildern und

Stilräumen an. Doch die Vorstellungen von Lebendigkeit, die Pudor sich machte, gehen weiter, indem er das Gemachtsein eines Gegenstandes – die Beobachtung des Teppichwirkers – in den Vordergrund stellte. Damit knüpfte er an die Darstellung des Produktionsweges und der verschiedenen Reifestadien eines Produktes an, die bereits in den Industrieausstellungen gezeigt worden waren. Der beständige Wechsel, die Aktualität der Objekte, der Wandel der Darstellung wird bei ihm nicht umsonst mit den Schaufenstern verglichen, denn es ist die neu entstandene Konsum- und Warenwelt, die hier ihren Niederschlag findet und für die, wie bei Paquet, ganze Ausstellungsprinzipien erfunden werden: Die vorteilhafte Darstellung, ja Inszenierung des Angebots, die beständige Neuerung der Waren und die Schnelligkeit des Wechsels können als die entscheidenden, die Darstellung der Dinge um 1900 betreffenden Kriterien genannt werden (König 2009). Um 1910, als Pudor den Begriff des »Gegenwartsmuseums« prägte, konnte das Konzept in zweierlei Weise verstanden werden: Zum einen waren damit Neugründungen gemeint, die sich aktuellen Themen widmeten, und zum anderen die Reform bestehender Museen angezeigt, die nun im großen Stile erfolgen sollte.

Zu einer solchen Neugründung, die aus dem Bestreben nach überfälliger technisch-thematischer Vermittlung heraus entstand, kam es 1906, als das erste nationale technische Museum, das Deutsche Museum in München, gegründet wurde. Auch dieses Museum ging aus den verschiedenen, bereits geschilderten Ausstellungsbemühungen um Gewerbe und Industrie hervor. Zu seinen Vorbildern dienten Ausstellungen wie die Münchner Elektrizitätsausstellung von 1882, die sich neuartiger Techniken und ihrer Darstellung annahmen und sie für ein breiteres Publikum akzeptierbar, ja wünschenswert machten. Das Museum richtete sich aber auch dezidiert nach anderen Vorbildern aus, die seine Organisatoren durch Reisen nach England oder Frankreich kennengelernt hatten. Das aus der Weltausstellung von 1851 hervorgegangene South Kensington Museum gehörte einerseits dazu, heute bekannt als Science Museum, und das dem Kunstgewerbe gewidmete Victoria & Albert Museum andererseits. Ursprünglich lautete der Titel der Münchener Unternehmung »Museum von Meisterwerken der Naturwissenschaft und der Technik« und verweist damit auf den Legitimiationszusammenhang der Technik: War das Museum den ehedem klassischen Bildungsträgern von Objekten der Antike und Kunst vorbehalten, ja diente allenfalls der nationalen Geschichte und ihrer Vergegenwärtigung, so stand die Technik noch unter dem Druck, sich als eigenständiger, kulturell relevanter Bereich zu behaupten. Der Diskurs um das Meisterwerk war also den Konzepten der Kunstbetrachtung entlehnt und gemahnt an die zweckfreie Bewunderung eines (technischen) Artefakts. Trotz aller Reformbemühungen zu diesem Zeitpunkt war der Museumsbegriff noch weit davon entfernt, dem Museum als Volksbildungseinrichtung gleiches Gewicht wie dem Musentempel zukommen zu lassen, weil die Geisteswissenschaften eine wesentliche höhere Geltung und Führung beanspruchten als die Natur- und Technikwissenschaften. Dennoch, was Pudor noch als Versöhnung des »Leben[s] mit dem Leben« ansprach, die durch Beschleunigungsprozesse und technische Erfindungen – Eisenbahn, Telefon, Automobil, Rundfunk – gekennzeichnete Einübung in die Moderne, war hier einem gewissen Stolz und einem Selbstbewusstsein in der Umsetzung gewichen. So wundert es nicht, wenn das Deutsche Museum auf dem Zusammenwirken verschiedenster Interessensgruppen beruht: Dazu gehörte der Verein deutscher Ingenieure (VDI) genauso wie die Technische Universität München und das deutsche Kaiserreich. Anlässlich der Grundsteinlegung führt Oskar von Miller, der erste Direktor des Museums, aus: »Wenn heute die Namen großer Dichter durch ihre Werke dem Volke vertraut und geläufig sind, wenn in den zahlreichen Bildergalerien der unsterbliche Ruhm eines Raffael, eines Tizian und eines Rubens fortlebt [...] soll nunmehr auch das Andenken an die Meister der Wissenschaft und Technik der Nachwelt erhalten und das Verständnis für diese Großtaten dem Volke vermittelt werden.« (zit. n. Menzel 2001, 95) Erinnerung, vor allem nationale Erinnerung an die Großmeister der Technik und Naturwissenschaft, aber auch die Darstellung von Fortschrittsglauben und die Einübung in die »Liebe zur Technik« (ebd., 94) sollten bei den Besuchern aller Altersstufen gefördert werden. Das Museum befand sich also zwischen einer Walhalla der Technik und einer Sammlung von Meisterwerken (Füßl 2003, 82-83). Ausgestellt werden sollten solche Gegenstände, so Oskar von Miller 1929, »welche für die allgemeine Volksbildung besonders wichtig erschienen: unter den Naturwissenschaften die Mathematik, Astronomie, Physik, Chemie und Geologie; aus dem Gebiet des Verkehrswesens die Straßen, die Bahnen, die Kanäle, die Landtransportmittel, die Schiffe, die Flugzeuge; von den zahlreichen Industrien der Bergbau, das Hüttenwesen, die Kraftmaschinen« (zit. n. ebd., 89).

Diese Gegenwartsmuseen, die zwischen Vertretern der Industrie auf der einen Seite und den um Reformen und Vermittlung bemühten Organisatoren auf der anderen Seite standen, teilten ein Spezifikum, das sich bis heute erhalten hat: Sie waren auf persönliche Spenden aus verschiedensten Unterstützerkreisen angewiesen, um der Vergänglichkeit der sich stetig verändernden technischen Grundlagen entgegenzuwirken. Stellvertretend für diesen Zwiespalt, sich einerseits der breiten Unterstützung für wertvolle Schauobjekte zu versichern, andererseits die Sammlungen mit ihrer Objektschwemme in den Griff zu bekommen, mag eine Bemerkung im Rahmen der Vorbereitung des Deutschen Museums gelten: Eine große Sammlung von Schienenprofilen war übersandt worden, die zwar als »Zierde jeder industriellen Ausstellung« gelten könne, für ein »wissenschaftliches Museum« aber unbrauchbar sei, schreibt Oskar von Miller 1904 (zit. n. ebd., 85) – und weist sie nicht zurück. Die in dieser Äußerung vorgenommene indirekte Entgegensetzung einer industriellen Ausstellung und des Anspruchs eines wissenschaftlichen Museums zeigen die Bemühungen, sich vom Ausstellungswesen abzugrenzen und als ein wissenschaftliches Museum wahrgenommen zu werden. Das Deutsche Museum sollte Kultur und Technik, von den Zeitgenossen noch als unvereinbar wahrgenommen, vereinen. Denn die Aufgabe des Museums war es, die Dinge auf Dauer zu sammeln und zu pflegen, seine Wissenschaftlichkeit lag in der Erhaltung und der entsprechend dem Gegenstand entworfenen Systematik der Sammlung. Und mehr noch: Es ging um nicht weniger als darum, die kapitalisierte Welt in das Museum zu überführen. Doch während die Grundlage dieser Welt die nicht mehr abreißende Kette der immer neuen Produkte bildet, kann das Museum mit seiner auf Erinnerung angelegten Aufgabe, seinen begrenzten Speicherkapazitäten und einer Konzeption, die ausgewählte Objekte einem Kanon zuschreibt oder als exemplarisch für eine Klassifikation versteht, nicht Schritt halten.

Hatten die Gegenwartsmuseen um die allgemeine Akzeptanz und ihre Einordnung in den Wertekanon der (bürgerlichen) Kultur zu kämpfen, so bot ihnen die Nähe zum industriellen Ausstellungswesen einen Erfahrungsschatz an Darstellungstechniken und Visualisierungsmöglichkeiten, die den Besucher faszinierten und anzogen. Das Gegenwartsmuseum sah im Besucher einen betrachtenden, aber auch lernwilligen und mobilen Beobachter, der vom schnellen Wechsel und der Vielfalt der dargebotenen Gegenstände fasziniert ist. Damit taten sich die bereits seit Ende des 18. Jahrhunderts bestehenden Museen wesentlich schwerer oder wurden entschieden als reformbedürftig eingeschätzt. Der Begriff der »Museumsreform« ist nach wie vor in Gebrauch und bezeichnet auch heute ein Museum, das in seinen Strukturen zu verändern ist. Im engeren Sinne aber bezieht er sich auf die Diskussionen um das geeignete und zeitgemäße Museum in der Zeit zwischen 1880 und 1930 (Joachimides 2001).

In diesen Jahrzehnten sind verschiedene Institutionalisierungsbemühungen um das Museum zu beobachten. Es wurden nicht nur eine Vielzahl der Museen als reformbedürftig angesehen und neue Museen eingeweiht – wie das eben erwähnte Deutsche Museum in München –, sondern es wurden auch Kongresse, Zeitschriften und Vereinigungen gegründet, die eine zeitgemäße Professionalisierung des Museums vorantreiben sollten. 1903 fand eine Konferenz der Arbeiterwohlfahrtseinrichtungen mit dem Titel »Die Museen als Volksbildungsstätten« statt. Zwei Jahre später wurde die Zeitschrift *Museumskunde* gegründet, die verschiedenste Museen adressierte und von dem damals in Dresden tätigen Kunsthistoriker Karl Koetschau angeregt wurde. Auf die Initiative Koetschaus, Gustav Paulis und Georg Swarzenskis gründete man 1917 im Städelschen Kunstinstitut in Frankfurt am Main den Deutschen Museumsbund. Paragraph 1 der ersten Satzung lautete: »Der Bund bezweckt den Zusammenschluß der deutschen Museen für Kunstgeschichte und für Kulturgeschichte, die Förderung der musealen Arbeit sowie die Vertretung der Standesehre der Museumsbeamten, ihrer Pflichten und Rechte im öffentlichen Leben.«[3] Bereits aus der Bezeichnung der »Museen für Kunstgeschichte und für Kulturgeschichte« wird deutlich, dass die Reformbedürftigkeit zunächst auf Seiten der älteren Museen lag und hierbei das Kunstmuseum einen besonderen Rang einnahm.

Der Mitinitiator des Museumsbundes, Gustav Pauli, zum Zeitpunkt der Gründung Leiter der Hamburger Kunsthalle, veröffentlichte zwei Jahre später im Aufsatzband des Museumsbundes *Das Kunstmuseum und das Deutsche Volk* einen Text mit dem Titel »Das Kunstmuseum der Zukunft«, in dem er die für ihn wichtigen Aspekte eines modernen Kunstmuseums ausbreitete. Zentraler Punkt, wie in allen reformerischen Bemühungen, war die Öffnung des Museums für zeitgemäßere Darstellungen und eine Bildungsfunktion der Institution, die nicht mehr nur dem Genuss des Kenners, sondern der Bildung des Volkes dienen sollte. Mit Volk war dabei zweierlei bezeichnet: zum einen die dem Museum bisher fernen Gesellschaftsschichten wie Arbeiter und ihre Familien, zum anderen das »deutsche Volk« als neue Gesamtheit einer jungen Republik, in der die Museen eine besondere Aufgabe wahrnehmen sollten. In Anlehnung an Alfred Lichtwark, der bereits die Öffnung der Museen durch Vorträge, organisierte Gruppenreisen oder spezielle Führungen propagiert hatte, unterstreicht Pauli vor allem den Wert der Wechselausstellung: »In ihr haben wir eines der wertvollsten Mittel der Anschauung zu erblicken.« (Pauli 1919, 17) Im Kern geht es um eine Neugestaltung des Museums, das sich bislang noch nicht erreichten Besuchern öffnen und das Interesse dieser Besucher überhaupt erst wecken muss: Lichtere Hängungen, nicht nach dem Primat der Kunstgeschichte, sondern nach dem des Auges, nicht der Appell an das kunst- und kulturgeschichtliche Wissen des Besuchers, sondern an seine Wahrnehmung sollten vorherrschend sein (Joachimides 2001, 189). Für Pauli geht es um das Museum als eine »Schöpfung der modernen sozialen Gesinnung, [...], das jedermann ohne Legitimationsprüfung den Vorteil einer stummen Belehrung gewährt« (Pauli 1919, 3). Interessant ist, dass auch Pauli den Begriff der »Meisterwerke« bemüht und davon ausgeht, dass qualität- und wertvolle Kunstwerke besondere Wirkung entfalten können, dass aber die Bestimmung dessen, was als Meisterwerk anerkannt wird, von der jeweiligen Zeit abhänge. »So ändert und vermehrt sich die Zahl der verehrungswürdigen Muster der Vergangenheit beständig.« (Ebd., 4) Um 1900 gründet das museale Selbstverständnis der eigenen Kultur nicht mehr auf das Überzeitliche allein, sondern auf Neuerung und den speziellen Modus der Vergegenwärtigung. Dies ist einer der Gründe, warum für Pauli Wechselausstellungen so wichtig sind, denn sie vermögen das Museum an das »Leben der Gegenwart« (ebd., 4) anzuschließen. Auch zeitgenössische Kunst müsse unter diesen Vorzeichen Einzug in das Museum halten, seien diese Werke doch die »lebendigen Werte der Gegenwart« (ebd., 7). Pauli geht es darum, die Museen, bisher der Darstellung der Kunstgeschichte und ihrer Systematik verpflichtet, an die modernen Bedürfnisse des Betrachters anzubinden.

Während Oskar von Miller für seinen Sammlungsgegenstand, die Technik, noch die Wissenschaftlichkeit beschwört, muss diese für Pauli einige Jahre später zugunsten der Bedürfnisse des Besuchers zurückgestellt werden. Für ihn ist der Prototyp des wissenschaftlichen Museums das »Gelehrtenmuseum« des 19. Jahrhunderts, das auf objektive Darstellung und Vollständigkeit ganzer »geschichtlicher Entwickelung« aus ist, das die Kennerschaft unterstützte und den »kritischen Katalog« als höchstes Ziel ansah, ja, das in den »Verzeichnissen alter Sammlungen mancherlei zu berichtigen« fand (ebd., 6). Die wichtigste Forderung der museumsreformerischen Bemühungen lautete deshalb, die Gegenwart einzubinden, das Museum nach den Bedürfnissen des Besuchers zu gestalten und ihn für das Erleben und Betrachten von Kunst sensibel zu machen. Interessant an Paulis Ausführungen ist nicht so sehr, dass er die Geschichte des Museums als eine Kontrastdarstellung dessen, wie es nun sein müsse, einbezieht, sondern die Geschichte des Museums personalisiert: Er unterscheidet die drei Typen der Museen nach den »Kulturträgern, die das Museum stützten und beseelten«: Die fürstliche Sammlung erscheint dabei als Privatsammlung eines Mannes, sie »ist repräsentativ, charaktervoll, eigenwillig und unkritisch« (ebd., 5). Bei Überführung der Museen in eine Kulturaufgabe des Staates im 19. Jahrhundert hält ein anderer Personenkreis Einzug in das Haus: Nun ist es »der Beamte«, und er »beseelte es mit seinem Geiste«. Dieses Gelehrtenmuseum ist aufgeklärt und reich an Kenntnissen, aber nicht zielsicher in Hinsicht auf die Gegenwart, indem der Gelehrte des Museums seine Kennerschaft vor allem auf die Geschichte richtete und in der Perfektionierung der Systeme verwirklichte, sie nicht aber in der unmittelbaren Lebenswelt des Besuchers sah. Aus dem Gelehrtenmuseum soll nun in einem dritten Stadium das Volksmuseum werden, zu dem jeder Zugang hat, in dem sich jeder engagieren kann und seine Liebe zu den Objekten entdeckt, ein Ort, an dem die Sammlungen den »örtlichen Bedürfnissen entspringen« (Lichtwark 1902, 17). So hatte bereits Alfred Lichtwark, der erste Direktor der Hamburger Kunsthalle, formuliert, dass es darum gehen müsse, die Museen als Bildungsinstitutionen zu sehen, in denen das Bedürfnis, »mit der Kunst der eigenen Zeit zu leben«, vorherrschen müsse und nur so ein »innerliche[s] Verhältnis zum alten Kunstbesitze« aufgebaut werden könne (Lichtwark 1991, 46). Lichtwark, eine der zentralen Figuren der Museumsreform, verfolgte vor allem das Anliegen, zeitgenössische Kunst zu fördern und einer breiteren Öffentlichkeit zugänglich zu machen. Auch aus seinen Entwürfen und Vorschlägen spricht die Hoffnung auf eine Loslösung von den dauerhaften Museumspräsentationen, die nicht ein für allemal angeordnet, sondern beständig revidiert werden, und die nicht nur einige wenige, sondern die Mehrzahl der Menschen ansprechen. Es ist die Hoffnung, die vielkritisierte Belustigung der Ausstellungskultur, das oberflächliche Schauen und Stieren mit einem wissensgesättigten Blick des fein empfindenden Kenners und dem offenen, lernwilligen Blick des Laien zu vereinigen und so das Museum zu einem Ort der Identifikation zu machen. Lichtwark beschrieb dies 1904: »So lange die Museen nicht versteinern, werden sie sich wandeln müssen. Jede Generation wird ihnen neue Aufgaben bieten und neue Leistungen abverlangen.« (Ebd., 47) Mit der Idee, die zeitgenössische Kunst ins Museum aufzunehmen und damit die Wechselausstellung einzuführen, zog das Ausstellungswesen des 19. Jahrhunderts in das Kunstmuseum ein.

5. Museumskritik und Museumsutopie

Museumskritik

In seinen Betrachtungen zu »Kunst und Alterthum am Rhein, Main und Neckar« hatte Johann Wolfgang von Goethe die Lebendigkeit eines Museums beschrieben: »Was jedoch beinahe noch mehr als die Schätze selbst den Beschauer anspricht, ist die Lebendigkeit, welche man dieser Sammlung, als einer sich immer fortbildenden, anmerkt. Alle Fächer sind in Bewegung; überall schließt sich etwas Neues an; überall fügt sich's klarer und besser, so daß man von Jahr zu Jahr den schaffenden und ordnenden Geist mehr zu bewundern hat.« (Goethe 1833, 383) Die von Goethe beschriebene Lebendigkeit war die eines Zustroms der Objekte, eine Lebendigkeit des Wissenszuwachses durch Fülle, die noch mehr Entwicklung und Vollständigkeit versprach. Sie zeugte vom Wohlgefallen an der reihenden Ordnung und der Ästhetik eines wohldurchdachten Systems, harmonisch an einem Orte zusammengestellt und der Betrachtung freigegeben. Dieses aus der Sammlungsidee des 18. Jahrhunderts stammende Museumsideal steht im krassen Gegensatz zur Situation zu Beginn des 20. Jahrhunderts. Nun wurde dem Museum eine doppelte Bürde auferlegt: Es sollte einerseits weiterhin sammeln, bewahren und konservieren und andererseits als

Seismograph fungieren, am Puls der Zeit sein, das stattfindende Leben begleiten und entsprechend unterstützen – sei es in der Lebendigkeit seiner Darstellung, sei es in der Anforderung, die Gegenwart zu sammeln, sei es durch die Beantwortung drängender Fragen wie etwa jener der Unfallverhütung. In dieser Bürde liegt der Beginn unseres heutigen Verständnisses vom Museum.

Die Ankunft der Gegenwart im Museum erfolgte nicht zu einem bestimmten Zeitpunkt, sie vollzog sich nicht an einem bestimmten Gegenstand, sondern fand an vielen Orten gleichzeitig statt. Die Protagonisten dieser Entwicklung verbanden zwei Argumente, dass nämlich das Museum seine Feierlichkeit, seine herausgehobene Funktion als säkularisierter Kirchenraum, als Hegel'scher Tempel des Kunstgenusses verloren habe und es ein Grab der Geschichte und ihrer Details sei, das der Jugend mehr schade als nütze. Walter Grasskamp hat diese Kritik in den griffigen Gegensatz von »Museumsgründern« und »Museumsstürmern« gefasst. Die Gründungen sieht er mit der Französischen Revolution einsetzen, den Museumssturm unternehmen einhundert Jahre später die Avantgarden (Grasskamp 1981). Sie beziehen sich in ihrer Kritik auf Nietzsche, der bereits in der zweiten Hälfte des 19. Jahrhunderts den Nutzen und Nachteil der Historie für das Leben diskutiert und das Problem von einem Zuviel an Geschichte dort lokalisiert hatte, wo der moderne Mensch in den Stand des Zuschauers gesetzt wird (Nietzsche 1988, Bd. 1, 279). »So aber wie der junge Mensch durch die Geschichte läuft, so laufen wir Modernen durch die Kunstkammern, so hören wir Concerte. Man fühlt wohl, das klingt anders als jenes, das wirkt anders als jenes: dies Gefühl der Befremdung immer mehr zu verlieren, über nichts mehr übermässig zu erstaunen, endlich alles sich gefallen lassen – das nennt man dann wohl den historischen Sinn, die historische Bildung.« (Ebd. 299) In den nachgelassenen Fragmenten, die er ein Jahr vor Veröffentlichung des eben zitierten Textes niederschreibt, also 1873, fasst Nietzsche dieses antiquarische Geschichtsverständnis und den dazugehörigen Gelehrten genauer. Das Antiquarische ist ihm Faktenhuberei, ein Aneinanderreihen von kleinen und kleinsten Begebenheiten, immer mit dem Ziel der Vollständigkeit. Der antiquarische Gelehrte ist derjenige, der eine »Scharfsichtigkeit in der Nähe« besitzt, aber alle großen Zusammenhänge aus dem Blick verliert (Nietzsche 1988, Bd. 7, 628). Er sieht in der Vergangenheit nichts Großes und Klassisches, was als Vorbild dienen könnte, sondern ein solcher Geschichtssinn ist gegen das Leben eingestellt: »Man erreicht so praktisch, was man erreichte, wenn man alle Kunstkammern und Bibliotheken verbrennen würde.« (Ebd., 636) Indem man das gemeine Detail überhöht und so wichtig nimmt, dass es das Monumentale der Geschichte vergessen lässt, werden die eigentlich gehegten musealen Räume paradoxerweise völlig unwirksam, weil es keine »Proportion der Dinge zu einander« (ebd., 683) mehr gibt. Es herrscht eine »Sammelwuth« (ebd., 683), »alles Vergangene« liegt nun wie »eine bunte Jagdbeute da« (ebd., 682). Eine solche Überfülle an Geschichte, Details und Objekten macht den Menschen zum Müßiggänger, der, zum Zuschauer geworden, nicht mehr vom Museum affiziert wird, geschweige denn zu handeln vermag. Liest man die Ausführungen Nietzsches vor dem Hintergrund der Ausstellungsexpansion und den museumsreformerischen Bemühungen, so ist es interessant, dass sie einerseits auf den antiquarischen Gedanken angewandt werden, andererseits aber ebenso als Zustandsbeschreibung einer übervollen, zur Schau gestellten Warenwelt verstanden werden können: Hier wie dort haben die Dinge keine Proportion zueinander und liegen wie bunte Jagdbeute da. Übersteigerter Geschichtsbezug wie übertriebener Gegenwartsbezug scheinen mit den gleichen Problemen zu kämpfen.

Auch für Paul Valéry liegt das Problem darin, dass Museen zu Stätten des Müßigganges werden können und dass sie den modernen Menschen zur Oberflächlichkeit verdammen. Er findet sich, den Louvre erkundend, in der Überfülle nicht mehr zurecht: »Unsere Schätze erdrücken uns und verwirren uns. [...] So weiträumig das Schloß auch sein mag, noch so angepaßt, noch so geordnet – immer kommen wir uns in diesen Galerien ein wenig verloren und verzweifelt vor, so allein gegenüber so viel Kunst!« (Valéry 1959, 56-57) Für ihn liegt das Defizit des modernen Menschen in der mangelnden Fähigkeit, seine Aufmerksamkeit bündeln zu können, und die Museen helfen ihm nicht dabei: »Doch unsere Erbschaften erdrücken uns. Der Mensch von heute, durch die Übergewalt seiner technischen Mittel außer Atem gekommen, ist gerade durch das Übermaß seiner Reichtümer arm geworden.« (Ebd., 56) Das Museum präsentiert sich deshalb im chaotischen Nebeneinander der Exponate, in der Simultaneität des Blicks: »Eine blendend weiße Büste wird zwischen den Beinen eines Ringkämpfers aus Bronze sichtbar.« (Ebd., 52) Die Vielzahl der Eindrücke lässt sich nicht mehr ordnen. Das Museum dient Valéry als ein Beispiel für seine grundlegende Kritik an der Moderne, die nur noch auf die Zerstreuung des Menschen aus sei und diesen heillos überfordere. Doch wie Nietzsche glaubt Valéry letztlich noch an diese Institution, und beide würden eine Reformierung des Ortes, wie sie Lichtwark und Pauli vorschwebte, vielleicht sogar begrüßen. Für Valéry ist das Museum deshalb auch nicht einfach voller toter Gegenstände, sondern diese fressen sich nur gegenseitig auf. Das Problem des Museums bestehe darin, Gebilde aneinanderzureihen, die nichts miteinander zu tun haben, Dinge, »die geschaffen wurden, um einzeln Freude zu machen, nicht nach Katalognummern und abstrakten Kennzeichen zusammen« (ebd., 55).

Anders die Futuristen, sie stellen die radikalste Position innerhalb der Museumskritik zu Beginn des Jahrhunderts dar, indem auch sie gegen den »snobistischen Kult der Vergangenheit kämpfen, der sich aus der unheilvollen Existenz der Museen nährt« (Boccioni et al. 2009, 95). So fordert Filippo Tommaso Marinetti 1909 im futuristischen Manifest: »Wir wollen die Museen, die Bibliotheken und die Akademien jeder Art zerstören« (Marinetti 2009, 78). Das Land soll »von den unzähligen Museen« befreit werden, »die es wie zahllose Friedhöfe über und über bedecken. [...] Museen: öffentliche Schlafsäle, in denen man für immer neben verhaßten oder unbekannten Wesen schläft!« (Ebd., 78) Marinetti sieht auch im einzelnen Objekt keine Erbauungsmöglichkeit: »Ein altes Bild bewundern, heißt unsere Sensibilität in eine Ascheurne schütten, anstatt sie weit und kräftig ausstrahlen zu lassen in Schöpfung und Tat.« (Ebd., 79) Alles »Alte« ist hinfällig geworden und, wird es angeschaut, ein Verhinderer der Tat. »Wahrlich, ich erkläre euch, daß der tägliche Besuch von Museen, Bibliotheken und Akademien (diese Friedhöfe vergeblicher Anstrengungen, diesen Kalvarienbergen [sic!] gekreuzigter Träume, diesen Registern gebrochenen Schwunges) für die Künstler ebenso schädlich ist wie eine zu lange Vormundschaft der Eltern für manche Jünglinge, die ihr Genie und ihr ehrgeiziger Wille trunken machen. [...] Die Ältesten von uns sind jetzt dreißig Jahre alt: es bleibt uns also mindestens ein Jahrzehnt, um unser Werk zu vollbringen. Wenn wir vierzig sind, mögen andere, jüngere und tüchtigere Männer uns ruhig wie nutzlose Manuskripte in den Papierkorb werfen. Wir wünschen es so!« (Ebd., 79) Mit Marinetti hatte sich die »Avantgarde« – ein Begriff, den er geprägt zu haben vorgab – des Museums angenommen und nahm die Institution ernst, indem sie es als eine echte Bedrohung auffasste. Versteht man den Futurismus als eine ästhetische Manifestation der industriellen Zivilisationsdynamik (Schmidt-

Bergmann 2009, 14), dann war das Museum nicht vereinbar mit Schnelligkeit, Maschinen, Industrie und Qualm.

Das Museum ist nicht der Ort, an dem man den tollkühnen Stolz beweisen kann oder an dem Gefahren lauern. Niemand hat das besser auf den Punkt gebracht als der Regisseur Jean-Luc Godard, indem er in seinem Film »Bande à Part« (dt. »Die Außenseiterbande«) seine drei Protagonisten zu einem Wettrennen im Louvre antreten lässt: Kurz vor dem eigentlich Coup, von dem sie hoffen, dass er ihnen eine Menge Geld einbringen wird, müssen Odile, Arthur und Franz die Zeit bis zur Dämmerung totschlagen. Franz hat zuvor in der Zeitung gelesen, dass ein Amerikaner den Louvre in der Rekordzeit von 9:45 Minuten durchquert und besichtigt habe, und das Trio beschließt, die Bestzeit zu unterbieten. Man sieht die drei durch die Gemäldegalerien rennen, erfolglos versucht ein Wärter, sie aufzuhalten, sie ziehen vorbei an zahlreichen flanierenden wie konzentriert betrachtenden Museumsbesuchern, um schließlich mit einem letzten Sprung, die Treppen hinter sich lassend, eine Zeit von 9:43 Minuten zu erreichen. Damit haben sie den Rekord von Jimmy Johnson aus San Francisco geschlagen.

In dieser kurzen Sequenz des Films wird die Kunst negiert, das Museum zur Rennstrecke, werden die alten Werke von jungen Menschen missachtet und der Schlaf der Räume durch ihre laute Lebendigkeit unterbrochen. Nicht allein die Künste befinden sich im Louvre im Wettstreit, sondern drei Jugendliche auf dem Weg zu ihrer kriminellen Tat. Die Sequenz des Films nimmt sich aus wie die zugespitzte Kritik Nietzsches, der das Übermaß des Historischen kritisiert und davon spricht, dass der junge Mensch gleichsam durch die Geschichte gepeitscht werde (Nietzsche 1988, Bd. 1, 299). Die modernen jungen Menschen werden zwar nicht gepeitscht, sondern brechen in ihrem rasenden Lauf durch die Geschichte der Gemälde mit der Tradition ihrer Eltern und setzen an ihre Stelle die Straße, den Fluss und die Stadt als ihren Lebensraum. Der Schlachtruf »Brulez le Louvre« wird hier durch die aktive Missachtung des Museums auf den Punkt gebracht:[4] Man muss es zwar nicht mehr anzünden, sondern es reicht, den heiligen Ort als Rennbahn – gleich der Straße, die sie für ihre tollkühnen Geschwindigkeiten im Auto nutzen – zu missbrauchen.[5] Während aber die Straße der Geschwindigkeit zuarbeitet, tut es das Museum nicht. Der Film nimmt deshalb noch einmal das Thema der Museumsreform auf – nämlich die Gegenwart in das Museum zu holen – doch die neue Generation will von dem Museum nichts mehr wissen. Das Projekt des Museums, mit der Moderne und mit den jungen Menschen Schritt zu halten, ist, zumindest nach Godard, gescheitert.

Die Assoziation des Museums mit einem Mausoleum als eines verstaubten und für die Gegenwärtigkeit nutzlosen Orts entsteht in einer Zeit, die vom Fortschritt und von Beschleunigung geprägt ist. Sie entsteht in einem Moment, als die Identifikation mit dem besseren Leben, mit dem gebildeten Arkadien, nicht mehr in der Kunst und auch nicht in der Nation liegt, sondern in der Vervollkommnung des Irdischen durch das technisch Machbare. So verschieden die Positionen sind, in ihnen allen ist die Enttäuschung über das Museum zu finden, das seine Verheißungen auf einen besseren Menschen, wie sie um 1800 formuliert worden waren, nicht einzulösen vermochte. Und doch haben Kritiker, Lebenskünstler und Philosophen zur gleichen Zeit nicht aufgehört, an das utopische Potenzial des Museums zu glauben.

Museumsutopie

Die Vereinigung von Leben und Kunst, von Gegenwart und Museum wurde bei Pauli und Lichtwark bereits deutlich. Der Begriff des »Gegenwartsmuseums« von Pudor war zu verstehen als ein Museum, in dem gegenwärtig Vergangenes vorgeführt (wie in den Freilichtmuseen) oder Themen und Objekte aufbereitet wurden, die die Menschen der Gegenwart besonders beschäftigten und die hier in einer ihnen angemessenen Weise vorgeführt wurden. Über die entsprechende Präsentation wurde gestritten, im Naturkundemuseum gleichermaßen wie im Kunstmuseum. Dass dabei nicht nur Systematik und Hängung entscheidende Kriterien darstellten, sondern auch die Wandgestaltung, zeigen zahlreiche Diskussionen. In den Kunstmuseen sollte es bis zum Ende der 1920er Jahre dauern, bis die uns heute vertraute weiße Wandgestaltung sich als neutraler, flexibler und die Bilder nicht affizierender Hintergrund durchsetzte (Joachimides 2001, 211-224). Doch die weiße Wand, so sehr sie sich bis heute als Standard etabliert hat, war nicht der Endpunkt dieser Diskussion. Das »Lebendige Museum« knüpfte an das Gegenwartsmuseum an und ging einen Schritt weiter.

Mit dem »Lebendigen Museum« bezeichnete der Architekturtheoretiker Sigfried Giedion in einer Rezension von 1929 die Vorstellung, dass es beim Erkennen eines Kunstwerkes nicht allein darum gehe, die »Seiten der Vergangenheit hervorzuheben, die die lebende Generation angehen« und damit eine »Eingliederung ins Leben« ermöglichen, sondern die »neuen Museen sollen zu einer lebendigen Chronik der Zeit werden und die Dinge zeigen, so lange sie noch in Bewegung sind und nicht erst, wenn sie anfangen, im historischen Sarg zu liegen« (Giedion 1929, 103/104). Deshalb müssten »Sammlungen für zeitgenössische Kunst« als »Versuchslaboratorium« eingerichtet werden. Ein solches prototypisches Laboratorium stellt für ihn das »Kabinett der Abstrakten« im Provinzialmuseum Hannover (heute Sprengel-Museum) dar. Bei diesem Raum, den der damalige Direktor Alexander Dorner bei dem Künstler El Lissitzky in Auftrag gab und der in den Jahren 1926/27 ausgearbeitet wurde, handelte es sich um einen Raum für die Ausstellung abstrakter Kunst. Dabei ging es, wie schon zuvor in den Diskussionen der Museumsreform, um die optimale Darstellung von Kunst, vor allem um seine zeitgemäße Fassung. Dies betraf einerseits die Institution selbst, die sich schneller neuen Kunstströmungen widmen sollte, wie Giedion es formulierte, aber auch die Wandgestaltung: Indem El Lissitzky die Wandfläche zur Präsentation der Bilder auflöste (er brachte auf ihr eine Verkleidung von eng aneinandergereihten vertikalen Eisenlamellen an, die auf der einen Seite schwarz und auf der anderen weiß gestrichen waren, sodass die Wand beim Vorbeigehen als Kippfigur ihre Farbe änderte), unternahm er den Versuch, die Sehgewohnheiten des Betrachters zu unterbrechen und eine adäquate Präsentation abstrakter Kunst zu erreichen. Die Wand war nicht mehr der Hintergrund, der Träger des autonomen Bildes, sondern wurde Teil einer Rauminstallation, in der alle Elemente maßgeblich waren. Die Wand erhielt nun optische wie haptische Qualitäten mit dem Ziel, die fest gefügten Ordnungen von Raum und Zeit aufzulösen. Neben verschiedenen Gestaltungselementen – eine verschiebbare Platte zur gezielten isolierten Betrachtung von Kunstwerken, einem Spiegel oder flächigen Elementen auf der Wand, an deren Stelle die Lamellenfolge unterbrochen worden war – zeigt eine Vitrine gestaltete Geschäftspapiere, Tapetenmuster oder Schaufensterdekorationen der im Raum mit ihren Bildwerken ausgestellten Künstler. Kunst und Leben, Kunst und Alltag treten hier, als eine Gestaltung, die in den Alltag eines jeden Besuchers hineinragt, in ein besonderes Verhältnis (vgl. Flacke-Knoch 1985, 64-77).

Ein solcher die gegenwärtige Kunstentwicklung betreffender Raum war von Lissitzky zuvor in zwei Ausstellungen entworfen worden, 1923 in Berlin und 1926 in Dresden, doch als eine dauerhafte Installation in einem Museum zum ersten Mal in Hannover verwirklicht worden. »Gerade in Deutschland, in dem lange Zeit der Expressionismus als die neue Malerei galt, ist es wichtig, daß einmal eine staatliche Stelle sich der Zeit erinnert, in der wir leben« (Giedion 1929, 106), so schließt Giedion seinen Text über das »Lebendige Museum«. Dabei geht es ihm nicht darum, die ältere Kunst aus den Museen zu verbannen. Vielmehr wird diese erst verständlich, wenn man die Gegenwart mit einbezieht. An das Museum wird so die Forderung gestellt, auf aktuelle Fragen zu reagieren. Dass seine Räume durch diese Einbeziehung auch aktiv historisiert werden und so im Erlebbarmachen zugleich ein historisierendes Element entwickelt wird, ist kein bewusst konzipierter Teil der fortschrittlichen Zeigeräume Giedions. Er glaubt an das zu öffnende Museum, das Menschenmengen anziehen kann und in dem Kunst und Leben vereinbar erscheinen. Ein Lebendiges Museum ist für ihn ein Haus mit wechselnden Bildsequenzen und membranartigen Außenflächen, die auf die Umgebung reagieren. Räume, die offen sind für Experimente, sowohl im Hinblick auf das Gezeigte wie auch auf die Art und Weise, in der es gezeigt wird. Giedion verbindet die abstrakte Kunst, die für ihn mit dem Kubismus beginnt, mit dem »neuen Sehen unserer Zeit« (ebd., 106), das er im Museum aufgehoben wissen will.

Das »neue Sehen« bringt er mit der Publikation *Art* des französischen Künstlers Amédée Ozenfant zusammen: »Dort wird auf außerordentlich suggestive Weise der innere Zusammenhang dieser Bewegungen [gemeint sind Kubismus bis Surrealismus, AtH.] mit dem Leben klargemacht, und zwar an Hand raffiniert gewählter photographischer Dokumente.« (Ebd., 106) Ozenfants 1928 erschienenes Buch wurde 1931 ins Deutsche übersetzt und unter dem bombastischen Titel *Leben und Gestaltung. I Bilanz des 20. Jahrhunderts. Literatur, Malerei, Plastik, Architektur, Musik, Wissenschaft, Religion, Philosophie. II Aufbau eines neuen Geistes* veröffentlicht. Dieses Buch versucht durchgehend, die die verschiedenen Kunstrichtungen bestimmenden Prinzipien herauszuarbeiten und sie mit Religion oder Wissenschaft zu verbinden. Es ging Ozenfant um ein zugrunde liegendes Strukturprinzip menschlicher Äußerungen, das er in modernen, unpersönlichen universellen Formen zu finden glaubte. Dabei handelte es sich um das Auffinden einer Art allgemeingültiger Formensprache in Gegenwart und Geschichte. Das Interessante an Ozenfants Publikation ist, dass sie eine suggestive Abbildungspolitik forciert, indem sie bisher als unvergleichbar angesehene Objekte nebeneinander abbildet und sie so in ihrer Bedeutung gegeneinander stellt: prähistorische Steine mit menschlichen Bearbeitungsspuren und eine Maschinenfunktionsabbildung (Ozenfant 1931, 186 f.), eine mikroskopische Aufnahme von Strahlentierchen und das Bild einer kongolesischen Tanzgruppe (ebd., 280-281), eine Radfahrerin, ein Luftschiff und ägyptische Kunst, Darstellungen menschlicher Arbeit in Ägypten und Russland (ebd., 160-161). Ziel aller Bildvergleiche war das auf einen Blick deutlich werdende Form-Gemeinsame der Abbildungen, die eine neue Vergleichbarkeit zuvor unverbundener Phänomene ermöglichen sollten. Dies hatten vor Ozenfant auch schon andere Künstler wie zum Beispiel László Moholy-Nagy mit seinem Fotobuch *Malerei, Fotografie, Film* von 1925 getan und damit ein Stichwort gegeben, die Simultaneität, auf das auch Giedion sich indirekt bezieht.

Im Zentrum der von Giedion hervorgehobenen Verknüpfungsleistung steht der Wunsch nach dem Auffinden eines neuen Ordnungsprinzips jenseits der gängigen Wertzuschreibungen. Es ging um die Ewigkeit, ohne dafür allein die Geschichte bemühen zu müssen, um eine universelle Form, die alte und neue Kunst, Maschine und organische Gestalt miteinander verband. Diese Art der Geschichts- und Gegenwartsverknüpfung wurde noch an anderer Stelle vorangetrieben. Das Museum, ehedem gegründet zur Vergegenwärtigung des Vergangenen in Relikten und Meisterwerken, inkorporierte nicht nur die Gegenwart, sondern versuchte nun auch, Zukunft mit einzuschließen und mehr noch: Zukunft zu generieren. Zur gleichen Zeit, in der Valéry am Museum die Simultaneität kritisiert und den isolierten Einzelgenuss nicht mehr findet, wird das simultane Sehen als ein neues Prinzip des Museums verkündet, das zwar auf dem alten vergleichenden Blick beruhte, nun aber die neuen Reproduktionsmöglichkeiten mit einschloss und weltumspannend wurde. »Das zwanzigste Jahrhundert hat gelehrt, dass die Einrichtung des Museums umso stärker wurde, je massiver ihre Abschaffung gewollt war.« (Bredekamp 2000, Bd. 6, 46) Vielleicht könnte man es auch so ausdrücken: Je massiver das Museum kritisiert wurde, desto variantenreicher wurden seine Entwürfe. Einer davon ist das »Imaginäre Museum« von André Malraux.

Das Abbildungsprinzip, das Ozenfant seinem Werk zugrunde gelegt hatte und das Giedion so sehr faszinierte – also das Auffinden von Ähnlichkeiten im Nebeneinander der Bilder, das neue Sehen und die neue Simultaneität –, wurde bei Malraux zu einem »Imaginären Museum«, einem zukunftsweisenden neuen Museum, das auf ähnlichen Prinzipien beruhte, diese aber umfassender dachte. In seinem 1947 erschienenen Text *Musée Imaginaire* legt der französische Schriftsteller eine besondere Geschichte der Kunst vor. Es ist eine Geschichte der Meisterwerke im Museum durch die Jahrhunderte, wobei er das Museum als der europäischen Kultur zugehörig und als jüngere Erfindung ausweist. Dieses an den kanonischen Werken einer Zeit ausgerichtete Museum des 19. Jahrhunderts beginnt sich zu verändern, es wird zum »alten Museum«. Malraux setzt es nun in Gegensatz zum »imaginären Museum«, das für ihn das »neue Museum« verkörpert (Malraux 1956).

Im Mittelpunkt steht dabei die fotografische Reproduktion von Kunstwerken. Durch sie können Abbildungen eines Kunstwerks, das ansonsten festgefügt (im Glasfenster einer Kirche etwa) oder unerreichbar (wie die Kunst entfernter Kulturen) ist, zusammengeführt werden; sie ermöglichen dem Betrachter nun einen Vergleich des ehedem Unvergleichbaren. Die abgebildeten Werke, so Malraux, erhielten einen neuen Kontext, der sie ihrem eigentlichen Werkzusammenhang entziehe und sie in den Kontext einer Formgeschichte, eines Stils, einer Zeit stelle. Das Imaginäre Museum ist also ein Museum, das uns durch die fotografische Reproduktion ermöglicht wird, indem es Tausende von Kunstwerken vereint, die man ansonsten nicht – auch durch Reisen nicht – hätte im Vergleich sehen können. Zugleich ist das Imaginäre Museum dasjenige Museum, das durch die nunmehr möglich gewordene Erreichbarkeit in der Abbildung überhaupt erst einzelne Werke erschafft. Diese Werke sind insofern »imaginär«, als sie zuvor für die Wahrnehmung des westlichen Betrachters nicht existent waren und sich nun unter Aufhebung von Raum und Zeit in einen neuen Kanon der Kunst einfügen. Das Imaginäre Museum entsteht durch die Reproduktion und erscheint im Buch – Malraux nennt es »Abbildungswerk« (Grasskamp 2014).

Wollte man ein Beispiel eines solchen Abbildungswerkes nennen, so könnte man den Bilderatlas des Kunst- und Kulturhistorikers Aby M. Warburg anführen, der damit bereits Ende der 1920er Jahre den Versuch einer solchen Zusammenstellung von Kunstwerken qua fotografischer Reproduktion unternommen hatte. Sein *Mnemosyne-Atlas* ist unvollendet geblieben und wurde dementsprechend zu Warburgs Lebzeiten nicht publiziert. Blickt man heute in den vor einigen Jahren erschienenen Atlas, der den letzten Stand der einzelnen thematischen Tafeln festhält, so wird einmal mehr deutlich, wie zentral die neuen Medien Fotografie und Film für alle utopischen Entwürfe des Museums und des Museumsbegriffs waren (Warburg 2000).

Die Funktionen der fotografischen Reproduktion in Malraux' utopischem Entwurf sind dabei schnell geklärt: Zum einen – wie bereits oben erwähnt – führt sie Kunstwerke vor Augen, die zuvor nicht zugänglich waren (sei es durch Zeit/Geschichte oder den Raum/entfernte Kulturen). Zum anderen ändert sie Maßverhältnisse und macht so Kunstwerke miteinander vergleichbar, die sich zuvor nicht miteinander in Beziehung setzen ließen (Miniatur und Teppich, Flächigkeit der Skulptur in der fotografischen Abbildung und der Vereinheitlichungsprozess der Schwarzweiß-Fotografie). Und schließlich enthebt die Reproduktion das Kunstwerk der Tradition und macht – dies der letzte Punkt Malraux' – durch das Nebeneinanderlegen von Reproduktionen in großer Zahl Strukturen sichtbar, die man zuvor nicht sehen konnte: Es entstehen Entwicklungen und Verläufe, die eine (neue) Stilgeschichte hervorbringen.

Das Interessante daran ist, dass das neue Museum im Buch das in großer Menge der Vergleichbarkeit zur Verfügung Stehende und damit, ähnlich wie im 19. Jahrhundert, das Weltumspannende meint, sodass hier die alte Hoffnung neuerlich hervortritt, ein Ganzes, eine Totalität betrachten zu können. Diese Totalität beeinflusst den aktuell arbeitenden Künstler, weil er nun, angeregt durch die neue Reproduktionstechnik, andere Kunstwerke und neue Aspekte sehen kann – wie zum Beispiel starke Linien der Glasfensterkunst, die zuvor verborgen waren. Alles wird durch die Reproduktion in eine Vergleichbarkeit gestellt, die Miniatur wird so groß wie ein Teppich, indem sie auf den Buchseiten nebeneinander zu stehen kommen. Das neue Museum ist eine Art Beobachtungsmaschine, in der sich Stile und Entwicklungen der Kunst wie von selbst ergeben. Mittel dazu sind die Reproduktion und die Serie. Erst in der Serie kann, wie in einem Film (Malraux 1956, 42), eine Bewegung erkannt und in ihren Schritten nachvollzogen werden. Für Malraux ist das

Imaginäre Museum ein Gedankenexperiment, aber auch das wünschenswerte, in der Zukunft liegende Ergebnis einer umfassenden Erkenntnis.

Das Museum ist imaginär, weil es in uns ist. Auch Malraux ist klar, dass es nie das eine Buch geben wird, sondern das Imaginäre Museum ist eines unseres Gedächtnisses: »Der Meister des Cœur d'Amour Épris ist von nun an Besitz unseres Museums.« (Ebd., 32) Das Museum geht in die Verantwortung eines jeden selbst über – das ist die entscheidende Botschaft dieses Textes. Die Öffnung des Museums besteht nicht in einer Öffnung für den Unwissenden, sondern ist immer noch an den Kenner und den Wissenden gerichtet. Die Möglichkeiten sind indes nun umfassender, und erstmals erscheinen auch Objekte, die sich bisher nicht in der Reichweite des Betrachters befanden: »Doch umfaßt unser Wissen heute mehr als unsere Museen« (ebd., 11), weshalb wir das Imaginäre Museum benötigen. Das neue Museum erscheint uns als eines, in dem zwar das Auge den Vorrang hat, das jedoch einen zutiefst intellektuellen Prozess der Aneignung in Gang setzt (ebd., 63, 82). Weil wir um die Welt wissen – durch die Fotografie – müssen wir uns die Welt aneignen – durch die Fotografie. Die Fotografie hat nicht nur den Blick und die Arbeitsweise des Künstlers verändert, sondern auch den Blick des Betrachters und damit das Museum.

Blickt man auf das Verständnis des Museums, das dieser Text formuliert, so wird deutlich, dass wir es hier mit einer Entkontextualisierung zweiter Ordnung zu tun haben. Die erste Entkontextualisierung betrifft die Entstehung des Museums im 18. Jahrhundert selbst: Spätestens die Französische Revolution hatte in nuce vor Augen geführt, wie die sakralen Gegenstände der Kirchen aus ihrem Zusammenhang genommen und in einen neuen überführt wurden. Malraux beginnt seinen Aufsatz direkt mit dieser Feststellung und kommt in seinem Text mehrfach darauf zurück: »Ein romanisches Kruzifixus ist bei seinem Entstehen ebensowenig ein Werk der Bildhauerei gewesen wie Cimabues Madonna ein Bild« (ebd., 9). Erst mit dem Museum gibt es einen institutionalisierten Vermittler für die Kunst, tritt der »Kunstgenuß an die Stelle des Glaubens« (ebd., 60). Dieser Vorgang der Loslösung aus angestammten Kontexten vollzieht sich mit der fotografischen Reproduktion ein zweites Mal: Nicht nur werden Gegenstände aus bisher entfernten Kulturen aus ihren Sakralbereichen durch die Welt der Kunst eingeholt, sondern auch die Werke der Museen werden durch die fotografische Reproduktion in einen neuen Zusammenhang gebracht und dem Abbildungswerk beziehungsweise dem Gedächtnis unterstellt.

Diese Debatte fand ihren Ausgangspunkt im Museum selbst. In den 1920er Jahren standen die Museen, insbesondere die Kunstmuseen und die Kunstgewerbemuseen, vor einem Problem: Inmitten einer Welt, in der der technische Fortschritt eine große Rolle spielte und der Alltag zunehmend mit mechanischen Hilfen ausgestattet wurde, hatte sich die zeitgenössische Kunst bereits seit Langem mit fotografischen und filmischen Verfahren beschäftigt. Das Beispiel Alexander Dorners in Hannover hat gezeigt, wie sehr eine solche Kunst als etwas dem Museum nicht Zugehöriges und Neues betrachtet wurde. Doch die Fotografie konnte mehr: Die unter dem Titel »Faksimilestreit« bekannt gewordene Diskussion verschiedener Museumsdirektoren innerhalb und außerhalb des deutschen Museumsbundes dreht sich um die Frage von Original versus Faksimile oder die Reproduktion im Museum. Einerseits wird in dieser Debatte betont, dass die Qualität der Faksimiles weitaus besser geworden sei, ja dass man es nicht mehr vom Original unterscheiden könne und es deshalb fast schon egal sei, was ausgestellt werde. Andererseits macht die Auseinandersetzung deutlich, dass der »massenhafte Ersatz« des Originals durch eine Reproduktion die »Wahrhaftigkeit« des Kunstwerkes – so Max Sauerlandt, Direktor des Hamburger Museums für Kunst und Gewerbe – unterlaufe (Flacke-Knoch 1985, 100-110). Der Kunsthistoriker Erwin Panofsky nimmt zu diesem Streit 1930 Stellung, indem er sich weder auf die eine noch auf die andere Seite schlägt, sondern konstatiert, dass das Erlebnis und die Wahrhaftigkeit des Kunstwerks nur eine Ebene der Wahrnehmung von Kunst sei. Vielmehr gehe es darum, die Reproduktion und das Faksimile dem Beschauer in seiner ausgereiftesten Form darzubringen und Kennerschaft für das Original wie für die Reproduktion zu erlangen. Mit anderen Worten: Warum sollte man nicht auch eine Reproduktion mit Genuss betrachten können, wichtig sei, dass das »Menschenwerk«, also das mit der Hand gemachte Original, vom »Maschinenwerk«, also der Reproduktion oder dem Faksimile zu unterscheiden sei. »Sollte es jemals dazu kommen, daß niemand mehr zu dieser Unterscheidung fähig wäre, daß Menschenwerk und Maschinenwerk tatsächlich identisch geworden wären – dann wäre nicht sowohl das Kunst-Verständnis tot als vielmehr die Kunst; und sie wäre dann nicht an der Reproduktion gestorben.« (Panofsky 1930, 122)

Zwischen der Position Malraux' und dem Faksimilestreit liegt ein weiterer Text, der in der Diskussion um die Museen auch heute noch eine große Rolle spielt. Walter Benjamin beschäftigt sich in seinem berühmten Aufsatz »Das Kunstwerk im Zeitalter seiner technischen Reproduzierbarkeit« aus den Jahren 1935/1936 mit dem gleichen Phänomen und kommt in Bezug auf die Reproduktion zu ambivalenteren Schlüssen. Während Malraux sie eindeutig als eine Ermöglichungsstrategie der weltumspannenden Kunsterfassung sieht, geht Benjamin zunächst wesentlich kritischer vor und konstatiert den Auraverlust des Kunstwerks durch die massenhaft verbreitete Reproduktion. Ähnlich wie Panofsky unterscheidet auch er das Handgemachte von dem von den Maschinen Gemachten als Kennzeichen der Reproduktion (Benjamin

1980, 436). Die Echtheit des Kunstwerkes löst sich auf, wenn »sein einmaliges Dasein an dem Orte, an dem es sich befindet«, verschwindet (ebd., 437) und so das Reproduzierte aus einer Tradition gerissen wird. Denn alles, was mit ihm geschah, jedes Wort, das über ein Kunstwerk geschrieben wurde, bezog sich immer auf den einen Gegenstand. »Die Echtheit einer Sache ist der Inbegriff alles von Ursprung her an ihr Tradierbaren, von ihrer materiellen Dauer bis zu ihrer geschichtlichen Zeugenschaft.« (Ebd., 438) Und wenige Zeilen später führt Benjamin den berühmten Begriff der Aura ein: »Man kann diese Merkmale im Begriff der Aura zusammenfassen und sagen: Was im Zeitalter der technischen Reproduzierbarkeit des Kunstwerks verkümmert, das ist seine Aura. Dieser Vorgang ist symptomatisch; seine Bedeutung weist über den Bereich der Kunst weit hinaus. Die Reproduktionstechnik, so läßt sich allgemein formulieren, löst das Reproduzierte aus dem Bereiche der Tradition ab. Indem sie die Reproduktion vervielfältigt, setzt sie an die Stelle seines einmaligen Vorkommens sein massenweises. Und indem sie der Reproduktion erlaubt, dem Beschauer in seiner jeweiligen Situation entgegenzukommen, aktualisiert sie das Reproduzierte.« (Ebd., 438)

Der »Verlust der Aura« hat sich als ein zentrales Argument bis heute in den verschiedensten Museumsdiskussionen erhalten. Weniger beachtet wird dabei, dass Benjamin in diesem Verlust auch einen Gewinn sah, nämlich, dass sich das Kunstwerk damit »zum ersten Mal in der Weltgeschichte von seinem parasitären Dasein am Ritual« (ebd., 442) emanzipiere. Nunmehr war es möglich geworden, dass nicht nur Tradition und Einbindung in einen kultischen Ursprung für das Objekt maßgebend waren, sondern auch Gegenwärtigkeit und neue Funktionalisierung. Die Argumentation Malraux' vorwegnehmend, schreibt Benjamin: »Die Entschälung des Gegenstandes aus seiner Hülle, die Zertrümmerung der Aura, ist die Signatur einer Wahrnehmung, deren ›Sinn für das Gleichartige in der Welt‹ (Johannes V. Jensen) so gewachsen ist, daß sie es mittels der Reproduktion auch dem Einmaligen abgewinnt.« (Ebd., 440) Das Nebeneinander des Gleichartigen hatte Giedion bei Ozenfant bewundert, hatte Malraux dazu hingerissen, den Stil in der Welt erkennen zu wollen, und ist bei Benjamin als »Gesetz der Serie« in der Entstehung der Fotografie zu finden. Interessant ist hierbei, dass Benjamin den Aspekt der Aktualisierung für den Betrachter eigens hervorhebt, der bereits von Museumsreformern für das Museum gefordert wurde, sich aber bei Benjamin erst durch die Reproduktion und deshalb nicht im Museum vollzog. Das Gegenwartsmuseum Pudors ist vor dem Hintergrund der technisierten Welt im Malraux'schen Abbildungswerk oder in der Benjamin'schen »Illustrierten Zeitung« zu finden. Zentral ist für die Benjamin'sche Argumentation, dass der Kultwert der Objekte zugunsten ihres Ausstellungswertes zurückgedrängt worden sei. Während der Kultwert eines Kunstwerks auf seiner eingeschränkten Zugänglichkeit basiere (ob im religiösen Kontext oder im Museum), liege sein Ausstellungswert in der Häufigkeit seines Auftretens und damit seiner Vergleichbarkeit. Nicht mehr »freischwebende Kontemplation« bestimmt die Betrachtung des Kunstwerks, sondern seine »politische Bedeutung«, die in der vergleichenden Rezeption liegt (ebd., 445).

Ohne dass Benjamin das Museum eigens nennt, wird deutlich, wie sehr sich die Institution unter den technischen Veränderungen im Hinblick auf die Reproduzierbarkeit von Objekten und Originalen verändert. Es handelt sich um die oben beschriebene Entkontextualisierung zweiter Ordnung – bei Malraux war es das Imaginäre Museum –, die aber bei Benjamin noch eine weitere Zuspitzung erfährt: Auch das Original selbst hat sich unter diesen Bedingungen verändert, und es ist die Frage, ob es »im Zeitalter seiner technischen Reproduzierbarkeit« überhaupt noch eine Aura besitzen kann.

Es sollte deutlich geworden sein, dass die heute in den museumstheoretischen Erörterungen zentralen Begriffe »Authentizität«, »Original« und »Aura« in dieser Diskussion ihren Anfang haben. Die Museumskritik hatte das Museum erschüttert. Die neuen Medien hatten dem Museum zu einer neuen Utopie verholfen. Bei dem zukünftigen Betrachter kam es nicht so sehr darauf an, dass er mit einem bestimmten, bildungsbürgerlichen Wissenskanon ausgestattet war. Der zukünftige Betrachter sollte sich Wahrnehmungsformen aneignen, bei denen nicht die Kenntnis der Vergangenheit die notwendige Orientierung bot, sondern die adäquate Teilhabe an der Gegenwart. Diese Teilhabe musste erst erlernt werden. Denn die Dinge besaßen mit Benjamin einen »Ausstellungswert«, waren also vervielfältigt, besaßen mit Paquet einen »Sehens- und Schauwert«, konnten also veranschaulicht und durch »Darstellungsgüter« ersetzt werden. Das Museum sollte seine Objekte nunmehr als Veranschaulichungspotenziale für eine abstrakter werdende und deshalb zu erklärende Welt verstehen. Hierin liegt der entscheidende und die verschiedenen Positionen einende Punkt der Museumsutopien.

6. Ausstellungslabore und Museumsewigkeit

Ausstellungslabore

Nimmt man Malraux ernst, dann musste das Museum kein Ort mehr sein, sondern war im Gedächtnis des Menschen aufgehoben. Mag sein Imaginäres Museum als ein veritabler Versuch gelten, die (Kunst)-Bestände der Welt thematisch strukturiert zu vereinen, so war doch noch lange nicht geklärt, was mit den tatsächlichen Museen geschehen sollte. Konkrete Vorschläge dafür gaben die Ausstellungen, die zur Zeit von Malraux' Entwurf stattfanden. Denn hier wurden Experimente gewagt, hier waren die Präsentationslabore unter Einbeziehung der neuen Medien zu finden. Sie hatten nicht viel mit den Beständen der Museen gemein, sondern waren, wie der Künstler El Lissitzky sie nannte, »Demonstrationsräume«. El Lissitzkys »Kabinett der Abstrakten« entstand 1927. Ein Jahr später gestaltete er den Sowjetischen Pavillon auf der großen Ausstellung »Pressa. Internationale Presse-Ausstellung des Deutschen Werkbund« in Köln, darauf den sowjetischen Teil in der Ausstellung »Film und Foto« 1929 in Stuttgart und den Sowjetischen Pavillon auf der Internationalen Hygiene-Ausstellung in Dresden 1930. So verschieden diese Ausstellungen waren, so grundlegend sind deren Gestaltungselemente für die weitere Museums- und Ausstellungsgeschichte. Wenn man sich diese Ausstellungen vor Augen hält – ob zur Entwicklung des Presse- und Druckwesens, dem Stand der Fotografie- und Filmtechnik sowie der gesundheitlichen Versorgung der Bevölkerung –, so sind diese jeweils vom Fortschrittsdenken und dem länderspezifischen Vergleich geprägt, mithin direkte Abkömmlinge der Gewerbe- und Weltausstellungen.

Und der Fortschritt sollte nicht nur in den thematischen Schwerpunkten der Ausstellungen deutlich werden, sondern auch in den zur Präsentation genutzten Medien. Es ging um eine zeitgemäße Gestaltung, die dem Besucher das Neue schlagartig vor Augen führen konnte. Hier zeigt sich Benjamins »Ausstellungswert« in den eingesetzten Fotografien und Filmen, aber auch Paquets »Darstellungsgüter« mit statistischen Diagrammen, Modellen und schematischen Zeichnungen, die die Inhalte vermitteln sollten, sind vertreten. Zum Teil spielten auch einzelne dreidimensionale Objekte eine Rolle, doch diese Gegenwartsausstellungen zeigten nicht die historische Vergegenwärtigung, sondern sollten den zivilisatorischen und technischen Stand der Gegenwart und einen Ausblick in die Zukunft präsentieren. Hervorstechendstes Merkmal der Gestaltung El Lissitzkys war sein Einsatz von Fotografien. Riesige Vergrößerungen von Menschen, Geräten oder Landkarten stellte er zu Bildpaneelen zusammen. Es handelte sich dabei um großformatige Fotomontagen, die den Blick des Betrachters auf sich ziehen sollten. 1926 schreibt El Lissitzky über »Demonstrationsräume«: »Wenn er sonst durch das Vorbeiziehen an den Bilderwänden durch die Malerei in eine bestimmte Passivität eingelullt wurde, so soll unsere Gestaltung den Mann aktiv machen.« (El Lissitzky 1962, 199) Das Nebeneinander ansonsten unverbundener Elemente, die die aktive Betrachtung des Besuchers herausforderten – das, was Valéry für den Louvre aufs Heftigste kritisiert hatte –, war hier Programm. Die optische Dynamik der wechselnden Motive entwickelte sich während des Gehens des Betrachters, was ihn nach der Vorstellung Lissitzkys zum aktiven Betrachter machte (ebd., 200). Besonders deutlich lässt sich dies an dem riesigen Fotofries der Ausstellung »Pressa« nachvollziehen, der, 3,8 Meter hoch und 23,5 Meter lang und in einer Höhe von drei Metern installiert, ein Panorama des sowjetischen Staates ergibt – für den damaligen Betrachter vollkommen neu. Mit diesem imposanten Bilderfries artikuliert sich die Hoffnung, eine Gegenwart mithilfe der Fotografie dokumentierend wie ausschnitthaft angemessen repräsentieren zu können und zugleich eine universelle Sprache zu finden, die sich dem Besucher unmittelbar erschließt. Damit ist eine politische Ikonografie verbunden, die ein zeitgenössischer Kommentator wie folgt beschreibt: »Hier besteht nur Agitationskraft, nur Propagandamittel; in sehr geschickter Auswahl wird dem Besucher eingehämmert, daß auch die Kunst nur den einen Zweck hat, in politischen Diensten mitzuwirken. [...] Daß diese Photographie mitten im wirklichen Leben steht, muß [...] rühmlich anerkannt werden« (zit. n. Pohlmann 1999, 56).

Die »lebendige Gegenwart« und das »neue Sehen«, die Giedion hervorgehoben hatte, werden in den Ausstellungslaboratorien El Lissitzkys miteinander verschränkt. Diese Raumexperimente hätte man nicht ohne Weiteres in traditionellen Museumsbauten unternehmen können, da es großer Hallen bedurfte, um die einzelnen Elemente auszustellen und einzubauen. Nicht die traditionelle Kabinettstruktur der (Kunst-)Museen konnte dies ermöglichen, sondern nur die Erfahrung des Ausstellungs- und Messebaus. Der Betrachter, den sich die Ausstellungsgestalter vorstellten, war nicht der in sich versunkene kontemplative Betrachter, der ein Bild genau betrachtete, sondern der aktive, vergleichende, aufmerksame Betrachter, der sich in einem mit anderen Besuchern geteilten kol lektiven Erlebnis durch die Ausstellung bewegt (Klonk 2009, 113 ff.). Es würde zu weit führen, auch auf den Umkreis Lissitzkys einzugehen, seine Anregungen, etwa in der Zusammenarbeit mit Friedrich Kiesler und anderen, zu beschreiben (vgl. Staniszewski 1998). Deutlich sollte aber werden, dass hierbei ein »collaborative space« kreiert wurde, eine gemeinsame Seherfahrung (Klonk 2009, 113). Betrachter wie Ausstellungselemente geraten in Bewegung und werden Teil eines sich weiterentwickelnden Bezugsfelds.

In den 1920er und dann vor allem auch in den 1930er Jahren entstehen zahlreiche Ausstellungen, die durch die neue Art der Darstellung, aber auch durch eine zunehmende und sich perfektionierende politische Funktionalisierung geprägt sind. »Vor allem die ›linken‹ Techniken der Fotomontage und des Großfotos wurden als Wanddekoration für die propagandistische Visualisierung des Führerkults vielfach eingesetzt. Daraus ergab sich ein widersprüchliches Erscheinungsbild aus modernistischer Ästhetik und politisch reaktionären Inhalten.« (Pohlmann 1999, 59) Waren die aus dem dadaistischen Kreis stammenden Fotomontagen eines John Heartfield gegen das politische Establishment, gegen Zensur und polizeiliche Überwachung gerichtet, so wanderten die mit der Montagetechnik verbundenen politischen Konnotationen nun in die entgegengesetzte Richtung. Wie eine solche Wandlung vor sich gehen konnte, lässt sich am besten an Herbert Bayer zeigen, der als Maler, Werbegrafiker, Fotograf und Architekt zunächst in der Weimarer Republik, dann aber auch unter den Nationalsozialisten tätig war. Er hatte bereits für den Deutschen Werkbund gearbeitet und zusammen mit Walter Gropius und László Moholy-Nagy den Pavillon auf der Pariser »Exposition de la société des artistes decorateurs« 1930 gestaltet. Auf der Grundlage der Lissitzky'schen Gestaltungselemente entwickelte er die Prinzipien des modernen Kommunikationsdesigns. 1937 legt er seine »fundamentals of exhibition design« nieder und geht dabei nicht ohne Grund zunächst von den für ihn wenig vorbildlichen Gestaltungsweisen der Weltausstellungen des 19. Jahrhunderts aus.

Seinem Text vorangestellt ist eine Abbildung, die eine Turmkonstruktion der Hansa-Brauerei Hamburg aus Bierflaschen zeigt, aufgenommen bei einer Ausstellung im Jahr 1871. Hier, so Bayer, sei ein Produkt (Bier) nicht in seinem Zweck dargestellt, sondern vielmehr als konstruktives Element einer Dekoration (Bierflasche) benutzt worden. Dies sei nicht mehr vereinbar mit den modernen Mitteln der Ausstellung. Vielmehr gelte es, das Thema der Ausstellung, seinen speziellen Charakter mithilfe des Vergleichs, der Übersicht und der Sequenz darzustellen. »[T]he theme should not retain its distance from the spectator, it should be brought close to him, penetrate and leave an impression on him, should explain, demonstrate, and even persuade and lead him to a planned and direct reaction.« (Bayer 2008, 211) Bayer bricht mit der alten »ceremonious representational solution with its symmetrical and axial effect«, die er als formal einstuft. Es gelte dagegen, die Themen im Raum in Gruppen und auf diese Weise dynamischer und weniger symmetrisch darzubieten (ebd., 212 f.). Die Forderungen Bayers entsprechen seinen Gestaltungen etwa für die bereits genannte Deutsche Sektion auf der Kunstgewerbe-Ausstellung in Paris 1930 oder der Baugewerke-Ausstellung 1931 in Berlin: Zahlreiche großformatige Fotomontagen, in die Wand eingelassene dreidimensionale Diagramme, dominiert von geometrischen Formen, die wiederum Schriftzüge und Texte akzentuieren – dies sind die optischen Versatzstücke eines umfassenden, abwechslungsreichen Raumerlebnisses für den Besucher.

Mit der Machtergreifung der Nationalsozialisten wurde diese modernistische Art des Ausstellens aber nicht obsolet: »Obwohl im Dritten Reich die Experimente des Neuen Sehens in Publikationen offiziell als ›kulturbolschewistisch‹, ›entartet‹ oder ›verjudet‹ diffamiert wurden, fanden in den Ausstellungen immer wieder experimentelle Gestaltungselemente wie Großfotos und Fotomontagen zum Zweck ideologischer Rhetorik Verwendung.«

(Pohlmann 1999, 61) Dies galt für zahlreiche Ausstellungen, darunter »Deutsches Volk – Deutsche Arbeit«, »Wunder des Lebens«, »Deutschland« und »Gebt mir vier Jahre Zeit!«, alles Ausstellungen, die zwischen 1934 und 1937 stattfanden. In ihnen wurden die modernen Gestaltungselemente von Anfang an als repräsentative Machtdarstellungen genutzt, etwa in der von Wilhelm Niemann gestalteten Ausstellung »Die Kamera. Ausstellung für Fotografie, Druck und Reproduktion« von 1933, die in den Ausstellungshallen am Funkturm in Berlin stattfand und für die Bayer den Katalog gestaltete. Hier waren in der »Ehrenhalle« umlaufende großformatige Fotografien der Aufmärsche und Treffen der Nationalsozialistischen Arbeiterparteil (NSDAP) zu sehen. Sie stammten von Heinrich Hoffmann, Adolf Hitlers persönlichem Fotografen, und sollten die Geschichte der Nationalsozialistischen Bewegung vor Augen führen. Anders als etwa bei El Lissitzkys Gestaltungen, war diese Halle mit den riesigen Bildern zentralperspektivisch und – um mit Bayer zu sprechen – symmetrisch angelegt. Der ehedem affizierte Betrachter, ein Ausstellungsbesucher, der in Bewegung gebracht worden war und sich in einer Vielzahl von Eindrücken zu orientieren versuchte, wurde auch hier überwältigt, doch nicht von den unerschöpflichen Angeboten einer selbsttätigen Wahrnehmung als vielmehr von einer sakral gestimmten, erhaben wirkenden monumentalisierten Darstellung. War Herbert Bayer noch für zahlreiche Kataloggestaltungen in dieser Zeit verantwortlich, so emigrierte er schließlich 1938 nach New York und arbeitete dort weiterhin an propagandistischen Ausstellungen wie »Road to Victory: A Procession of Photographs of the Nation at War« von 1942 (ebd., 63). In gewisser Weise markiert der Weggang Bayers, der ja zunächst mit dem neuen Regime konform gegangen war, einen neuen Abschnitt. Denn die Ausstellungslabore aus der Zeit nach dem Ersten Weltkrieg, das schnelllebige und wechselnde, den Menschen ergreifende Raumerlebnis der Simultaneität und des Überbordenden wurde zugunsten von »Ewigkeitswerten« zurückgenommen. In dem von Albert Speer auf der Weltausstellung 1937 in Paris entworfenen »Deutschen Haus« waren nunmehr Tapisserien und Mosaiken zu sehen (ebd., 63).

Museumsewigkeit

Die Ausstellungslabore – wie die Museen – wurden bald in den propagandistischen Dienst des totalitären Staates gestellt. Sie waren – wie in Deutschland seit 1933 – zentrale Medien der Indoktrination und der Übermittlung der nationalsozialistischen Weltanschauung. Die in den Präsentationen der Avantgarde entwickelten mobilen, multiperspektivischen und variablen Gestaltungselemente waren auch für Propagandazwecke zu nutzen und wurden von den Nationalsozialisten mit großem Aufwand eingesetzt. Das moderne Element der Ausstellung sowie ihre Materialien korrespondierten dabei mit der Bedeutung von technischer Exaktheit und der futuristisch anmutenden metallenen Präzision und Ordnung, die für Adolf Hitler wie die Nationalsozialisten in vielfacher Weise zum führenden ästhetischen Element wurden. Der Einsatz neuer Medien, zunächst Fotografie und Film, war ursprünglich aus den Didaktisierungsbemühungen der Volksbildungsbewegung entstanden und sukzessive in eine rigide, diffamierende und eindimensionale – und wie der *Völkische Beobachter* über die Ausstellung »Der ewige Jude« in München 1938 schrieb – »lehrreiche Schau« (Benz 2010, 672) umgesetzt worden. Im Folgenden wird deutlich, mit welchen Kriterien das Museum nun betrachtet wird und welchen Anforderungen es folgen soll. Während in den 1920er Jahren und kurz danach zahlreiche Neuerungen und die schon benannten Raumexperimente durchgeführt wurden, wird nun erneut das Museum als weihevolle und historisierende Stätte gefestigt.

Niemand hat das Wesen dieses weihevollen Museums und die daraus erwachsenen Probleme prägnanter beschrieben als Herbert Marcuse. Wenn er dem Komplex auch nur wenige Zeilen widmet, so wird das Museum im Kontext des von ihm geprägten Begriffs der »affirmativen Kultur« deutlich, die nichts mehr mit dem alltäglichen Leben zu tun hat: »Seit mindestens einem Jahrhundert hat ihre Existenz [der Kunst, AtH] für den Bürger nur noch in der musealen Form bestanden. Das Museum war die geeignetste Stätte, um die Entfernung von der Faktizität, die trostreiche Erhebung in eine würdigere Welt zugleich mit der zeitlichen Beschränkung auf das Feiertägliche im Individuum zu reproduzieren. Museal war auch die weihevolle Behandlung der Klassiker: Hier brachte die Würde allein schon eine Stillstellung aller sprengenden Motive mit sich. Was ein Klassiker gesagt und getan hatte, brauchte man nie so ganz ernst zu nehmen: es gehörte eben einer anderen Welt an und konnte mit der gegenwärtigen nicht in Konflikt kommen.« (Marcuse 1970, 99) Marcuses Überlegungen waren bereits durch die Erfahrungen des autoritären Staates geprägt und hatten die Aufbruchstimmung der Museumsreformer hinter sich gelassen. Genauso wenig, und daran lässt er keinen Zweifel, funktionierten die Museen für ihn als »riesige Volksbildungs-Anstalt« (ebd., 100). Für Marcuse geht es nicht um das Zugänglichmachen der affirmativen Kultur als vielmehr um deren »Aufhebung«, nicht um »Verewigung« im Museum, sondern darum, die Vergänglichkeit der Welt als Möglichkeit zur Individualität zu akzeptieren.

Die Kritik Marcuses an dem Prozess der Verewigung ist der Punkt, an dem alle Skeptiker des Museumswesens übereinstimmen: Gemeinsam ist ihnen ist die Konstatierung der Überfülle, wobei der bereits beschriebene rote Faden dieser Kritik die Metapher des Grabs, des Friedhofs und Mausoleums ist, die Theodor W. Adorno 1953 noch einmal zusammenfasst: »Der Ausdruck ›museal‹ hat im Deutschen unfreundliche Farbe. Er bezeichnet Gegenstände, zu denen der Betrachter nicht mehr lebendig sich verhält und die selber absterben. Sie werden mehr aus historischer Rücksicht aufbewahrt als aus gegenwärtigem Bedürfnis. Museum und Mausoleum verbindet nicht bloß die phonetische Assoziation. Museen sind wie Erbbegräbnisse von Kunstwerken.« (Adorno 1977, 181) Damit beschreibt Adorno nichts Neues, vielmehr nimmt er die altbewährten Formeln der Verzweiflung am Museum wieder auf und spitzt sie zu. Für Marcuse wie Adorno gilt aber gleichermaßen die große Frage: Wie kann das »gegenwärtige Bedürfnis« an die Schätze der Vergangenheit angebunden werden, wie kann das Museum von seinem Nimbus des Weihevollen und Unpolitischen befreit werden? Die Experimente der Zwischenkriegszeit sind bekannt, aus heutiger Sicht können wir sagen, dass dort erstmals versucht wurde, Kunst und Politik, Gegenwart und Vergangenheit in ein wechselvolles und sich ständig veränderndes Verhältnis zu setzen. Mit dem Nationalsozialismus werden diese Bestrebungen annulliert oder zur Perfektion gebracht – je nachdem, von welcher Seite aus man es betrachtet: Den Experimenten wurde ein Ende gesetzt, und die Präsentationsmöglichkeiten wurden radikal vereinheitlicht, aber das Weihevolle des Museums wurde erfolgreich mit dem Ephemeren der Ausstellung verbunden und so die Verbindung dieser zwei Konzepte für die Moderne im wahrsten Sinne des Wortes dingfest gemacht. Marcuses Idee des bürgerlichen Museums als Ort der größtmöglichen »Entfernung von der Faktizität« und als eine »trostreiche Erhebung in eine würdigere Welt« wurde 1937, im Jahr des Entstehens seiner Analyse, in München bestätigt.

Dort wurde von Juli bis November des Jahres die Ausstellung »Entartete Kunst« gezeigt. Während andere Propagandaaustellungen wie »Wunder des Lebens« (1935) als wissenschaftliche Inhalte ausgegebene rassistische und eugenische Programme der Nationalsozialisten im Sinne einer Wissensvermittlung dem Publikum darbrachten, galt diese Ausstellung der Diffarmierung von beschlagnahmten Kunstwerken aus deutschen Museen und Sammlungen, die nicht der nationalsozialistischen Gesinnung entsprachen. Es handelt sich hierbei um eine Propagandaausstellung, die nicht mit positiven, sondern mit negativen Leitbildern arbeitete, diese entwickelte und entsprechend popularisierte (Kivelitz 1999, 341). Sollte in den anderen, bereits genannten Ausstellungen die Vision einer neuen Welt zum Ausdruck kommen, so wurde den Besuchern in »Entartete Kunst« ein Gegenbild vorgestellt und in thematischer Gruppierung als der Inbegriff des Degenerierten, Nicht-Konformen dargeboten. Kurz: Es handelt sich um eine Abrechnung mit den Kunstströmungen der Moderne und der Kunst- und Ankaufspolitik der Weimarer Republik. Dazu gehörten Werke der Künstlervereinigung »Brücke«, Werke von Emil Nolde, Max Beckmann, Marc Chagall, Otto Dix, George Grosz, Paul Klee und Wassily Kandinsky. Ihre Arbeiten waren nach Themen gehängt – beispielsweise nach religiösen Motiven, jüdischen Künstlern, Aktbildern, gesellschaftskritischen Arbeiten – oder wurden konzeptionslos in die Kabinette geräumt. Innerhalb der dichten Hängung waren Schrifttafeln zur vermeintlichen Erklärung angebracht oder wurden die Wände selbst mit die Künstler verhöhnenden Äußerungen bemalt (Engelhardt 2007).

Diese Ausstellung unterstand in München der Reichskammer der bildenden Künste, als deren Präsident zu diesem Zeitpunkt Adolf Ziegler fungierte. So war ihre Eröffnung von Ziegler selbst übernommen worden, der das Gezeigte in seiner Rede als »Ausgeburten des Wahnsinns, der Frechheit, des Nichtskönnertums und Entartung« bezeichnete (zit. n. ebd., 95). Zur gleichen Zeit aber konnte man Zieglers Werke selbst an anderem Ort betrachten.

Denn im gleichen Sommer 1937 wurde das Haus der Deutschen Kunst, einem durch die Nationalsozialisten verwirklichten Museum, mit der »Grossen Deutschen Kunstausstellung« eingeweiht. »Die beiden Präsentationen waren aufeinander abgestimmt und ließen keinen Zweifel an ihrer Zielsetzung, ›gute‹ Kunst mit ›entarteter‹ Kunst zu vergleichen.« (Ebd., 93) Angelehnt an die Bauweise des Alten Museums von Karl Friedrich Schinkel in Berlin, handelte es sich bei dem »Haus der Deutschen Kunst« um den – wie Hitler es in seiner Eröffnungsrede formulierte – »Bau eines Tempels [...] für eine wahre und ewige deutsche Kunst« (Hitler 1997, 78). Blickt man genauer auf die einander in der propagandistischen Zielsetzung ergänzenden Ereignisse, dann ist auf der einen Seite eine mobile, sich verändernde, chaotisch anmutende und enge Ausstellung zu betrachten und auf der anderen Seite eine in hellen hohen Räume konzipierte Schau, die auf »völkische Werte« und Ewigkeit zielte. In der Gegenüberstellung war nicht nur »musterhafte« Kunst versus »entartete« Kunst, sondern auch eine flüchtige, belehrende und schockierende versus eine auf Erhöhung und klassischen Genres beruhende Präsentation zu sehen. Die für eine zukünftige Ewigkeit gültigen Meisterwerke konnte man nur im Museum betrachten.

In der Eröffnungsrede Hitlers wird deutlich, welche Rolle er dem (Kunst-)Museum im Dritten Reich beimaß und welche Funktion es einnehmen sollte. Während der erste Entwurf für ein solches Museum in seiner Gestalt »ebensogut eine sächsische Zwirnfabrik wie die Markthalle einer mittleren Stadt [...] hätte sein können«, so ist das von ihm eröffnete Haus der Deutschen Kunst »ein Tempel der Kunst und keine Fabrik, kein Fernheizwerk, keine Bahnstation oder elektrische Umschaltzentrale.« (Ebd., 80/81) Unschwer ist an den Aufzählungen Hitlers zu erkennen, dass es hier um ein Gebäude ging, das weder an die Architektur der klassischen Moderne anschloss, noch dem rührigen Betrieb der genannten Funktionen dieser Gebäude entsprechen sollte. Der »Ewigkeitswert« eines Volkes (ebd., 78) sollte in stiller Kontemplation von einem breiten Publikum besichtigt werden können. Zeitgenossen beschrieben das Haus der Deutschen Kunst kurz nach der Eröffnung denn auch als ein rhythmisches Gefüge von dorischer Ordnung, als einen Chor von Säulen, der den Besucher auf den Eintritt in den Tempel der Kunst vorbereitet und damit den Sinn des Baues deutlich macht, »der entgegen dem eines privaten Gebäudes aus dem Alltag heraus ins Reich der Künste und Ideale führen soll« (zit.n. Brantl 2007, 51).

Die Utopie lautete wie bei der Museumsreform immer noch: Anbindung an die Gegenwart, doch die Gegenwart war eine andere geworden. Zum einen war in diesen pathetischen Worten nichts Experimentelles mehr zu finden, wurde in dem Bau wie in der Ausstellung der Rückgriff auf eine bewährte akademische, neo-klassizistische Linie vorherrschend. Zum anderen klafften die Gegenwart der Kunst und ihrer Sujets in der normierten, durch den Staat bewerteten Weise und die Gegenwart des Menschen in einer technisierten und zunehmend militarisierten Welt auseinander. Vor allem bedeutete Gegenwart nun das eine: »Wir werden von jetzt ab einen unerbittlichen Säuberungskrieg führen gegen die letzten Elemente unserer Kulturzersetzung.« (Hitler 1997, 85) Es ging nicht darum, Gegenwart in das Museum zu holen, sondern das, was die Gegenwart in der zeitgenössischen Kunst sei, zu bestimmen und zu lenken. Blickt man auf die verschiedenen Museumspläne Hitlers, so wird schnell deutlich, welche exponierte Rolle überdimensionierte Bauweise und Zentralisierung spielten. Neben dem tatsächlich gebauten Haus der Deutschen Kunst stehen die nicht verwirklichten Pläne eines Weltkriegsmuseums, eines Museums des 19. Jahrhunderts und eines Museums für Germanische Kunst in Berlin (Preiß 1989). Wenngleich ebenfalls nicht umgesetzt, war das sogenannte »Führermuseum« in den Plänen und Konzepten weiter fortgeschritten, das Albert Speer hätte bauen sollen. Der Plan Hitlers sah vor, in Linz eine zentrale und auf einer breiten, zum Teil eigenen Sammlung beruhende Gemäldegalerie für Alte Meister und die Kunst des 19. Jahrhunderts anzulegen (Schwarz 2004).

Allen Bauten und Projekten um das Jahr 1937 herum war gemeinsam, dass die Idee des Museums im Nationalsozialismus als ein »Gemeinschaftsbau« verstanden wurde. Die »große Gemeinschaft des Volkes« (Bauen im Neuen Reich 1943, 10) sollte gleichermaßen durch den monumentalen Bau repräsentiert als auch erlebbar werden. »Das klare Ebenmaß des Baukörpers und seiner Gliederung, die strenge Ordnung in jeder Einzelheit, der edle Stein der mächtigen Mauern, Säulen und Pfeiler fügen sich zu einem Sinnbild der Grundkräfte, die das deutsche Volk erneuerten.« (Ebd., 20) So lautet eine Beschreibung des neu errichteten »Gemeinschaftsbaus« in München. Gemeinschaftserleben und eine in die Zukunft gerichtete Ewigkeit sind die beiden zentralen Eckpfeiler der nationalsozialistischen Museumsauffassung. Marcuse hatte diesen welt- und alltagsabgewandten Ort im gleichen Jahr als einen Ort kritisiert, an dem das »Feiertägliche im Individuum« reproduziert werde.

Dies war aber nur eine Seite der Medaille, denn das sich im Museum gemeinsam erfahrende Volk war zwar noch feierlich gestimmt, aber nicht mehr unbedingt Individuum, sondern »Menge«, »Flut« und »Gesamtheit« – so beschreibt Georges Bataille sieben Jahre zuvor in seiner Kritik des Museums dessen Besucher: »Nicht nur stellt heute die Gesamtheit der Museen der Welt einen kolossalen Haufen von Reichtümern dar, sondern vor allem führt die Gesamtheit der Besucher in den Museen der Welt ohne Zweifel das großartigste Spektakel einer Menschheit vor Augen, die von materiellen Sorgen befreit ist und sich dem Anschauen widmet.« Bataille ist einer der ersten, die den Besucher in dieser

Form in den Vordergrund rücken, und er konstatiert, dass der Inhalt des Museums erst »durch die Besucher geformt wird [...] Ein Museum ist wie die Lunge einer großen Stadt: Wie Blut strömt die Menschenmenge jeden Sonntag ins Museum, und sie kommt gereinigt und frisch wieder heraus.« (Bataille 2005, 65) Das Museum versteht er als Reinigungsapparat und im Falle der Funktionalisierung durch eine politische Ideologie als eine in den propagandistischen Dienst genommene Maschine. Marcuses wie Batailles ätzende Kritik bezogen sich nicht allein auf die 1930er Jahre, sondern bereits auf das Museum der Jahrhundertwende. Dennoch lassen sich aus ihren Beschreibungen exakt die Aspekte gewinnen, die für das Museums- und Ausstellungswesen der totalitären Staaten dieser Zeit gelten: das Hinnehmen der als klassisch bewerteten Inhalte des Museums, dessen Objekte allein durch das Vorhandensein an dem Ort Museum geadelt werden, und der kollektiv auftretende Besucher, der sich dieser affirmativen Betrachtung hingibt.

Das von den Museumskritikern aufs Korn genommene museale Verhältnis zur Kunst wurde in den 1930er Jahren auch auf Alltagsgegenstände, naturkundliche und historische Objekte ausgeweitet. In seinem Artikel *Das Heimatmuseum im Dritten Reich* beschreibt Hans Preuss 1933 das ideale Heimatmuseum. Es setzt sich aus disparaten Teilen wie Urgeschichte, einer volkskundlichen Abteilung sowie Sammlungssegmenten wie Münzen, aber wenn möglich auch einer Ruhmeshalle für die Gefallenen des Ersten Weltkrieges zusammen. Die Aufstellung der Objekte solle »heimatecht« sein, dann wirke sie »seelennah« (Preuss 1933, 156). Preuss geht davon aus, dass sich Heimat und Heimatgefühl mithilfe von Dingen und Landschaften, Tieren und Geräten als Eindrücke im Museumsbesucher ablagern lassen und er mit ihnen auf alle Zeit verbunden sei. Dabei gehe es nicht darum, möglichst viel und Fremdes kennenzulernen, sondern die »Wurzeln der Vergangenheit« zu entdecken. »Pflicht der Nachwachsenden ist es, Erinnerungen an eine große Vergangenheit bewußt zu pflegen und die Örtlichkeiten, an die sich die Erinnerungen knüpfen, als Heiligtümer zu betrachten.« (Ebd., 157) Das Museum wird einmal mehr zum sakralen Ort, im Mittelpunkt »das Volk«, das repräsentiert und erlebbar gemacht wird durch die Idee des »Gemeinschaftsbaus«, der Gefühle erzeugt und in dem Gefühle ihren Platz haben: »Das Museum darf nicht nur ein verstandesgemäß errichtetes Lehrgebäude sein, sondern es muß beseelt werden. Ein Stück jenes Gefühlsinbegriffs, den wir Heimatliebe nennen, soll in ihm werben.« (Ebd., 164)

Der Begriff des Heimatmuseums wurde bereits um 1900 geprägt. Es handelt sich dabei um kleinere »Regionalmuseen unterschiedlichster Provenienz«. Die Objekte dieser Museen stammten »aus dem Lebenszusammenhang – egal, ob sie sakraler oder naturkundlicher Art, Volkskunst oder Handwerkszeug oder gar Industrieprodukt waren« (Roth 1990, 30). Im weitesten Sinne kann man sie zu den kulturhistorischen Museen zählen, mit einer besonderen volkskundlichen Ausrichtung. Ein erstes Museum dieser Art war bereits im ausgehenden 19. Jahrhundert in Berlin durch den Pathologen und Sozialpolitiker Rudolf Virchow gegründet worden, das »Museum für deutsche Volkstrachten und Erzeugnisse des Hausgewerbes«. Der ethnografische Blick auf Mitteleuropa wurde hier anhand von Sachkultur dargestellt und als »Volkskultur« ausgestellt. In der Nachfolge wurden zahlreiche solcher Museen gegründet, die sich vor allem auf die Darstellung ländlicher Regionen konzentrierten – Brauchtum, Arbeitsgeräte, Kleidungsstücke – und im Zuge der Industrialisierung als einerseits vergängliche, aber zugleich besonders stabile kulturelle Phänomene erfahren wurden. Betrachtet man den Gegenstandsbereich dieser Museen vor dem Hintergrund der Aufwertung des bäuerlichen Standes durch die Nationalsozialisten, so ist schnell klar, warum die Heimatmuseen und ihre Sammlungen eine besondere Bedeutung als Erziehungsmuseen erlangten. Die Museen übernahmen Darstellungstechnik und moderne gestalterische Elemente der großen Ausstellungen der 1920er Jahre, inhaltlich stand aber »der deutsche Bauer, der deutsche Handwerker, die deutsche Mutter« im Mittelpunkt, eine Mischung aus »modernen didaktischen Gesichtspunkten« und reaktionären Inhalten, ein »Amalgam aus Avantgarde-Design und Germanenkult« (ebd., 138, 135, 205). Oder in den zeitgenössischen Worten von Hans Preuss: »Eine der wichtigsten Teilaufgaben unserer Heimatmuseen ist die Pflege der Beziehungen des Gegenwartsmenschen mit dem der Vergangenheit.« (Preuss 1933, 152) Hier taucht wieder der alte Topos der Dualität von Vergangenem und Gegenwärtigem auf. Doch wo bisher die Vergangenheit an die Gegenwart angebunden werden sollte, sollte nun umgekehrt der gegenwärtige Mensch Verbindung mit jenem der Vergangenheit aufnehmen. Dies ist einerseits über das Wissen der Geschichte möglich, also die genaue Kenntnis der Urgeschichte, der Geschichte der Germanen oder die Kenntnis der heimatlichen Pflanzen. Andererseits soll »Seelennähe« vor allem durch Memorabilien, durch »Heiligtümer« – wie sie Preuss nennt – erfahren werden. Auch hier liegen, wie in der Kunst, »Ewigkeitswerte« in den Objekten. Ihnen wird ein Reliquiencharakter zugeschrieben, wie man ihn bereits aus den Dichtergedenkstätten des 19. Jahrhunderts kannte und wie er in den Ruhmeshallen für die Gefallenen des Ersten Weltkrieges gepflegt wurde, nun aber bezogen auf eine »Landschaft« und Region.

Es ging um eine gefühlsmäßige Anbindung des Menschen an die Objekte und Relikte, Heroen und zurückliegende Zeiten der Landschaft, die man bewohnte. Die Heimatmuseen waren die zentralen Sammelstätten dieser Erinnerungspolitik, die, so sehr sie gefördert wurden, auch gleich reglementiert werden mussten.

Der Erlass des Reichsministers aus dem Jahr 1935 dazu lautet: »Die Tatsache des Vorhandenseins einzelner Gegenstände, die zunächst nur einen persönlichen Erinnerungswert für diejenigen haben, von denen der Anstoß zum Aufbau einer heimatmusealen Einrichtung ausgeht, kann allein noch nicht die Gründung einer solchen rechtfertigen« (zit.n. Jacob-Friesen 1937, 9). Deshalb wurden sogenannte »Museumspfleger« für eine bestimmte Region eingesetzt, die die Neugründung von Heimatmuseen anleiten und die bestehenden professionalisieren sollten. Der Archäologe Karl Hermann Jacob-Friesen beschreibt diesen Erlass und seine personelle Umsetzung als einen Akt der Reglementierung: »Für die Heimatmuseen ist durch die reichsministeriellen Maßnahmen die Zeit des individualistischen Wirkens vorüber. Bei allem Eigenleben, das sich aus der Bodengebundenheit ergibt, soll doch ein großes Ziel vor Augen stehen, nämlich die Einordnung selbst des kleinsten Heimatmuseums in die großen Aufgaben des deutschen Erziehungswerkes zum Wohle unseres gesamten Volkes und Vaterlandes.« (Ebd., 14) Das Problem ist ein ähnliches, wie es sich Oskar von Miller aus dem Deutschen Museum stellte, der eine Gabe von Schienenprofilen hinnehmen musste, um das Engagement der Industriellen nicht zu mindern: Die Sammlungsbereitschaft ist hoch, aber die Bedeutungszuweisung an die Objekte wird von den engagierten Sammlern anders verstanden als von den Museumsverantwortlichen. Miller hatte die Schienenprofile nicht zurückgewiesen, doch die »Museumspfleger« gaben deutlich vor, welche Objekte für würdig und welche für unwürdig zu befinden seien. Anders als bei Nietzsche steht nicht das Erdrückende der in den Objekten sich mitteilenden Vergangenheit zu kritisieren, sondern es muss reglementiert und planvoll nach einer einzigen Idee eingearbeitet werden. »Das Wort ›Museum‹ wird in Zukunft geschützt werden müssen.« (Ebd., 10) Die monumentalen Museumsideen wurden auf der organisatorisch-bürokratischen Ebene mit einer geordneten Zweigstellenpolitik umgesetzt, um so die Museumsewigkeit in Kunst, Geschichte und Brauchtum zu verankern.

Das Neue, Aufregende der Ausstellungslabore und Raumexperimente der 1920er Jahre war der propagandistischen Indienstnahme der einzelnen Elemente gewichen. Die »lehrreiche Schau« wurde in den Dienst der Verbreitung einer politischen Weltanschauung gestellt, ihre Mittel konventionalisiert und dagegen das Museum als Ort der ewigen Werte erneut gestärkt. In ihm befanden sich sowohl die von Marcuse benannten Klassiker der Vergangenheit als auch die vom totalitären Regime ernannten Klassiker der Gegenwart. Das Museum beherbergte Objekte, die einen Zugang zur propagierten ruhmreichen Vergangenheit ermöglichten. Sie waren in ihrer Bedeutung nicht offen, sondern als zugehörig und nicht zugehörig, als zukünftig und entartet eindeutig gekennzeichnet.

7. Museumsvielfalt und Metamuseum

Museumsvielfalt

In den 1940er Jahren entwickelten sich neue Museumsideen, wurden die reformerischen Konzepte neu diskutiert, neue Themen ins Museum geholt und ein Konsolidierungsprozess vorangetrieben, der die durch den Zweiten Weltkrieg stark in Mitleidenschaft gezogenen Bauten sowie die Sammlungen und ihr Personal neu einrichtet und ausstattet. In verschiedenen Ländern nehmen die Museumskonzepte verschiedene Färbungen an: Während man in Westdeutschland vornehmlich mit einer Entpolitisierung der Inhalte beschäftigt ist, zeigt sich New York in der vorderen Reihe neuer, experimenteller Gestaltungsentwürfe, wie etwa die verschiedenen Räume zeigen, die Friedrich Kiesler für Peggy Guggenheims Galerie »Art of This Century« 1942 entwirft. In Fortführung seiner früheren Arbeit der 1920er Jahre steht im Zentrum seines Entwurfs ein Stuhl, der als Element eines Gestaltungssystems verschiedene Formen annehmen kann und mal als Podest für Skulpturen, dann wieder als Sitzmöglichkeit fungiert (Staniszewski 1998, 8). Die Ausstellungslabore wurden also weitergeführt und werden mehr und mehr in die Museen integriert. Einerseits war durch das gewerbliche Ausstellungswesen das »Darstellungsmittel« (Paquet) oder mit der Fotografie der »Ausstellungswert« (Benjamin) in das Museum getreten, andererseits hatte durch die Künstler der Raum und so das Zusammenspiel zwischen Objekt und Umgebung an Bedeutung gewonnen.

Das ehedem zentraleuropäische Projekt des Museums beginnt sich rasant auszuweiten. Deutlich markieren die Institutionalisierungsbestrebungen dieser Zeit einen zweiten Professionalisierungsschub: Der »International Council of Museums« (ICOM) wird 1946 ins Leben gerufen, die erste reguläre Konferenz des Weltverbandes findet 1948 in Mexico City statt, der ICOM Newsletter existiert seit 1946, die Zeitschrift *Museum* der UNESCO seit 1948. Der Neubeginn der Museen nach dem Krieg liegt wiederum – wie zweihundert Jahre zuvor – in Paris: Hier wird die erste internationale Museumskonferenz abgehalten, und der erste Band von *Museum* widmet sich den französischen Museen.

Blickt man in sein Vorwort, so wird schnell deutlich, worum es in diesen Jahren geht: Zusammenschluss und gegenseitige Unterrichtung auf internationaler Ebene in museografischen, also konservatorischen und gestalterischen Fragen. Während sich die Vorgängerzeitschrift ausschließlich an den Museen der Kunst, Archäologie und Geschichte orientiert hatte, werden nun explizit alle Museumsformen und -inhalte miteinbezogen, die Auffassung vom Museum erweitert und vereinheitlicht. Die politische Aussage lautet, dass Museen einen wesentlichen Beitrag zum Frieden erbringen können, die diplomatischen Redewendungen orientieren sich an der Entwicklung der Profession, gegenseitiger Beratung und Hilfe. Doch darin allein wäre kein Aufbruch für das Museumswesen zu konstatieren. Vielmehr zeigt sich im Zuge der Etablierung einer einheitlichen Definition des Museums, welche unterschiedlichen Auffassungen damit verbunden sind.

Ein Museum wird nach ICOM definiert als »eine gemeinnützige, ständige, der Öffentlichkeit zugängliche Einrichtung im Dienst der Gesellschaft und ihrer Entwicklung, die zu Studien-, Bildungs-

und Unterhaltungszwecken materielle Zeugnisse von Menschen und ihrer Umwelt beschafft, bewahrt, erforscht, bekannt macht und ausstellt«[6]. Dieser heute noch gültigen allgemeinen Definition, auf die man sich schließlich in den 1980er Jahren einigte, waren zahlreiche Diskussionen im Internationalen Museumsbund vorausgegangen, an denen sich west- wie osteuropäische Kollegen gleichermaßen beteiligten. Sie stellt gewissermaßen den kleinsten internationalen Nenner bei einer größtmöglichen Diversifizierung des Museumsgedankens dar. Dieses Kapitel widmet sich im ersten Teil den Museumsdefinitionen, seinen konzeptionellen Leitlinien und so auch einem Stück neuerer Wissenschaftsgeschichte der »Museologie«.

Neben praktischen und angewandten Fragen wurde vor allem ein als »Neues Museum« beschriebenes Konzept diskutiert. Sein Ausgangspunkt lag in der Überzeugung, dass die sozialen Aufgaben der Museen berücksichtigt werden sollten. Angeregt durch die sogenannten »Nachbarschaftsmuseen«, die Ende der 1960er Jahre im Kontext der Bürgerrechtsbewegung in den Vereinigten Staaten entstanden, entwickelten sich kleine lokale Museen, die die Lebenswirklichkeit der Bevölkerung berücksichtigten, ein Identifikationsangebot mit dem direkten Umfeld ermöglichen und das gemeinschaftliche Engagement fördern sollten. Grundlegende Idee war es hier, an wechselnden Orten mit unterschiedlichen Themen Ausstellungen zu konzipieren, die von den Bewohnern des Viertels getragen wurden.

Ungefähr zur gleichen Zeit entwickelten sich die »Ecomuseen«, die weniger mit Ökologie als vielmehr mit einem bestimmten Territorium, einer Landschaft oder Region verbunden waren. Die Idee eines solchen Umweltmuseums stammte von dem französischen Museologen Georges-Henri Rivière. 1971/72 wurde das erste Museum dieser Art, das Musée de l'Homme et de l'Industrie, Ecomusée de la Communauté Urbaine Le Creusot-Montceau-les-Mines, gegründet. Auch hier handelt es sich um ein Museumskonzept, das die Bewohner der Region einbeziehen und – hier erscheint wieder die bereits bekannte Idee – die Vergangenheit an die Gegenwart, die Lebenswirklichkeit anschließen sollte. Aus diesen sozial interaktiven Museumsformen sollte das vielfach beschworene »offene Museum« werden – ohne Barrieren und möglichst umfassend wie vielgliedrig (Ganslmayr 1989).

An dieser Stelle könnten zahlreiche Nachbarschaftsmuseen wie Ecomuseen genannt werden. Doch ein Museum, das Elemente dieser aus den 1960er Jahren stammenden Idee virtuos kombinierte und weiterentwickelte, war das »Centre national d'art et de culture Georges Pompidou«, kurz: das Centre Pompidou in Paris. Nach mehrjähriger Bauzeit wurde es im Januar 1977 eröffnet und sollte allen Menschen gleichermaßen Zugang zum Wissen gewähren. Dieses soziokulturelle Zentrum beherbergt ein Kunstmuseum, eine Bibliothek, ein Zentrum für Industriedesign, ein Musikzentrum, eine Kinderwerkstatt, Kinosäle, eine Buchhandlung, ein Café und Restaurant. Die gesamte Konzeption, sowohl des Gebäudes und seiner Architektur wie der Ausrichtung seiner thematischen und fachlichen Inhalte, markierte eindrucksvoll die Idee des neuen, offenen Museums. Dazu muss es nicht unbedingt den Begriff selbst in seinem Namen tragen, vielmehr ist das »Centre« ein Kommunikationszentrum, was auch die Architektur signalisiert: Die funktionalen Teile des Gebäudes, seine Versorgungsleitungen wie seine Konstruktion sind von außen sichtbar, Fensterflächen sorgen für einen transparenten Eindruck, und Rolltreppen markieren den technologischen Stand wie die Anlehnung an Warenhaus und Fabrik. Dass in einem solchen Gebäude ein Museum enthalten sein könnte, war zumindest in den 1970er Jahren nicht unbedingt nachvollziehbar und zog neben aller Begeisterung auch harsche Kritik nach sich. Eine mit solchen Entwicklungen verbundene Sorge formuliert der tschechische Museologe Zbynek Stránsk y: Wir sind »in der Gegenwart Zeugen der Tatsache, daß viele neu erbaute Museen nur als Kommunikationsmedien konzipiert werden. Das alles hat gewiß zur Stärkung der gesellschaftlichen Rolle der Museen beigetragen und trägt weiterhin dazu bei.« Doch, so Stránsk yweiter, dies könne die viel zentralere Museumsproblematik und die damit verbundenen Fragen nicht lösen: Wie konnte die Kluft zwischen den im Museum beschäftigten Fachwissenschaftlern verschiedener Disziplinen einerseits und der an den Problemen und Bedürfnissen eines Museums geschulten Mitarbeiterschaft andererseits überwunden werden? Und er zitiert einen amerikanischen Kollegen mit der trockenen Feststellung: »Wir haben bedeutende Wissenschaftler in den Museen, aber als Museumsfachleute sind sie Amateure.« (Stransky 1989, 40) Anders gewendet: Wie konnten die im Centre Pompidou Beschäftigten das neue Museum auch adäquat repräsentieren und für das neue Format geeignete Ausstellungen planen? Konnte es eine eigenständige Museumswissenschaft geben, an der man sich orientierte? Diese Frage ist bis heute nicht abschließend geklärt, aber zahlreiche Projekte lassen darauf schließen, dass sie an Aktualität nicht eingebüßt hat.

Museografie, Museumskunde, Museologie, Museumswissenschaft, *Museum Studies* und eine *New Museology* sind Begriffe, die den Forschungsstand zum Museumswesen seit den 1960er Jahren reflektieren und in dem Moment virulent werden, in dem man von den hergebrachten Museumsformen, dem klassischen Bild des bildungsbürgerlichen Horts, abzurücken beginnt. Einer der ersten Lehrstühle für Museologie wurde 1962 in Brno errichtet und von dem bereits zitierten Zbynek Stránsk ymitbegründet. Seit 1971 erkennt die ICOM die Museologie als eine Ausbildungsdisziplin an. Die seither entstandenen Institute und Professuren zur Museologie oder Museumswissenschaft sind mittlerweile unübersehbar geworden. Eine allgemeingültige Definition der verschiedenen Begrifflichkeiten existiert heute aber immer noch nicht. Die grundlegendste und allgemeinste Beschreibung lautet: Das Museum setzt den Menschen in ein bestimmtes erkennendes und wertendes Verhältnis zu seiner Wirklichkeit. Eine Reflexion darüber kann auf einer theoretisch-philosophischen wie auf einer praktischen Umsetzungsebene erfolgen. Diese Reflexion ist Aufgabe der Museologie (Waidacher 1999, 37). Aber allein die Vielfalt der Benennungen deutet darauf hin, dass das Museum nicht mehr als eine klar einzugrenzende Einheit mit definierten Inhalten und Aufgaben beschrieben werden kann, sondern die *New Museology* zeigt, dass ein Museum eine sensibel reagierende Institution mit ideologischen Prägungen und zeittypischen Entwicklungen ist, die nicht als eine in sich geschlossene Einrichtung den Kanon des Wissens deponiert. Dem geschlossenen System Museum, das über ein deutliches Innen und Außen verfügt, steht vielmehr das Verständnis eines beweglichen Gefüges gegenüber, dessen Untersuchung die mit ihm verbundenen Ideologien und gesellschaftlichen Entwicklungen aufzeigen soll und einen Teil der *Cultural Studies* bildet. Der Museologe Friedrich Waidacher schreibt dazu: »Die bisher vorliegenden Publikationen [der »Neuen Museologie«, AtH] erlauben keine angemessene Beurteilung, ob die neue Museologie tatsächlich neue Ansätze für den Umgang mit dem Musealphänomen anbietet oder ob ihre Antriebe aus anderen als museologischen Quellen stammen.« (Ebd., 142) Ob die Skepsis und das Zögern Waidachers begründet sind oder nicht, mag dahin gestellt bleiben. Interessant ist, dass sie von einem Wissenschaftler geäußert werden, der den bislang letzten Versuch einer zusammenhängenden Darstellung des Museums, seiner Bedingungen und Funktionen, seiner Inhalte und Aufgaben unternommen hat. Das »Handbuch der Allgemeinen Museologie«, erstmals erschienen 1993, ist in gewisser Weise als eine Fortführung des letzten großen Entwurfs des Museums und eines Überblicks über das Museumswesen von David Murray aus dem Jahr 1904 zu verstehen. Murray hatte die thematische Ausdifferenzierung der verschiedenen Museen beschrieben und versucht, einen Überblick über das bestehende Museumswesen zu geben. Knapp hundert Jahre später wird bei Waidacher deutlich, dass das Museumswesen weitaus selbstverständlicher auftritt, nämlich als Institution und Wissenschaft. In seinem Handbuch gibt Waidacher einen allgemeinen Überblick über das »Musealphänomen«, indem er zwischen einer historischen Museologie, einer theoretischen und einer angewandten Museologie unterscheidet. Die Aufteilung in die drei Bereiche Geschichte, Theorie und Anwendung zeigt an, dass er in seiner Betrachtung des Museums vom klaren Verständnis einer fest umrissenen, funktionierenden Institution ausgehen kann. Die Institution selbst wird nicht problematisiert oder in Frage gestellt, vielmehr geht es um die Legitimierung der Museologie als einer eigenständigen Wissenschaft. Damit unterscheidet sich Waidacher grundlegend von allen neueren theoretischen Entwürfen über das Museum seit den 1990er Jahren.

Sie sind dadurch gekennzeichnet, dass über das Museum und seine Struktur reflektiert wird, ja, dass das Museum auf sich selbst Bezug nimmt und sich als »ironisches Museum« entwirft. Gründe dafür wären zahlreiche zu nennen, doch liegt diese Veränderung vor allem darin, dass sich seit den 1960er Jahren ein Wandel vollzieht, den man am ehesten mit einem »reflexiven Museumsbegriff« beschreiben könnte. Dabei geht es nicht mehr so sehr um das neue Museum, eine neue Museumsidee, sondern um das Ausloten der verschiedenen Bedeutungen des Konzepts Museum. Mit dem Begriff des Museums wird immer noch eine bewahrende und ausstellende Institution bezeichnet, doch zugleich können auch andere Lebensbereiche als ein Museum bezeichnet werden, nehmen Künstler das Wort auf, um ihre Konzepte zu umreißen. Dies ist der Moment, in dem Ausstellungswesen und Museum endgültig zusammengehen und nicht mehr klar voneinander getrennt werden können, der Moment, in dem die Vorstellung vom Museum als einem gelehrten Ort ausgeweitet und als eine neben andere Funktionen tritt. Erläutert wurde etwa schon das »Gegenwartsmuseum« Heinrich Pudors (1910), das »Lebendige Museum« von Sigfried Giedion (1929) oder das »Imaginäre Museum« von André Malraux (1947). Hinter diesen Bemühungen stand der Versuch, das Verständnis von Museum zu revidieren, doch in den folgenden Jahren wird es vornehmlich – und nicht zufällig aus der Sicht der zeitgenössischen Kunst – kommentiert: Während das »Schubladenmuseum« des Künstlers Hubert Distel (1970-1977) den Museumsbegriff ironisiert, steht das »Museum der Obsessionen« von Harald Szeemann (1970er-1980) für subjektiv geformte Inhalte des Museums durch den Kurator (Szeemann 1981). Ein gutes Beispiel für ein solches erweitertes Museumsverständnis, das Museum und Ausstellung in sich schließt, die Autorität der Institution mit der Kritik daran zu verbinden sucht, ist das »Musée Sentimental« von Daniel Spoerri und Marie-Louise von Plessen. Der Künstler und die Historikerin hatten anlässlich der Eröffnung des Centre Pompidou 1977 gemeinsam das erste Musée Sentimental zusammengestellt, und in den nächsten Jahren folgten weitere Ausstellungen dieser Art. Die Idee des Musée Sentimental beruht auf einem Territorium – in den meisten Fällen eine Stadt –, das durch Objekte aus Geschichte und Gegenwart, aus der subjektiven Erinnerung wie dem offiziellen Gedenken, aus dem Alltag wie der Hochkunst repräsentiert werden kann. Diese zum Teil sehr unscheinbaren Objekte stehen für eine Anekdote oder Geschichte, die im Katalog oder auf Texttafeln erzählt wird. Ziel des Künstlers und der Kuratorin war es, dem Besucher einen persönlichen

Bezug zu ermöglichen, sei es, dass er eine der findigen Geschichten schon kannte, sei es, dass er einen Bezug zu den ausgestellten Alltagsobjekten hatte. »Sentimental« war das Museum, weil sich idealerweise ein emotionaler Bezug zu den Objekten aufbauen ließ – von Seiten des Betrachters wie des Kurators. Das »Musée Sentimental de Paris« (1977) und das nachfolgende »Musée Sentimental de Cologne« (1979) standen in der Tradition der erst wenige Jahre alten Versuche, die sogenannte Hochkunst mit Alltagsobjekten zu verbinden, wie sie zuvor beispielsweise der Schweizer Ausstellungskurator Harald Szeemann unternommen hatte: Dieser hatte auf der documenta 5 (1972) neben zeitgenössischen Kunstwerken auch Bilder aus den Printmedien, populäre Frömmigkeitsdarstellungen und die sogenannte »Bildnerei der Geisteskranken« (so die Bezeichnung des Psychiaters Hans Prinzhorn aus den 1920er Jahren) ausgestellt. Spoerri und von Plessen sowie Szeemann machten mit ihren Projekten sichtbar, was den eigentlichen Prozess des Musealisierens und Ausstellens definiert: Objekte werden aus ihrem Kontext genommen und in einen neuen gestellt; alter wie neuer Kontext gehen in der Ausstellung eine Nachbarschaft miteinander ein, die es ermöglicht, dem Objekt zahlreiche Bedeutungen zuzuweisen (te Heesen 2011). Die Idee des Museums war durch einen reflexiven Museumsbegriff erweitert, dem klassischen bürgerlichen Hort der Bildung eine neue Facette hinzugefügt worden.

Das von Giedion bereits in den 1920er Jahren erhoffte Experiment in den Räumen des Museums setzte erneut ein. Der erweiterte Kunstbegriff, wie er sich beispielsweise in den beschriebenen Ausstellungen formierte, der aber auch Aktionen umfasste und viele Menschen mit einschließen und erreichen sollte, legte eine der Grundlagen für das neue Museum. Seine möglichen Entwürfe und zukünftigen vor allem sozialen Utopien werden 1970 in dem Band *Das Museum der Zukunft* ausgelotet (Griesser-Stermscheg et al. 2018). Die hier versammelten Beiträge zeigen, wie die politischen Ereignisse nach 1968 sich in den Diskussionen niederschlagen und das vorherrschende Moment in der barrierefreien Zugänglichkeit des ehemaligen Tempels liegt. Oder wie Wieland Schmied, damaliger Direktor der Kestner-Gesellschaft in Hannover, es formuliert: Die zeitgenössische Kunst sei »von ihrem Piedestal herabgestiegen« und stehe »auf einer Stufe mit dem Betrachter«. »Sie ist nicht mehr das unerreichbare Gegenüber, sondern sie ist der Partner des Beschauers.« (Bott 1970, 252) Die zentralen Themen lauten Mobilität – der Besucher wie der Objekte – und Anschlussfähigkeit des Museums an die Gegenwart sowie zukünftige technologische Möglichkeiten.[7] Sollen Bildschirme in Dauerausstellungen eingesetzt werden? Wie kann das Museum dem »Bewegungstrieb der mobilen Gesellschaft entgegenkommen« (ebd., 89)? Es geht um nicht weniger als darum, die »andächtige Stille durch den neutralen Geräuschpegel des Großraumbüros« zu ersetzen (ebd., 284). So wundert es nicht, dass in den 1970er Jahren die Museumspädagogik Einzug hält, neue Vermittlungsformen entwickelt und das Museum neben seiner Forschungs- und Präsentationsaufgabe einen Ereignischarakter erhalten soll: Durch Happening und Performance kommt Bewegung in die stillen Mauern. Das Museum ist in Deutschland in der Zeit der Bildungsreform einer der wichtigsten Grundpfeiler für die allgemein möglich zu machende Zugänglichkeit des Wissens, Kulturpolitik das zentrale Stichwort von Bazon Brock bis Hermann Glaser. Die Bemühungen der Museumspädagogen zielen darauf, die Schwelle des Museums niedriger zu machen, das Museum für verschiedene soziale Schichten zugänglich und interessant zu gestalten und Kinder und Jugendliche in die Räume zu holen. Das Museum tritt mit seinen Didaktisierungsbemühungen gegen die Straße Godards an, indem es die Bewegung in sich aufnimmt und nicht als einen

Fremdkörper behandelt. Führt man sich diese Entwicklungen vor Augen, dann ist es besonders interessant, dass um 1980 ein neues Objektverständnis für die Museen entsteht, das zunächst langsam, dann aber in den 1990er Jahren umfassend die Institution beeinflusst und verändert: In der nun stattfindenden Hinwendung zu den frühneuzeitlichen Kunst- und Wunderkammern kommt die Idee eines umfassenden, alle Segmente des Wissens beherbergenden Traums zum Ausdruck, in dem die Objekte nicht allein mit Vorwissen, sondern auch durch Assoziation und sorgfältige Beobachtung erschlossen werden können. Die Aufwertung der sinnlichen Erkenntnismöglichkeiten des Menschen (und Besuchers) steht im Mittelpunkt der Aufmerksamkeit. Damit wird die seit der Französischen Revolution bedeutsame politische Dimension des Museums ausgespart und versucht, an ältere Modelle anzuschließen. Die Idee des Museums ist hier nicht an die der Guillotine gebunden (wie Bataille sie beschrieb), sondern an den assoziativen Raum gleichrangig präsenter Objekte aus Kunst und Natur. Damit war ein attraktives Modell gefunden, das aber sein faszinierendes Potenzial nur so lange behielt, wie es in seine zeitliche Herkunft, die Renaissance, eingebettet blieb. Vielfach aber wurde in der Folgezeit der Begriff für zusammengestellte Objekte verwendet, die zwar Assoziationsmöglichkeiten bieten, sich jedoch einer klaren Aussage entziehen und so kein Potenzial zur Auseinandersetzung entwickeln.

1978 war eine Neuauflage des heute zum Klassiker avancierten und ursprünglich 1908 erschienenen Buches von Julius von Schlosser, *Die Kunst- und Wunderkammern der Spätrenaissance*, erschienen. Im Ausstellungskatalog des »Musée Sentimental de Cologne« vergleicht Bazon Brock ein Jahr später die Kölner Ausstellung von Spoerri und von Plessen mit einer solchen Kunst- und Wunderkammer: die Disparatheit der Objekte und ihr Aufeinandertreffen im Raum, die Objekte, die etwas Wunderliches besitzen, nicht vollständig erklärbar sind und deshalb auch Gefühle im Menschen evozieren. 1982 verfasst der Kunsthistoriker Horst Bredekamp einen Aufsatz zu *Antikensehnsucht und Maschinenglauben*, der die Grundlage seines elf Jahre später erschienenen gleichnamigen Buches mit dem programmatischen Untertitel *Die Zukunft der Kunstgeschichte* bilden sollte. 1985 schließlich wird der erste umfassende sammlungsgeschichtliche Band zu den frühneuzeitlichen europäischen Sammlungen von Arthur MacGregor und Oliver Impey *The Origins of Museums. The Cabinets of Curiosities in Sixteenth and Seventeenth Century Europe* herausgegeben. Dies ist der Moment, in dem das Museum und die Sammlung nun nicht mehr allein aus sich selbst heraus, der Logik ihrer Funktionsweise folgend, beschrieben werden, sondern in dem andere wissenschaftliche Disziplinen sich für den Gegenstand interessieren und das Museum als eine von vielen möglichen Speicherungs- und Darstellungsformen in den Blick gerät. Bredekamps Buch ist zuallerst eine kunsthistorisch fundierte Darstellung der Objektwelt der Kunst- und Wunderkammern des 16. und 17. Jahrhunderts und ihres Übergangs in das Zeitalter der Aufklärung. Im Zentrum steht die menschliche Eigenschaft des Wunderns und Staunens, die durch die Kammer angeregt zu werden und so im spielerischen Tun in Wissbegier umzuschlagen vermag. Die Kammer ist ein mühsam und mit finanziellen Wagnissen errichteter Nukleus der Welt. Aus diesem Forschungsschwerpunkt, der zahlreiche Veröffentlichungen nach sich zog (etwa Beßler 2009 oder Mayer-Deutsch 2010) wurde ein Modell abgeleitet, nach dem das neue, das zukünftige Museum funktionieren könnte. Die Verheißung des Kunstkammerbegriffs für das Museum war eine zweifache: Zum einen blitzte hier kurzzeitig ein Modell auf, mit dem sich die kritisierte Fülle und Überfülle der Museen legitimieren und gewinnbringend nutzen ließ. Denn die überkommenen Abbildungen der Kammern zeichneten sich dadurch aus, dass die Regale bis an die Decke vollgestopft waren, ja selbst die Decke als Präsentationsort für das größte Objekt, das obligatorische Krokodil, herhalten musste. Auch wenn die Fülle der modernen Museen eine ganz andere war, so wurde dadurch doch das Depot als ein Ort entdeckt, der Überraschungen bereithalten und der eine eigene Faszination für den Betrachter darstellen konnte.[8] Zum anderen wurde die Kunst- und Wunderkammer als ein einheitlicher Ort des Wissens betrachtet, in dem die Naturalia neben die Artificialia treten konnten und das fast surrealistisch anmutende Nebeneinander disparater Objekte ein eigenes, assoziativ funktionierendes Erkenntnismodell bereithielt. Hier kamen Kunst und Wissenschaft zusammen; hier fand die vielbeschworene Interdisziplinarität der 1990er Jahre ein historisches wie für die Gegenwart attraktives Pendant.

Natürlich lässt sich von der Neuauflage von Schlossers Wunderkammerbuch über das Musée Sentimetal und die kunsthistorischen Veröffentlichungen bis zu unserem heutigen Verständnis von Museum nicht einfach eine direkte Linie ziehen. Doch sind die seither erschienenen sammlungsgeschichtlichen Betrachtungen zentral gewesen für einen reflexiven und ironischen Museumsbegriff. Heute wird man kaum ein Haus finden, das nicht eine Kunst- und Wunderkammer oder eine Schatzkammer eingerichtet hat oder das seine Geschichte erörtert, überkommene Sammlungs- und Präsentationsordnungen nicht als veraltet entsorgt, sondern – zumindest in Teilen – konserviert und mit neuer Beschreibung und Einordnung versieht. Durch die Einführung des Computers war klar geworden, dass die Speicherung und Ordnung der Daten entscheidend waren für ihren Zugriff und ihr Verständnis. Die Kunstkammer wiederum bot ein historisch-räumliches Äquivalent, um deutlich zu machen, dass das Museum ein weiterer Wissensspeicher neben Bibliothek und Archiv war, der nach eigenen, medienspezifischen Gesetzmäßigkeiten funktionierte. Hatte Malraux schon 1947 festgestellt, dass das Wissen der Menschen mehr umfasst, als die Museen beherbergen können, so war mit der zunehmenden Technisierung und Digitalisierung nicht nur die Fassungskraft des Museums, sondern auch der Status der Objekte in ihrer Wirkmächtigkeit selbst in Frage gestellt worden. Deshalb ist es kein Zufall, dass genau zu diesem Zeitpunkt das Kammernmodell verheißungsvoll erscheint, weil es Fülle und Sinn noch zu vereinen verspricht. Die Verweise auf die goldene Zeit der Einheit von Natur und Kunst wurden an keiner Stelle so eindrücklich umgesetzt wie im Laufe der 1990er Jahre im Museum of Jurassic Technology in Los Angeles, USA. Hier werden kuriose Objekte ausgestellt, die einerseits faszinieren und in ihren Bedeutungen schillern (wie geschnitzte Kirschsteine) und die andererseits unser Verständnis von Wissenschaft und Museum auf den Kopf stellen (wie ein aus dem Kopf einer Frau gewachsenes Horn) und so das Kunstkammernmodell ironisieren.[9]

Museumsinterpretationen

Ob ironisch gewendet oder nicht, das Museum als Wissensordnung war endgültig in den Vordergrund gerückt. Die Institution wurde nun in ihrer ganzen Objektbreite verstanden, die kunst- und wissenschaftsgeschichtlichen Aspekte gleichermaßen miteinbezogen. Museum und Sammlung waren nicht mehr allein ein Thema im Sinne der Provenienzbeschreibung und der kunsthistorischen Lehre, sie wurden als zentrale Orte der kulturellen Speicherung und der Wissensbestände angesehen. In dem Moment, in dem die Frage nach der Generierung und Speicherung von Wissen gestellt wird, richtete sich der Blick der Forschungen über das Museum auf die mit ihm transportierten Welt- und

Wissensbilder. Zu Beginn dieser Betrachtung stehen fünf Texte, die ich als zentral erachte und die weitere Forschungen initiierten oder wichtige begriffliche Meilensteine setzten.

Als eines der einflussreichsten theoretischen Konzepte erwies sich ein Begriff, den der Historiker Krzysztof Pomian in den 1980er Jahren prägte und der die damalige Faszination durch die Semiotik zum Ausdruck brachte, indem er sie auf den Sammlungsbereich, genauer auf die Objekte als Bedeutungsträger anwendete. Mit dem »Semiophor« war dem Historiker ein Begriff gelungen, der das grundlegende Funktionieren des Museums bündelte. Grundlage dafür ist die Sammlung, eine »Zusammenstellung natürlicher oder künstlicher Gegenstände, die zeitweise oder endgültig aus dem Kreislauf ökonomischer Aktivitäten herausgehalten werden, und zwar an einem abgeschlossenen, eigens zu diesem Zweck eingerichteten Ort, an dem die Gegenstände ausgestellt werden und angesehen werden können« (Pomian 1988, 16). Die darin enthaltenen Gegenstände sind zweiseitige Gegenstände, weil sie einen materiellen und einen semiotischen Aspekt besitzen. Der materiale Aspekt besteht in den physischen und äußeren Merkmalen des Objekts. Die semiotischen Aspekte sind die »sichtbaren Merkmale, in denen man eine Verweisung auf etwas sehen kann, das augenblicklich nicht da ist [...]. Die sichtbaren Merkmale dienen hier als Träger unsichtbarer Beziehungen; diese werden im Gegensatz zu physischen Beziehungen nicht so sehr durch die Hand hergestellt als vielmehr durch Blick und Sprache.« (Ebd., 84) Sobald Dinge in eine Sammlung kommen, werden sie zu Semiophoren. Wenn wir Semiophoren betrachten, so Pomian weiter, »vollziehen wir – in den meisten Fällen unbewußt – eine Dechiffrierung dieser Bedeutungen und übersetzen sie in Worte, denn anders könnten wir sie nicht erfassen. Jeder Kontakt mit ihnen gibt daher Gelegenheit zu einer sprachlichen Produktion.« (Ebd., 89/90) Pomian hat mit diesem – heute sehr einfach erscheinenden Gedanken – eine Reihe von Forschungen ausgelöst, die sich mit den Dingen und der Bedeutung von Dingen im Museum beschäftigen. Nun ist die Dingkonjunktur in den geisteswissenschaftlichen Diskussionen der letzten Jahre nicht allein auf Pomian zurückzuführen, doch war er sicher einer der ersten, der die französisch geprägte semiotische Theorie mit der Kennerschaft eines *Connaisseurs* vereinte. Pomian wandte die Theorie nicht auf Mode, Alltagsgegenstände oder die DS (Déesse) von Citroën an, sondern auf Medici-Vasen, in gewisser Weise ein verpönter Gegenstand für die im weitesten Sinne strukturalistischen Ansätze. Zur gleichen Zeit und etwas früher entstehen weitere Entwürfe, in denen die historische Erkundung des Museums vor dem Hintergrund einer bestimmten methodischen Perspektivierung und Fragestellung stattfindet.

Für die reflexive Beschäftigung mit dem Museum ist es kennzeichnend, dass sie zunächst mit den kulturwissenschaftlich orientierten Fachwissenschaftlern wie Pomian beginnt. Diese Ansätze sind vor dem Hintergrund des ›linguistic turn‹ zu verstehen und haben mit ihren Texten die *New Museology* geprägt. Wenn sie auf die Funktionsweisen des Museums rekurrieren, dann nicht im Sinne einer zu optimierenden Einrichtung, sondern im Hinblick auf seine ideologischen und repräsentationstechnischen Bedingungen. Eine der weiteren maßgeblichen Untersuchungen stammt von der Biologin und Wissenschaftshistorikerin Donna Haraway. Hatten die »Guerilla Girls« zum gleichen Zeitpunkt auf die Abwesenheit von Frauen in der Darstellung der Geschichte der Kunst im Museum verwiesen, dann ist Haraway gewissermaßen als die naturkundliche Repräsentantin dieser Wendung zu verstehen. Sie widmet sich 1984 dem American Museum of Natural History und stellt aus wissenssoziologischer Perspektive das Zustandekommen der Säugetierdioramen in den 1930er Jahren dar. Dazu untersucht sie das gesamte Geflecht der beteiligten

Personen, der dafür unternommenen Sammelexpeditionen, der taxidermischen Techniken und der Präsentation der Tiere in den Dioramen und im Museum. Dem Text liegt der den taxidermischen Objekten inhärente Gegensatz von tot und lebendig (aussehen) zugrunde, auf den sie immer wieder zurückkommt und der ihr Zeichen für den Umgang mit »Natur« ist: Natur wird mithilfe toter Gegenstände dargestellt, ihre Präsentationen aber sollen das Leben selbst und den »Garden of Eden« symbolisieren. Haraways eigentliches Ziel ist nicht die Analyse des Museums oder ein besseres Verständnis der Institution, sondern sie nimmt das American Museum of Natural History als ein Untersuchungsbeispiel für die großen zu hinterfragenden Kategorien Geschlecht, Rasse und soziale Schicht. Ihr Anspruch ist ein politischer, indem sie zeigen will, wie sehr mit der Wahrnehmung von Natur – wie sie uns in den großen Wissensinstitutionen vorgeführt wird – ein Modell der patriarchalen Familie, der Überlegenheitswahrnehmung des weißen Mannes und damit eine (Seh-)Erziehung des amerikanischen Volkes verbunden ist. Das Museum wird als eine sich durch die Zeit entwickelnde Institution wahrgenommen, die mit Bedeutung aufgeladen ist und die mehr über die Gesellschaft aussagt als über das, was in ihr aufbewahrt und gezeigt wird. Haraway stellt die politische Vereinnahmung dieser Institution dar. Sie unternimmt damit zweierlei: Zum einen legt sie eine detaillierte Beschreibung der Dioramen, deren Blicklenkungen und Tiefenaufbau, vor. Damit verdeutlicht sie, wie die natürlich wirkenden Szenen von Tieren, Pflanzen und Steinen durchdrungen sind von bestimmten Konzepten der Natürlichkeit, die gar nichts mit Natur und alles mit Kultur zu tun haben. Zum anderen erfüllt das Museum für sie die ihm gemeinhin zugeschriebene Aufgabe der Konservierung. Doch dies vor einem bestimmten Hintergrund: »Life was transfigured in the principal civic arena of Western political theory – the natural body of man.«

(Haraway 1984/85, 21) Das Museum funktioniert als ein Ort der Permanenz, an dem mittels »initiation through visual experience« ganze Weltbilder festgeschrieben werden, die in einem bestimmten ideologischen Rahmen funktionieren. Bis in die Gegenwart seien das Museum und die Halle der Dioramen eine Zeitmaschine für die Reise in das von ihren Begründern als solches dargestellte Paradies des Dschungels, in dem ein geordnetes Leben und Sterben, Oben und Unten, Familie und Habitat zum Leben vorgesehen waren. Was der Begründer der Dioramen, Carl Akeley, ein »peephole into the jungle« nannte, beschreibt Haraway als ein »window into knowledge« (ebd., 24): ein Wissen um den Kontext dieser Paradiesdarstellung.

Donna Haraways Aufsatz ist ein Klassiker der wissenschaftshistorisch fundierten, feministischen Untersuchungen zum Ort des Museums. Mit ihrem Text etablierte sie ein Format, das heute unter dem Begriff der »Museumsanalyse« firmiert. Auch wenn niemand genau sagen kann, was unter »Museumsanalyse« zu verstehen ist, so trägt dieser Begriff doch die tröstliche Sicherheit mit sich, man könnte es bestimmen. Indirekt geprägt hat ihn die niederländische Literatur- und Kulturwissenschaftlerin Mieke Bal, als sie versuchte, dem Begriff der »cultural studies« den der »cultural analysis« entgegenzusetzen, um damit dem Vorwurf der Vagheit, Präzisionslosigkeit und Unbestimmtheit, mit dem die *Cultural Studies* immer wieder konfrontiert sind, entgegenzuwirken. Kulturanalyse sollte mithilfe eines bestimmten Sets an Interpretationswerkzeugen vollzogen werden. In ihrem 2002 auf Deutsch erschienenen Text *Sagen, Zeigen, Prahlen* untersucht auch Bal das American Museum of Natural History in New York. Während Haraway sich den Dioramen widmete, nimmt sich Bal einen Teil des Museums vor, der sich mit indigenen Völkern beschäftigt und die problematische Nachbarschaft von Tierdarstellungen und menschlichen Kulturen zum Gegenstand hat. Bal beobachtet die Ausstellung sehr genau, geht auf die Konstellation von Schrift und Objekt ein, analysiert die verschiedenen Inhalte der Texttafeln und nimmt so die »Halle der asiatischen Völker« unter die Lupe: Wer spricht? Wer ist der expositorische Akteur? Es wird nicht überraschen, dass dies nicht unbedingt die Kuratoren oder anderes Museumspersonal sind, sondern ein Netz von Personen, Ausstellungsarrangements und Objekten, also ähnlich wie in der *Actor-Network-Theory* ein Konglomerat verschiedenster Bedingungen, die für das »Sprechen« des Museums verantwortlich sind. Es geht um die Diskursanalyse eines Ausstellungssegments, die Bal hier vorführt und die auf die Frage hinausläuft, welche ethnischen Stereotypisierungen vorgenommen werden. Möglich wird ihre Analyse dadurch, dass sie genau schaut, wie »der Gestus des Ausstellens auf den Inhalt des Satzes stößt« (Bal 2002, 79). In ihrem Text findet der in den letzten Kapiteln bereits eingeführte »reflexive Museumsbegriff« eine Fortführung, indem sie das »Metamuseum« beschreibt (ebd., 78). Das »Metamuseum« ist bei Bal ein Museum im Museum, das auch seine eigene Geschichte und damit – wie etwa im New Yorker Fall – seine eigenen Herrschaftspraktiken, den eigenen ideologischen Standort und somit das Mitverschulden von bestimmten Sichtweisen auf fremde Kulturen reflektiert und für den Besucher kenntlich macht. Das Metamuseum ist der legitime Nachkomme des ironischen Museums.

Die parallele Darstellung des Haraway'schen wie des Bal'schen Textes ist bei allen Unterschieden aufschlussreich, weil sowohl aus einer sammlungsgeschichtlichen wie einer diskursanalytischen Perspektive deutlich wird, dass es in beiden Fällen um eine feine Differenzierung und Darstellung der Konstruktion von Wissen (und Wissenschaft) geht. Die Grundfrage lautet immer: Wie wird das ausgestellte Objekt durch das betrachtende Subjekt konstruiert, und welche Faktoren sind dabei maßgebend?

Zum einen wird so deutlich, welche Rolle der semiotische Zugang spielt, die Art und Weise, wie Wissen im Museum repräsentiert wird. Das Zauberwort dieser Analyseabsicht zu Beginn der 1990er Jahre lautete »Repräsentation«, und Sharon Macdonald sieht darin die *New Museology*, wie sie von Peter Vergo und anderen ausgerufen wurde, begründet (Vergo 1989, Macdonald 2010, 52).

Schließlich erscheinen in der ersten Hälfte der 1990er Jahre zwei Bücher zum Thema, die die Museumsidee und ihre gesellschaftlichen Bedingungen historisch wie theoretisch behandeln. Dabei beziehen sich beide Autoren auf Michel Foucault, zum einen in methodischer Hinsicht, um die klassische lineare, evolutionäre Erzählung des Museums zu unterlaufen und die wechselnden Konzepte, Brüche und Rupturen des Museumsgedankens deutlich zu machen, zum anderen, um zu verdeutlichen, dass das Museum einen spezifischen Ort der Regulation darstellt und vor allem im 19. Jahrhundert nur in Zusammenhang mit der Ausstellungswelt des Kapitals, der Messen und Jahrmärkte zu verstehen ist. In ihrem Buch *Museums and the Shaping of Knowledge* fragt Eilean Hooper-Greenhill 1992 danach, was die Rationalität des Museums ausmache, was zum Wissen des Museums gezählt werden kann und wie es zustande gekommen ist. Sie orientiert sich an den professionellen, kulturellen und ideologischen Praktiken, die im Museum vollzogen werden, und untersucht diese von der Renaissance bis in die Gegenwart. Für sie ist das Museum ein System der Klassifikation, der Ordnung und damit auch der Rahmung des Dargestellten: Was kommt in den Rahmen hinein und was bleibt außerhalb desselben? Hooper-Greenhill zeigt, dass sich die Veränderungen des modernen Museums nicht erst in den jüngst vergangenen Jahren ereignet haben, sondern dass das als Musentempel wahrgenommene Konglomerat von Sammlung und Ausstellung, Kustoden und Besuchern bereits einige fundamentale Wandlungen vollzogen hat. Damit will sie verdeutlichen, dass »Museums are no longer built in the image of that nationalistic temple of culture, the British Museum. [...] This fixed view of the identity of museums has sometimes been firmly held and, until recently, little has disturbed it. But it is a mistake to assume that there is only one form of reality in the museums, only one fixed mode of operating.« (Hooper-Greenhill 1992, 1) Ihre Sicht auf das Museum fasst sie wie folgt zusammen: »In the modern age, knowledge is no longer shaped by the secret, enclosed, circulating structure of the Renaissance episteme; nor by the flat, classificatory table of difference of the classical episteme; now knowledge is structured through a three-dimensional, holistic experience which is defined through its relationship to people. The act of knowing is shaped through a mix of experience, activity, and pleasure, in an environment where both the ›learning‹ subject and the ›teaching‹ subject have equal powers.« (Ebd., 214) Wenngleich die Autorin hier eine schnelle und nicht unproblematische Linie von der Renaissance in die Postmoderne zieht, war Hooper-Greenhill doch die erste, die das Museum über einen langen Zeitraum von Jahrhunderten vergleichend untersuchte.

Tony Bennett schließt drei Jahre später an die Arbeit von Hooper-Greenhill an und grenzt sich zugleich davon ab: Während diese die Geschichte des Museums als eine Transformation der Museumspraktiken des Klassifizierens und Ausstellens beschreibe, »that are internal to the museum« (Bennett 1995, 5), stelle er selbst das Museum in Beziehung zu anderen Institutionen der modernen Welt und bette es in den politischen Kontext ein: »The public museum, as is well known, acquired its modern form during the late eighteenth and early nineteenth centuries. The process of its formation was a complex as it was protracted, involving, most obviously and immediately, a transformation of the practices of earlier collecting institutions – the international exhibition and the department store, for example – which developed alongside the museum.« (Ebd., 19) Worauf es ihm ankommt, ist, das Museum aus der isolierten Betrachtung zu nehmen und dem Hort der Kunst und des Wissens die Etablierung der Weltausstellung und des Vergnügungsparks an die Seite zu stellen. Für ihn – und hier zitiert er Hooper-Greenhill – ist das Museum von Anfang an gekennzeichnet durch zwei gegensätzliche Funktionen: »that of an elite temple of arts, and that of a utilitarian instrument for democratic education.« (Ebd., 89) Dieser Widerspruch bleibe dem Museum inhärent und fordere geradezu die Ausstellung heraus: »Public museums instituted an order of things that was meant to last. In doing so, they provided the modern state with a deep and continous ideological backdrop but one which, if it was to play this role, could not be adjusted to shorter-term ideological requirements. Exhibitions met this need.« (Ebd., 80) Bennett sieht die Warenausstellung und den Vergnügungspark auf der einen Seite und das Museum auf der anderen aber nicht als zwei einander widersprechende Systeme an, sondern als zwei Seiten ein und derselben Medaille. Ihre Gemeinsamkeit besteht darin, dass Dinge ausgestellt werden und ihr Arrangement den Blick sowie den Besucher selbst lenkt und reguliert. Der von Bennett so genannte »Exhibitionary Complex« ist ein solcher, der Objekte wie Besucher koordiniert und die Menschen in eine politisch-ideologische Ordnung einübt. Das Museum sieht er deshalb zuallererst als einen sozialen Raum, in dem der Besucher in eine Repräsentation der politischen Macht des Staates eingeordnet wird (ebd., 24). Beide, Hooper-Greenhill wie Bennett, bündeln die bis dahin immer wieder in Einzelanalysen geäußerten kritischen Positionen dem Museum gegenüber und überführen sie in eine kohärente Darstellung.

Die verschiedenen Positionen von Pomian bis Bennett eint, dass sie die Funktionsweisen des Museums und der Sammlung aufzeigen und institutionenkritisch vorgehen. Damit argumentieren sie nicht aus der Position von Praktikern, die das Museum kritisieren, um es aktiv neu zu gestalten. Vielmehr nehmen sie eine distanzierte, analysierende Haltung ein, die nicht nur das »Metamuseum« (Bal) hervorgebracht hat, sondern auch die Metawissenschaft der Museumsstudien oder der Museumswissenschaft. Waren die früheren museumskundlichen Studienangebote vor allem auch auf die angewandte Museumskunde gerichtet, so kommt mit den 1980er Jahren eine neue Sicht auf das Museum hinzu, die bereits als *New Museology* bezeichnet wird: das Museum als ein zu interpretierender Ort der Repräsentation, an dem Bedeutung generiert, Macht ausgeübt und spezifische Erkenntnisweisen bereitgehalten werden.

Dies ist der Moment, in dem die Vorrangstellung des Kunstmuseums erschüttert wird, in dem die Betonung des Museums als Wissensordnung und Speicher das Naturkundemuseum in den Vordergrund rückt. Naturkundliche Klassifikation, biologische und wissenschaftshistorische Forschung an und die ästhetische Wirkung von Objekten wie einem Kugelfisch oder gereihten Schmetterlingen übten nun eine große Faszination auf Publikum wie Forscher gleichermaßen aus. Die Bedingung der Kunst- und Wunderkammer, nämlich die Verschränkung von Vernunft und Gefühl am Objekt, fand hier eine direkte Fortsetzung. War es bis in die 1990er Jahren noch undenkbar gewesen, Nasspräparate und Gemälde in einem Raum zu zeigen, so werden nun naturkundliche und im weitesten Sinne naturwissenschaftliche Objekte nobilitiert, vermehrt dargeboten und die erhellende Nachbarschaft von Kunst und Wissenschaft diskutiert. Dies wird zunächst nicht durch das Museum, sondern durch große Themenausstellungen vorangetrieben wie »Wunderblock. Eine Geschichte der modernen Seele« 1989 in Wien und »L' âme au corps. Arts et Sciences 1793-1993« 1993/1994 in Paris. Die in dieser Zeit entstehende neuere wissenschaftshistorische Forschung zum Museum wird zum zentralen Anknüpfungspunkt für die weitere Museumsgeschichte: Studien wie *The Museum. Its Classical Etymology and Renaissance Genealogy* von Paula Findlen, die das Museum als einen Ort des Wissensaustausches und der sozialen Beziehungen in der Frühen Neuzeit kenntlich macht (Findlen 1989), erweitern die Vorstellung vom Museum. Das Museum ist neben Labor oder Feld ein zu analysierender Ort der Wissens- und Herrschaftsvermittlung geworden. In erster Linie ist damit – wie schon bei Haraway – nicht die intentionale Wissensvermittlung gemeint, die heute propagiert wird, sondern eine zu analysierende nicht-intentionale und ideologische Wissensvermittlung, die es zuallererst einmal aufzudecken gilt (vgl. etwa Penny 2002; Laukötter 2007). Dabei galt das von dem Wissenssoziologen Bruno Latour und anderen in Anschlag gebrachte *Actor-Network*-Gefüge auch für das Museum. Im Vordergrund steht das Prozessuale als Analyse und Verständniskategorie für die Entstehung von Wissen. Das Präsentations- und Sammlungsgeschehen selbst, das »Deponieren und Exponieren« (Gottfried Korff) rückte in den Vordergrund. Wie werden Klassifikationen erstellt? Was wird in eine Sammlung aufgenommen, was nicht? Wie werden Ausstellungen geplant und welche Interaktionen zwischen Kurator und Objekt spielen sich während des Aufbaus ab? Das Kunst- und das Naturkundemuseum waren dafür zunächst die bevorzugten Untersuchungsorte.

Metamuseum

Als der Architekt Paulgerd Jesberg 1970 in dem bereits erwähnten Band *Das Museum der Zukunft* konstatiert, dass das Museum des 19. Jahrhunderts tot sei, will er damit nicht im Sinne der Futuristen eine Zerstörung dieser Institution und der in ihr gelagerten Geschichte betreiben, sondern fordert im Gegenteil geradezu ihre absolute Perfektionierung. Grundlage seines Entwurfs ist die neuerliche Verbindung des Bildungs- und Forschungsauftrags des Museums. 1965 hatte der deutsche Wissenschaftsrat eine Empfehlung zur Aufstockung der finanziellen Mittel der Museen gegeben und ihre Funktion als Forschungseinrichtungen bestärkt (Empfehlungen 1965). 1974 wiederum ist es erklärtes Ziel der *Denkschrift Museen*, die »Museen als Ganzes« zu behandeln und sowohl »als Mittel der Forschung und der Dokumentation von Kultur- und Kunstgut und auch als Institutionen der Bildungsarbeit zur Darstellung bringen« (Denkschrift 1974, 11). Heiner Treinen bezeichnet in dieser von der Deutschen Forschungsgemeinschaft initiierten Denkschrift »das Prinzip der universal akzeptierten Kulturdokumentation« als Grundlage des Museumswesens, welches nicht zuletzt »mit großer Wahrscheinlichkeit die Kontinuität der Institution Museumswesen für die Zukunft« begründet (ebd., 30). Zwischen diesen beiden offiziellen Verlautbarungen von 1965 und 1974 erschien der Text *Das Museum der Zukunft – Aufgabe, Bau, Einrichtung, Betrieb*. Paulgerd Jesberg entwickelt hier ein Gesamt- oder Verbundmuseum, in dem ständige Bewegung und wechselnde Gegenstände die Hauptmotive der Darstellung bilden. Der Besucher verharrt nicht mehr in der ehrfürchtigen Geste des Betrachters, sondern soll aktiv in das Ausstellungsgeschehen eingreifen, die Magazinräume sind dem Publikum geöffnet und Sammlungsstücke können »wie aus einem Warenautomaten entnommen werden« (Jesberg 1970, 145). Das

»Museum der Zukunft« sieht er 1970 in einer »Zentraleinheit«, die die verschiedenen thematischen Sammlungsebenen – Naturkunde, Kunst, Völkerkunde, Technik, etc. – vereinigt und so ein zentrales Sammlungsmuseum errichtet. Diese Idee eines Zentralmuseums, die bereits in der Zeit der Museumsreform bei Wilhelm Reinhold Valentiner eine Rolle spielte (Valentiner 1919), wird hier wieder aufgegriffen und mit modernster Technik und neuen Medien umgesetzt, ja soll dezidiert selbst als ein Medium der Übermittlung aufgefasst werden. Der Autor bezieht sich dabei auf das »imaginäre Museum« von André Malraux, nur mit dem Unterschied, dass ihm ein solches Museum nicht in fotografischen Reproduktionen vorschwebt, sondern als gigantische Sammlung von Objekten. Hierin sieht er die Chance, das Museum den neuen Anforderungen der Mobilität und des Konsums anzupassen. Das zukünftige Museum kann seiner Ansicht nach nur als subjektbezogenes »Informationsmuseum« bestehen, das seine »Stellung innerhalb der Gesellschaft immer neu« definieren muss. »Es ist leerer Raum aus einer urbanen Welt ausgespart, der sich immer wieder neu mit neuen Ideen und Erlebnisinhalten füllt.« (Jesberg 1970, 148/149)

Diese Auffassung schlägt sich auch in der Vorstellung vom Sammeln nieder: »Heute Produkte der frühen Industrialisierung, des Jugendstils und der zwanziger Jahre zu sammeln, ist fast schon zu spät. Heute das Heute zu sammeln, ist notwendig, da neue Gesetzmäßigkeiten einer Konsumgesellschaft im Bewahren keinen Sinn mehr finden. Industrieprodukte, Haushaltsgeräte, Maschinen, Mode, Textil, Gebrauchsgrafik, Möbel und Kunsterzeugnisse, [...], bedürfen der Sammlung heute, um morgen ein Bild des Heute zeichnen zu können.« (Ebd., 143) Das Motiv des sich rasant entwickelnden Fortschritts ist ein Signum der Moderneerfahrung, das bereits für das 19. Jahrhundert kennzeichnend war. Was dort mit dem Begriff des »Rettens« bezeichnet wurde, soll hier mit einer Zentralinstitution, einem Warenlager gleich, kontinuierlich geleistet werden. Zwischen den beiden Polen aufbewahren/historisieren und aktiv gestalten bewegt sich das Museum Jesbergs. Er macht dies exemplarisch an dem Museumsunwillen der Modernen Kunst fest: Sie interessiere sich nicht für die Vergangenheit, »moderne Kunst will keinen Maßstab zum Gestern, will das Museum nicht als dialektischen Partner, moderne Kunst will das Bewußtsein durch unbekannte Erfahrungen erweitern«. Und doch hänge sie mit dem Museum zusammen. Dessen Aufgabe wiederum sei es, darauf zu reagieren. Zwar sei es »statisch und selektiv« und stehe im »Widerspruch zur Dynamik einer Entwicklung«, die es aber nur »durch Registrieren, Dokumentieren, Analysieren nachvollziehen kann« (ebd., 141/142). Mit anderen Worten: Das Museum muss das Ausstellen und das Sammeln unter einem Dach vereinen, es muss auf gegenwärtige Bedürfnisse genauso reagieren können, wie es seine bewahrende, registrierende Aufgabe erfüllen muss. Nur so können Geschichte und Gegenwart sinnvoll miteinander in Einklang gebracht werden. Dafür entwirft Jesberg neue Ausstellungsmaschinen: Ein Paternoster, der Objekte beständig auf und ab fährt, Fließlager, Hängeeinrichtungen, aus denen der Besucher Gemälde hervorziehen und sie dort wieder verschwinden lassen kann, sind Teil dieser Utopie, die nicht umsonst an ein von Ken Adam entworfenes James-Bond-Set erinnert. »Hinter Schaufensteranlagen stehen Türme aus übereinandergestapelten Drehbühnen, die sich in Größe und Höhe den Exponaten anpassen. Abrufmechanismen bringen das Exponat so hinter der Schaufensterscheibe zur Darstellung, daß es in optimaler Weise durch Beleuchtung und gestalteter Umgebung präsentiert wird.« (Ebd., 144)

Neben den grundlegenden Tätigkeiten eines Museums wie Sammeln, Bewahren und Aufbereiten steht für Jesberg das Ausstellen im Zentrum. Zeitgemäßes Ausstellen kann für ihn nur im beständigen Wechsel stattfinden, und so rekurriert er auf die großen Ausstellungen der 1920er Jahre und deren Bauten, wenn er resümiert: »Museale Ausstellungen, die wie bisher auf einen längeren Zeitraum eingerichtet wurden, werden abgelöst von zeitlich begrenzten Ausstellungen über kürzere Zeiträume« (ebd., 151). Für diese Ausstellungen brauche es Ausstellungsgestalter, die Regisseuren gleich den Raum als Bühnenraum verstünden. Der Akt der Gestaltung ist einer der Zeichenkomposition, sodass die »Theorie der Zeichen« für ihn an dieser Stelle besondere Bedeutung gewinnt. »Die Erforschung von Zeichenfunktionen wird sich durch die Zusammenarbeit von Ausstellungsgestaltung mit Informatik und Semiotik ein weites Feld neuer Möglichkeiten eröffnen.« (Ebd., 153) Abschließend fasst Jesberg seine Überlegungen in zehn Punkten zusammen, deren Vokabular sich wie eine Diagnose für die zukünftige Museumsforschung lesen lässt: Museumsbauten seien Schatzkammern und Magazine, Laboratorien und Informationsorte, Bühnen und Schulen zugleich.

Unschwer ist in diesen Sätzen das begriffliche Arsenal der Zeit zu finden, das Fließen von Objekten und Information, das netzwerkartige Verbundensein, das große Informationsgefüge, in dem eins ins andere übergeht, die Zentralisierung, die Abrufbarkeit der Dinge. Jesbergs Vorschlag – er hatte ihn konkret für die Neuordnung der Stuttgarter Museen unterbreitet – wurde nicht realisiert. Dennoch gibt es in seinem Text zahlreiche Aspekte, die für die nachfolgenden Jahrzehnte der Museumsentwicklung und ihre Diskussion in der Tat ausschlaggebend waren. Vier davon sollen abschließend behandelt werden.

Musealisierung

Ein zentrales Argument, mit dem die anhaltende Expansion des Konzepts Museum erklärt und beschrieben wird, lautet: In einer sich rasant verändernden Umwelt wird das Bewusstsein für zu erhaltende Relikte größer. Unter den zahlreichen Begründungsversuchen, warum die ausgehende Moderne, die Postmoderne oder die »Zweite Moderne« sich so sehr an Museen und Geschichte orientiert, sticht einer hervor, der genau in diese Richtung zielt und der auf den Philosophen Hermann Lübbe zurückgeht. Dieser konstatiert eine »progressive Musealisierung unserer öffentlichen Kultur« (Lübbe 1982, 1). Er beschreibt die Zunahme der Museen, insbesondere der Freilichtmuseen, als eine avancierte Art der Geschichtsvermittlung, die an einem bestimmten Ort ganze Dörfer wieder entstehen lässt. Die Sanierung der Altstädte und der Denkmalschutz gehören diesem Phänomen genauso an wie die »Konservierung ganzer Landschaftsbilder« (ebd., 5) – und unschwer ist in Lübbes Beschreibungen das Modell des Ecomuseums zu erkennen. Lübbe formuliert in seinem 1982 erschienenen Aufsatz *Der Fortschritt und das Museum* eine zunehmende Ästhetisierung der vergangenen, insbesondere bäuerlichen Lebenswelt, die im Kontrast zur technisierten und ökonomisierten Gegenwart zu stehen scheint. Aber auch funktionslose Industriebauten werden unter Denkmalschutz gestellt, Museen zu Lernorten umgestaltet, »und ›Museologie‹ selbst hat sich rasch als Name einer neuen kulturwissenschaftlichen Disziplin durchgesetzt« (ebd., 9). Kurz: Lübbe stellt eine beschleunigte Historisierung der Kultur fest. Wenn man davon ausgeht, dass ein Museum das enthalte, was die »Phase seiner originalen, nicht-imitativen Reproduktion« beendet hat und »aus diesem Grund unersetzbar und daher konservierungsbedürftig« ist, dann setzt an dieser Stelle ein »kompensatorisch nötiger Musealisierungsprozess« (ebd., 13, 14) ein. Kompensatorisch ist dieser Prozess deshalb, weil Kompensation unsere einzige Möglichkeit sei, mit der »Geschwindigkeit des wissenschaftlichen, technischen, ökonomischen, sozialen und kulturellen« Wandels mitzuhalten. Denn dieser Wandel habe zu einem

Verlust an Vertrautheit geführt, der über die Museen kompensatorisch aufgefangen werden könne. Im Museum würden »Elemente der Wiedererkennbarkeit, Elemente der Identität« (ebd., 18) gesichert. »Jenseits ungewisser Grenzen unterliegen wir unter Bedingungen eines sich beschleunigenden sozialen Wandels der Gefahr einer temporalen Identitätsdiffusion. [...] Durch die progressive Musealisierung kompensieren wir die belastenden Erfahrungen eines änderungstempobedingten kulturellen Vertrautheitsschwundes.« (Ebd., 18)

Es ist freilich nicht nur Lübbe, der diese These vertritt, an dieser Stelle ließen sich zahlreiche Autoren nennen, die sich mit der kompensatorischen Ausweitung des Museumskonzepts seit den 1980er Jahren beschäftigen. Wolfgang Zacharias und andere haben darauf verwiesen, dass »Musealisierung« zuallererst bedeutet, ein Objekt aus einem Zusammenhang zu nehmen und es in einen neuen zu überführen, es also zu dekontextualisieren (Zacharias 1990). Dieser Dekontextualisierungsvorgang und die sich daraus ergebenden unterschiedlichen Bedeutungsebenen eines Objekts sind seither als Produkte der »Musealisierung« verstanden worden. Ob man von »Museifizierung« spricht und sich dabei auf Jean Baudrillard bezieht oder das Museum als einen »Ort des Vergessens« beschreibt, wie dies Michael Fehr getan hat, deutlich wird in allen Fällen, dass die Kompensationsthese Lübbes eine Seite der Medaille des Museums beschreibt, die andere aber auf der Archivfunktion des Museums beruht, die in der Aufbewahrung und eben durch die Aufbewahrung in der Möglichkeit des Vergessens besteht. Der Begriff »Musealisierung« kann also nicht nur als Zeitdiagnose verstanden werden, sondern greift auch die alte Kritik am Museum wieder auf: Der Tod im Museum ist hier nicht die Abkehr von der Gegenwart allein, das Sich-Hinwenden an eine Geschichte, sondern die Gefahr besteht im Gespeichert-, Aufbewahrt- und Konserviertsein. Wenn Alexander Kluge eine Verbindung zwischen »medialisieren« und »musealisieren« herstellt, dann verweist er genau auf diesen Unterschied: Hatte die Industrialiserung dafür gesorgt, dem Museum einen festen Platz in der Gesellschaft zu geben und zugleich die sich beschleunigende Zeit als sein Dauerthema zu etablieren, so sind es nun die neuen Medien – bei Kluge noch Film und Fernsehen, bei anderen Autoren wie Wolfgang Ernst der Computer –, die das Museum in seiner Gestaltung wie in seiner Funktion in ein neues Licht rücken. Steht bei den Museumsvorstellungen in Bezug auf die industrielle Revolution das Bewahren im Vordergrund, so ist das hervorstechende Merkmal im Zuge der Medienrevolution das Speichern und die dafür notwendigen Kapazitäten. Zwei Fragen bleiben in beiden Fällen bestehen: Welche Funktion hat Geschichte für den modernen und heutigen Menschen? Und in welchem Verhältnis stehen Geschichte und Museum zueinander? Paulgerd Jesberg hat dies nicht hinterfragt, sondern die Antwort vorausgesetzt. »Musealisierung« wurde erst in den Jahren danach problematisiert und mit ihr die Konzepte der »Erinnerung« und »Geschichtskultur«.

Die Frage, warum sich historische Ausstellungen und Museen eines solchen Zulaufs erfreuen können, beantwortet die Kuratorin und Historikerin Rosmarie Beier-de Haan mit der Beobachtung eines Übergangs der Moderne in eine sogenannte »Zweite Moderne«, die einen dreifachen Wandel mit sich bringe: Zum einen habe durch Entwicklungen der Globalisierung die Bedeutung nationalstaatlicher Museen und ihrer Perspektive abgenommen. Zum anderen sei aus einer allgemeinen Erinnerungskultur vor allem eine individuelle Erinnerung geworden, die sich zunehmend aus traditionellen Zusammenhängen und Bindungen löse. Schließlich seien das Erfahrungswissen des Einzelnen und andere Wissenskulturen gegenüber den wissenschaftlichen Konzepten und ihrem Begründungsmonopol aufgewertet worden, und deshalb komme Darstellung und Inszenierung von Wissen eine besondere Bedeutung als Begründungskontext zu (Beier-de Haan 2005, 232ff.).

Während Beier-de Haan sich vor allem für die Frage nach dem Zusammenhang von Museum und Geschichtsdarstellung interessiert und wie Lübbe nach dem gestiegenen Interesse für historische Ausstellungen, ja »Historisches« überhaupt fragt, lässt ihre Antwort auch eine allgemeine Schlussfolgerung zu. Sie besteht in zwei Argumenten. Erstens: Das Museum ist zu einem individuellen Deutungsort geworden. In ihm werden nicht länger der allgemeine Kanon oder die Sicht der Wissenschaft dargestellt, sondern es wird in ihm vielmehr der Anspruch des individuellen Zugangs zu Geschichte und Erinnerung kultiviert. Dies geschieht zum einen in den Ausstellungen selbst, indem diese Deutungsangebote machen, aber keine Darstellung von Wahrheit beanspruchen. Zum anderen sind vor allem seit den 1980er Jahren Museen auf lokaler Ebene entstanden, die eine Region oder eine Stadt, eine Bewegung oder einen Landstrich vorstellen und damit nicht einem nationalen Konzept, sondern einer regionalen Erinnerungsleistung folgen wollen. Eng damit zusammen hängt der zweite Aspekt, nämlich ein Verständnis des Museums als eines Ortes des Wissens. Abermals geht es dabei nicht um einen etablierten Kanon oder um die Wissenschaft, sondern um die Aufwertung nicht-rationaler, nicht-wissenschaftlicher Formen des Erkenntnisgewinns, wie sie bereits am Modell der Kunstkammer beschrieben wurden. Museen bieten in ihrer Vielfalt und den entsprechenden Darstellungsoptionen die Möglichkeit, plurale Zugänge und verschiedene Perspektiven auf eine Sache vor Augen zu führen. Und eben weil das Museum dies anders als die übliche Form der Wissensvermittlung nicht allein mithilfe des erklärenden Textes tut, sondern auch durch die Anschauungsmittel »Objekt« und seine Inszenierung, kommt dem Raum selbst eine besondere Bedeutung als Wissensort zu. Es ist diese Verschränkung von deuten und erfahren, die das Museum und das Ausstellungswesen in den letzten Jahren zu einer der attraktivsten Institutionen der Gesellschaft gemacht hat.

Freilich verläuft die Entwicklung nicht ganz so eindeutig: Museen schließen, kleinere Häuser verzeichnen längst nicht den Zuwachs an Besuchern, der für thematische Ausstellungen oder die Präsentation bisher verborgener Kunstschätze zu konstatieren ist. Die Konjunktur des Museums birgt Widersprüche, und es kann nur der Anspruch erhoben werden, die beteiligten Faktoren herauszulösen und im Einzelfall zu prüfen. Neben der »Musealisierung«, bei der das Konzept des Museums für die Nachkriegsgesellschaft eine besondere Rolle erhält, kommt als zweiter zentraler Aspekt die Aufwertung der Dinge und Objekte hinzu.

Dinge

Den Status von Dingen und Objekten im Museum haben wir bereits an verschiedenen Stellen der Darstellung erläutert. Pomian spricht von »Semiophoren«, Zacharias und andere haben den Grundvorgang der Dekontextualisierung eines Dings und seine Umwandlung in eine Musealie beschrieben. Die Abkehr von einer allgemeingültigen Wissenschaft zu einem als begrenzt und individuell erfahrenen Wissen lassen Dinge im Museum nicht nur zu Bedeutungs-, sondern auch zu Erfahrungsträgern werden. Da sind zunächst jene Autoren, die in den Museums- und Sammlungsdingen vor allem stillgestellte Gefäße sehen, ein Set an Bedeutungen im ursprünglichen Kontext, die zu einem neuen Zeichensystem in der Sammlung oder im Museum zusammengeführt werden und dort verharren. Der grundlegende Unterschied zwischen den Dingen außerhalb und innerhalb des Museums besteht darin, dass die Dinge, die musealisiert, also in das Konzept des Museums eingefügt werden, funktionslos werden. Sie verlieren ihre ursprüngliche, ihnen zugedachte Funktion und erhalten einen neuen Status. Sie werden nicht mehr benutzt und gebraucht, sondern angeschaut. Diesen Wandel hat der Philosoph Jean Baudrillard anhand der Sammlung beschrieben. In einer Sammlung haben die Gegenstände vor allem die Funktion, »sich im Besitz zu befinden« (Baudrillard 1991, 111). Das aus seinem Gebrauch entlassene Objekt erhält einen subjektiven Status: »Es wird Objekt einer Sammlung.« (Ebd.) Anhand der Bedeutung der Sammlung und der Eigenschaften der Figur des Sammlers macht Baudrillard deutlich, wie enthoben die Dingsammlung vom alltäglichen Lebensvollzug ist. »Die grundlegende Funktion der Sammlung besteht zweifelsohne darin, die reale Zeit in eine systematische Dimension aufzulösen.« (Ebd., 122) Was alle Dinge eint, die, die wir gebrauchen, wie die, die wir anschauen, ist, dass sie etwas über uns und unsere Rationalitäten und Emotionen, über unsere Vorstellungen und Ängste aussagen. Dinge sind Symbole, die mehr über unsere Verfasstheit als über unseren funktionalen Alltag verraten. Maurice Rheims zitierend, schreibt Baudrillard: Der Gegenstand »ist für den Menschen wie ein indifferenter Hund, der gestreichelt wird und die Zärtlichkeit auf seine Art erwidert; oder vielmehr wie ein braver Spiegel, der nicht das reale Bild, sondern das erwartete wiedergibt« (ebd., 114). Das Museum als Ort der Fetischisierung von Objekten? In jedem Fall handelt es sich um eine Sicht auf die Dinge, die ihre Konstruiertheit hervorhebt, die nichts von Ursprünglichkeit wissen will, sondern die die Dinge im Museum als ein System unseres von Ängsten und Wünschen geleiteten Welt- und Werteverständnisses zu interpretieren sucht.

Was Sammeln bedeutet, wird aber auch von einer Seite betrachtet, die nicht das Individuum, seine Sammlung und seine Position in der Gesellschaft beleuchtet, sondern die nach verschiedenen Gesellschaften und Ethnien fragt. Während auf der einen Seite die Industrialisierung in der westlichen Welt zur Musealisierung weiter Teile der untergegangenen eigenen, nunmehr fremden Kultur führte, waren es auf der anderen Seite koloniale Expansion und westliche Dominanz, die Gegenstände in die Museen brachten. In beiden Fällen wurden Relikte und Zeugnisse der (untergegangenen) Kultur gesammelt, aufbewahrt und gezeigt. Doch wo verläuft die Grenze zwischen künstlerischen Werken und Zeugnissen? Wann wurde etwas als Kunst bezeichnet und ab wann war es ein nunmehr funktionsloser Alltagsgegenstand einer fernen Kultur? Die Spannung zwischen diesen Kategorien hat der Historiker James Clifford als das »Art-Culture System« bezeichnet, das er vor allem in Bezug auf Objekte aus nicht-westlichen Kulturen analysierte und in dem er die beiden Kategorien als unentrinnbar aufeinander bezogen beschrieb (Clifford 1988, 215 ff.). Der Diskurs der Meisterwerke versus ethnografische oder Alltagsdinge bestimmt die grundsätzliche Opposition von Dingen im Museum. Diese Gegenüberstellung durchzieht mittlerweile nicht mehr nur die Darstellungen von Kunst und Ethnologie im Museum. Die Grenzen sind – zumindest zum Teil – aufgelöst worden: Ehedem in Rituale eingebundene Masken werden als Kunstwerke stilisiert, wie umgekehrt der ethnologische Blick auf die eigene Kultur das Alltägliche und Werkzeughafte in der Kunst herausstreicht.[10] Das verbindende Element sieht Clifford darin, dass »Kulturen ethnographische Sammlungen darstellen«, oder anders gesprochen: In jeder Sammlung, die eine Kultur repräsentieren will, vermittelt sich ein ethnografischer Blick, der ausschließt und einschließt, der eine Auswahl trifft und bestimmt, was aufbewahrenswert ist und was nicht (ebd., 230 ff.).

Während Baudrillard in der Sammlung des Einzelnen ein neu geschaffenes System von Symbolen und Werten innerhalb der kapitalistischen Welt erblickt, betont Clifford den Auswahlprozess selbst und das Klassifizierungssystem, nach dem dies geschieht. Er will uns die Art der Klassifizierung, wie wir sie seit der Entstehung der öffentlichen Museen kennen, vor Augen führen, in der Hoffnung, wir könnten sie eines Tages unterlaufen oder ihr etwas entgegensetzen. Heute wird diese Diskussion unter dem Stichwort »cultural heritage« und »tangible/intangible heritage« geführt. Es geht nunmehr nicht um Kunst oder Nicht-Kunst, sondern um die Gesamtheit eines Objektarrangements, eines Landstrichs oder eines rituellen Zusammenhangs mit all seinen Komponenten, seien sie materialer oder nicht-materialer Art.

Die verschiedenen Sammlungstheorien, ob psychoanalytisch motiviert wie die von Susan Stewart oder philosophisch orientiert wie die von Manfred Sommer, haben uns dahin geführt, die Kontingenz und die Perspektivierung der Sammlungen der Museen zu sehen. Einerseits haben sie deutlich gemacht, wie zufällig das Zustandekommen, aber auch das Verschwinden einer Sammlung und ihrer Objekte sein kann, andererseits machen sie klar, wie sehr eine Sammlung von einem Individuum abhängt. Die Sammlungstheorien, so könnte man zusammenfassen, haben wesentlich zum Metamuseum beigetragen, indem sie das Museum in seiner Grundlage nicht als den kanonischen Tempel bestehen ließen, sondern deutlich machten, dass seine Grundfesten auf selektiven Entscheidungen beruhen, seien sie von den Dingen selbst oder vom Menschen ausgegangen.

Während bisher das Aufbewahrte und seine Klassifikation im Vordergrund standen, gilt es aber noch eine zweite Ebene zu benennen, auf der die Dinge im Museum diskutiert werden. Diese zweite Ebene betrifft ihre Präsentation und die mit ihr verbundene Erkenntnisleistung. Bereits in der Diskussion um die Kunst-

und Wunderkammern wurde deutlich, dass die Darstellungsformen auch die Möglichkeit eines Erkenntnisgewinns bereithalten – die sinnliche Erfahrung eines dreidimensionalen Objekts genauso wie das sich gegenseitig erhellende Arrangement verschiedener Objekte. Die »Eigenart der Museumsdinge«, so hat es der Kultur- und Museumswissenschaftler Gottfried Korff immer wieder betont, besteht in ihrer Aura und ihrer Authentizität. Für ihn sind die Objekte im Museum »dinghafte Zeitzeugen« (Korff 2002, 141), und ihre »Faszination beruht auf der Authentizität«, also einem glaubhaft vermittelten Dabei-gewesen-Sein. »In einer Welt des Nicht-Authentischen, wie der Ethnologe Claude Lévi-Strauss die moderne Gesellschaft genannt hat, erlaubt das Museum die Konträrfaszination des Authentischen, welche von den Dingen ausgeht, die uns historisch fern und fremd, aber räumlich nahe sind.« (Ebd., 141/142) Solcherart sind die Objekte im Museum von zweifacher Bedeutung: Zum einen, weil sie dauerhaft und anschaulich sind und durch ihre »Handgreiflichkeit« Erinnerung ermöglichen. So gesehen besitzen sie eine »Erinnerungsveranlassungsleistung«. Zum anderen weil sie als Zeugen begriffen werden müssen, »die Informationen über Vergangenes zu geben imstande sind« (ebd., 143). In Anlehnung an Pomian bezeichnet Korff sie als Medien, die zwischen Vergangenheit und Gegenwart vermitteln. Diese Objekte nicht nur zu deponieren, sondern auch zu exponieren heißt, sie sich in Präsentationen und Ausstellungen in immer wieder neuen Wendungen erklären zu lassen und sie in neue Zusammenhänge zu stellen. Denn das einzelne Objekt ist ein Rest, ein Fragment, das erst im Zusammenhang mit anderen Objekten in eine Erklärung oder »Explikation durch Exposition« münden kann (Korff 2002b, 171). Auch wenn Autoren wie Korff den Ausgang ihrer Überlegungen von ehedem alltäglichen Objekten nehmen, so gelten ihre Erklärungen für einen breiten Objektbegriff, der Kunst und Alltag, »high«

and »low« gleichermaßen umschließt. Zentral ist hier die Aufwertung der Dinge und – einen Schritt weiter – ihres Eigenlebens. Dies schließt die zahlreichen Bedeutungsschichten der Objekte ein, aber auch das »soziale Leben der Dinge« selbst, wie es etwa Arjun Appadurai als einer der ersten festgestellt hat und damit den Weg für eine Aufwertung der »material culture« frei gemacht hat. Dinge als Zeichen innerhalb eines Systems und Dinge in ihrer Materialität und damit vorbegrifflichen Wirkungsweise können als die beiden entscheidenden Aspekte der Dingediskussion des Museums gelten (vgl. überblickend Schulze 2017).

Raum

Objekte können nur dort in einen Zusammenhang treten, wo ihre Dreidimensionalität deutlich wird, im Raum. In den letzten Jahren wurde das Thema Raum und Museum vor allem in Hinsicht auf die Gestaltung von Ausstellungen diskutiert. Begriffe wie »Inszenierung« oder »Szenografie« gehören mittlerweile zum Grundvokabular des Museums- und Ausstellungswesens. Grundsätzlicher setzen zwei theoretische Entwürfe an, die beide aus den 1960er bzw. 1970er Jahren stammen und in ganz unterschiedlicher Weise das Museum und den Ausstellungsraum charakterisieren.

In seinem Versuch, eine Geschichte des Raumes zu denken, hat Michel Foucault in den 1960er Jahren den Begriff der »Heterotopie« geprägt und hält fest, dass wir nicht in einer Leere leben, in der die Dinge und Personen einfach nur situiert werden müssten, um beschrieben werden zu können. Vielmehr leben wir in einer »Gemengelage von Beziehungen«, die es zunächst festzustellen gilt. Unter den zahlreichen Platzierungen aber sind solche interessant, die einen anderen Status einnehmen als die übrigen, weil sie sich »auf alle anderen Platzierungen« beziehen,

»aber so, daß sie die von diesen bezeichneten oder reflektierten Verhältnisse suspendieren, neutralisieren oder umkehren« (Foucault 1991, 38). Für Foucault sind dies zum einen Utopien, Vorstellungen ohne wirklichen Ort. Die tatsächlich realisierten Utopien, die zugleich eine Art Gegenplatzierung oder ein Widerlager in sich tragen, nennt er Heterotopien. Dazu gehören Friedhöfe für ihn genauso wie Gärten. Während sich an dem ersten Ort zahlreiche Zeitschichten begegnen, die zugleich Verlust des Lebens und der Ewigkeit bedeuten, stellt der Garten einen eigenen Mikrokosmos dar, ist er die kleinste Parzelle mit einer Totalität von Welt. Im weiteren Text nennt Foucault auch das Museum, gemeinsam mit der Bibliothek, als eine Heterotopie der »sich endlos akkumulierenden Ziele«. In beiden hört die Zeit nicht auf, »sich auf den Gipfel ihrer selber zu stapeln und zu drängen«. Hier gilt es alles zusammenzufügen, alle Zeiten, alle Ideen, eine »unbegrenzte Anhäufung« an einem »unerschütterlichen Ort«. Für Foucault ist dieser Ort typisch modern, ein Ort des 19. Jahrhunderts. »Wir sind in einer Epoche, in der sich uns der Raum in der Form von Lagerungsbeziehungen anbietet.« Wie wird was gespeichert und welche »Nachbarschaftsbeziehungen« entstehen durch die Lagerungspunkte? Wenn Jesberg schreibt, das Museum sei »ein leerer Raum aus einer urbanen Welt ausgespart, der sich immer wieder neu mit neuen Ideen und Erlebnisinhalten füllt« (Jesberg 1970, 149), dann beschreibt er damit die Utopie der Heterotopie, nämlich in dem Sinne, dass der Ort der Lagerung mit seinen innewohnenden Daten und Punkten (Objekten) in immer wieder neuen Konstellationen zusammentreffen kann und sich nicht einfach nur auftürmt. Nicht die einmalige Zuweisung eines Lagerungspunktes wäre für ihn das Entscheidende, sondern eine immer wieder neu aufzunehmende Konstellationsleistung. Der Kunsthistoriker Hans Belting beschreibt das Museum 1994 als eine Insel: »Die Distanz, die sich trotz der ausgestellten Nähe einstellt, gehört zum Wesen des Museums, das eine Insel der Zeit und ein Ort für Dinge ohne Ort ist, eine Enklave innerhalb einer sonst unentrinnbaren Gegenwart.« (Belting 2005, 237) Sicher gibt es zwischen den verschiedenen, mehr oder weniger emphatischen Beschreibungen auch Unterschiede. Doch das utopische Potenzial, das in dem Geviert des Museums unterzubringen ist, betrifft einen Raum, der das Außen deutlich vom Innen trennt und so im Innen etwas ermöglicht, was im Außen nicht erreicht werden kann. Solche Beschreibungen – bei Eintritt in das Museum steht der Besucher außerhalb der Zeit – sind Legion.

Der zweite theoretische Entwurf des musealen Raumes kann als eine negative Präzisierung der Heterotopien Foucaults aufgefasst werden. In einer Artikelfolge hat der Kunstkritiker Brian O'Doherty den weißen Galerieraum beschrieben, der immer und überall gleich aussieht und deshalb die immergleiche Folie bietet, vor deren Hintergrund Kunst präsentiert wird. Der »white cube«, der weiße Würfel, verändert das, was sich in ihm befindet. Denn der weiße Würfel ist – neben dem Museumsraum mit Bänken und tuchbespannten Wänden – eine Sehkonvention der Nachkriegszeit, die wir heute inkorporiert haben. »Der Anschein von Neutralität, der der weißen Wand anhaftet, ist eine Illusion. Sie steht für eine Gesellschaft mit festen Ideen und Werten. Die Entwicklung der freischwebenden weißen Zelle gehört zu den Triumphen der Moderne, eine Entwicklung, die ihre ästhetischen, ökonomischen und technischen Aspekte hat.« (O'Doherty 1996, 88/89)

Der moderne Galerieraum, so die These des Buches, hat den Betrachter durch das Raumerlebnis zum Teil des Kunstwerkes gemacht. »Während wir uns in dem Raum bewegen, die Wände betrachten und die Objekte auf dem Fußboden umgehen, wird uns bewußt, daß die Galerie noch ein anderes, ein wanderndes Phänomen enthält, den Betrachter.« (Ebd., 39) Der Rezipient teilt sich nunmehr in Auge und Betrachtung auf, wobei das Auge das Kunstwerk und seinen Inhalt wahrnimmt, der Betrachter dessen Rahmen, Kontext, Umgebung und sich des eigenen Verhältnisses zu dieser Umgebung bewusst wird. Dieser moderne Galerieraum, so die zweite These des Buches, konnte nur entstehen, weil es am Ende des 19. Jahrhunderts zu einer Entgrenzung des Bildes respektive seiner Entrahmung kam und damit eine neue »Ästhetik der Fläche« (ebd., 23) aufgerufen wurde. Die Wand selbst war zu einer ästhetischen Kraft geworden, die alles verwandelte, »was auf ihr erschien« (ebd., 27). Eine leere Galerie ist also nicht leer. Denn: »Ihre Wände wurden durch die Bildflächen sensibilisiert, ihr Raum wurde von der Collage grundiert.« (Ebd., 62) Sensibilisiert worden war sie durch die Entgrenzung der Bilder (die immer größer wurden und den klassischen Rahmen der Tafelmalerei verließen), grundiert durch den Einzug von Wirklichkeitselementen in das Bild (wie bei der Collage), die eine Verfremdung des Betrachtenden wie des Wahrgenommenen bewirkten. Die Präsentationsfläche ist nicht mehr allein absichtslose Präsentationsfläche, sondern bestimmt das Kunstwerk und dessen Wahrnehmung. Und sie beschränkt sich nicht allein auf die vertikale Wand, sondern dehnt sich auch auf den Boden aus. Die Wand selbst baut eine Oberflächenspannung (ebd., 34) auf, die den Raum zu einem multiplen Geviert macht. Für O'Doherty ist diese weiße Zelle ein ortloser Raum (ebd., 27), der das, was in ihn hineingegeben wird, transformiert, die weiße Wand der Galerie ist nicht Teil des Gebäudes, sondern flacher, mit den Ideologien der Moderne aufgeladener Hintergrund. »Etwas von der Heiligkeit der Kirche, etwas von der Gemessenheit des Gerichtssaales, etwas vom Geheimnis des Forschungslabors verbindet sich mit chicem Design zu einem einzigartigen Kul traum der Ästhetik.« (Ebd., 9)

Im *White Cube* stehend, kann man nicht unbedingt das Gebäude erkennen, in dem man sich befindet. Es handelt sich um eine Zelle, die sich in einem Museum, aber auch in einem Bürokomplex, in einem Warenhaus oder auf einem Flughafen befinden kann. Die Kritik O'Dohertys besteht vor allem darin, dass der Betrachter im *White Cube* aus seiner sozialen Welt herausgenommen, dass diese Welt ausgeschlossen und der Betrachter selbst in die überzeitliche Leere eingeschlossen wird. O'Doherty macht damit die Galerie und das Museum als Orte kenntlich, die mithilfe bestimmter Gestaltungskonventionen Überzeitliches anzeigen. Die Kunsthistorikerin Charlotte Klonk hat erst kürzlich darauf verwiesen, dass es bei der Durchsetzung des *White Cube* seit den 1930er Jahren aber weniger darum ging, einen abgeschlossenen Raum zu implementieren als vielmehr fließende offene Räume, mit denen flexibel gearbeitet werden konnte (Klonk 2009, 218). Der Hinweis auf O'Dohertys weiße Zelle wird also von Jesberg und seinem Wunsch nach immer wieder neu bespielbaren Räumen ausgeführt. Ob nun die weiße Zelle mit modernen Ideologien aufgeladen ist oder nicht, deutlich wird, dass sie Bewegung ins Museum gebracht hat, das Weiß der Flächen als Elemente der Ausstellungen und damit auch die Gegenwart, das Zeitgenössische, das Außen des Museums in sein Inneres geholt haben. Hier liegt die Schnittmenge, in der sich das (gewerbliche) Ausstellungswesen endgültig mit dem Museum mischt.

Besucher und Kuratoren

O'Doherty hat darauf verwiesen, dass der Besucher Teil des Arrangements geworden ist (erwähnt hatte das auch schon Bataille, vgl. Bataille 2005). Anders gewendet könnte man sagen, dass der Besucher im Museum sieht und gesehen werden will. Das Museum und die Ausstellung sind Orte, an denen eine bestimmte Sehkonvention eingeübt wird, die den Besucher einschließt. Dies beginnt nicht erst mit dem *White Cube* – Museen waren von Beginn an Treffpunkte und Gesprächsorte, Erziehungsinstrumente bildungsbürgerlicher Eltern wie Ermöglichungsorte einer neuen Beziehung. Sie waren – folgt man Klonk – »Spaces of Experience«, die nicht nur das Sehen, sondern auch das Gehen und das Sprechen einschlossen.

Ein im deutschsprachigen Raum zum Schlagwort avancierter Titel, der den Besucher und Ausstellungsmacher gleichermaßen einschließt, lautet: *Lernort contra Musentempel.* Dabei handelt es sich um einen Sammelband, der, 1976 erschienen, verschiedene aktuelle und kritische Positionen zum Museum beinhaltet. Hier wird das Aufklärungspotenzial des Museums deutlich herausgearbeitet, werden anhand der Ausstellungskritik die hinter der Präsentation liegenden Überzeugungsmechanismen deutlich gemacht, wird das Kindermuseum als eine neuartige Museumsform mit spezieller Didaktik vorgeführt und werden Mitbestimmungsmodelle an Museen diskutiert. Die zentrale Frage ist dabei, wie das Museum die »sakrale Aura« abzustoßen und die gegenwärtigen Lebensbedingungen miteinzubeziehen vermag, die entscheidende Frage – laut dem Museumswissenschaftler Duncan Cameron –, ob es sich um einen Tempel oder um ein Forum handeln soll (Cameron 1971). Das Museum wäre dann ein Lernort, »würden z. B. die kunstgeschichtlichen Zeugnisse die Vermarktung des Ästhetischen reflektieren sowie die Geschichtslosigkeit und -feindlichkeit unserer Umwelt – die Sammlungen aus außereuropäischen Ländern in Überwindung ihres kolonialistischen Ursprungs die gegenwärtigen politischen Probleme und Umwälzungen dieser Staaten; die wissenschaftlich-technischen Objekte würden die Entwicklung sowie die künftigen Möglichkeiten und Gefahren der Produktivkräfte anzeigen – die naturkundlichen Objekte die Zerstörung der Natur« (Spickernagel/Walbe 1976,

5). Die zentrale Frage, die von nun an die Museen und Ausstellungen beschäftigen wird, lautet: Welche Partizipationsmöglichkeiten am Museum gibt es für den Besucher? Und: Wer ist der Besucher, was ist ein »Publikum«? Einer der Wege zur Öffnung des sakralen Raums wird als Besucherforschung bezeichnet, worunter Untersuchungen und Erhebungen zu verstehen sind, die die Interessen, Reaktionen und Wünsche des Museumsbesuchers aufnehmen und analysieren. Dies kann durch Befragungen genauso geschehen wie durch mediengestützte Untersuchung einzelner Probanden in einem Untersuchungssetting. Längst ist hier das klassische Argument, dass Museum eine bestimmte Form des Sehens meint (wie noch Svetlana Alpers es beschrieben hat, Alpers 1991), differenziert aufgefächert worden in multisensorielle Reaktionsweisen. Mitmachstationen und andere Partizipationsmöglichkeiten, die neben dem Sehen auch den olfaktorischen und haptischen Sinn miteinbeziehen, waren und sind das Ergebnis dieser Untersuchungen. Ein treffendes Beispiel bilden »Science Centers« und ihre Entwicklung seit den 1960er Jahren. In »Hands-On-Experimenten« oder »Mitmachstationen« wird der Museumsimperativ »nicht anfassen« umgewandelt und die Betätigung in den Vordergrund gestellt. Verschiedene Verständnisebenen sollen so miteinbezogen werden, vor allem aber Prozesse deutlich gemacht und so ein Lernen im zeitlichen Vollzug und die Herstellung einer Erkenntnis ermöglicht werden: »The Museum as Laboratory« lautete der Originaltitel der ersten umfassenden Veröffentlichung zum ersten Science Center, dem Exploratorium in San Francisco (Hein 1993). Ein anderes Beispiel ist in den Museumsshops und den Museumscafés zu finden, die das Museum attraktiver und zu einem für verschiedene Generationen geeigneten Ort machen sollen. Diese Museumserweiterungen signalisieren: »Museum ist Entspannung« und »das Museum öffnet sich in die umgebende Welt«. Vielfach wird ihre

Existenz als Kommerzialiserung kritisiert, festzuhalten bleibt jedoch, dass durch sie der soziale Raum des Museums erweitert wird. Ob Ausstellungsraum oder Verkaufsabteilung, die dargebotenen Objekte werden vor allem daraufhin befragt, wie sehr sie den Betrachter und Besucher ansprechen. In beiden Fällen steht nicht so sehr das Objekt als Forschungs- und Schaugegenstand im Vordergrund als vielmehr seine Eigenschaft, dem Betrachter Erfahrungen und Emotionen zu ermöglichen. Für die Philosophin Hilde Hein ist dies der zentrale Aspekt des »Museum in transition«, das sich weit vom Tempel entfernt hat, um heute einen Erfahrungsort darzustellen (Hein 2000). Darin sieht sie die Zukunft des Museums. Die Kehrseite dieser Medaille, die unbedingte Orientierung am Besucher, liegt darin, dass neben aller Zugänglichkeit und kindgerechter Hängeweise das Schielen auf Besucherzahlen, ihr beständiges Wachsen und das Erreichen maximaler Aufmerksamkeit heute das Museumswesen bestimmt.

Der Besucher ist – so zumindest lautet die Losung – zu einem Akteur geworden, der die zu erzählende Geschichte des Museums oder der Ausstellung entscheidend prägt; genauso wie der Kurator nicht mehr unbedingt auf die Sammlung eines Hauses zurückgreift, in dem er auch nicht mehr angestellt sein muss, sondern in dem er freiberuflich eine Ausstellung verwirklicht. Der Ausstellungsmacher, der Ausstellungskurator ist eine Figur, die seit den 1960er Jahren nicht unbedingt die Sammlung eines Hauses präsentiert, sondern Themenausstellungen kuratiert. Harald Szeeemann und seine »Agentur geistiger Gastarbeit« waren Protagonisten dieser Art von Ausstellungen, die vor allem auch Themenausstellungen sind. Heute wird es mehr und mehr Standard, die Kuratoren einer Ausstellung zu nennen wie die Autoren eines Buches. Ausstellen bezeichnet eine bestimmte Leistung, einen subjektiven Zuschnitt und ein räumliches Argument, das in seiner Perspektivierung auch seine Eigenart zu erkennen gibt. Szeemann hat dies wie folgt beschrieben: The »curator has to be flexible. Sometimes he is the servant, sometimes the assistant, sometimes he gives artists ideas of how to present their work; in group shows he's the coordinator, in thematic shows, the inventor. But the most important thing about curating is to do with enthusiasm and love – with a little obsessiveness.« (Obrist 2008, 100) Ungeachtet dessen, wie viel Wirklichkeit hinter diesen Worten steckt, beschreiben sie ein gestaltendes Individuum, nicht eine kanonisierende Institution. Zugespitzt formuliert könnte man sagen, dass in der zeitgenössischen Ausstellung der individuelle Besucher auf den subjektiven Kurator trifft. Und genau um diese Dimension sind die bisherigen Museumswissenschaften und die Museologie erweitert worden: In den letzten Jahren sind zahlreiche Studien- und Ausbildungsgänge im Kontext der *Curatorial Studies* etabliert worden. Während die Museumspädagogen für eine Vermittlung der Ausstellungs- und Museumsinhalte im Dienst der Institution sorgen sollen, geht der Kurator nicht von der Institution, auch nicht vornehmlich von der pädagogisch motivierten Vermittlung, sondern von Perspektivierung und einem interdisziplinären Standpunkt aus (vgl. Tyradellis 2014, 212 ff., und Schorch 2019).

8. Museumstransformationen

Als Paweł Machcewicz sein Amt als Direktor des Museums des Zweiten Weltkriegs in Danzig niederlegen musste, hatte er zumindest eines gewonnen: Er hatte Zeit. Diese nutzte er, um 2017 ein Buch über die Entstehung des Museums und seinen Kampf um dessen Erhalt zu schreiben. Drei Jahre später veröffentlichte Clémentine Deliss, die ehemalige Direktorin des Museums der Weltkulturen in Frankfurt am Main, einen Bericht über ihre dortige fünfjährige Tätigkeit und den Versuch, die Sammlung des Hauses in neuer Weise für Ausstellungen nutzbar zu machen, bis ihr schließlich gekündigt wurde.

Die beiden Berichte bilden den Ausgangspunkt für Betrachtungen über jüngere Entwicklungen, die die Perspektiven des vorliegenden Buches ergänzen sollen: Erstens ist das Museum zunehmend politisiert worden und stellt mehr denn je einen Aushandlungsort gesellschaftlicher Diskussionen um sprachliche, räumliche und materielle Positionierungen/Identitäten dar. Und zweitens ist das Museum mit einem gesteigerten Interesse für die Sammlungen konfrontiert, die unter Legitimationsdruck geraten und öffentlich intensiv befragt, bisweilen sogar infrage gestellt werden. Exemplarisch für diese beiden Entwicklungen – die kaum sauber voneinander zu trennen sind – stehen die Selbstberichte der beiden (ehemaligen) Direktoren, die den Abschnitten jeweils vorangestellt werden. Im dritten Teil des Kapitels werde ich beide Stränge zusammenführen und das in den letzten Jahren vorherrschende Thema der Provenienzforschung diskutieren, das vor allem für den europäischen Raum und insbesondere in Deutschland erheblich an Bedeutung und Aufmerksamkeit gewonnen hat.

Politisierung des Museums

In seinem Buch *Muzeum* (dt. *Der umkämpfte Krieg*, Machcewicz 2018) beschreibt der Historiker und ehemalige Direktor Paweł Machcewicz die Entstehung des Museums des Zweiten Weltkriegs in Danzig. Am Beginn des Gründungsprozesses stand die Idee, nicht die Leiden eines einzigen Volkes, einer Nation allein zum Thema zu machen, als vielmehr eine europäische Perspektive auf das (Alltags-)Geschehen des Zweiten Weltkriegs zu erarbeiten und die verschiedenen Kriegsereignisse und -folgen vergleichend in den Blick zu nehmen. Der damalige polnische Ministerpräsident Donald Tusk engagierte sich für eine solche Museumsidee, im Dezember 2008 wurde die Institution offiziell gegründet. Zu diesem Zeitpunkt waren bereits mehrere Neugründungen historischer Museen in Polen erfolgt, darunter das Museum des Warschauer Aufstands (Beschluss zum Bau 2003), das Museum für die Geschichte der Polnischen Juden (2007 gegründet) oder das Museum der Geschichte Polens (2006 gegründet) (vgl. Heinemann 2020). Das Museum des Zweiten Weltkriegs schloss sich also an die neueren und sehr erfolgreichen, zum Teil national-patriotischen Museumsunternehmungen in Warschau an.

Machcewicz und seine Mitstreiter machten deutlich, dass es nicht um ein Militärmuseum gehen könne, sondern es sich um ein Haus handeln müsse, das die Leiden und Erlebnisse der Zivilbevölkerung in den Mittelpunkt stellen würde (Machcewicz 2018, 15). Sehr bald wurde von nationalkonservativer Seite der

Vorwurf an das Konzept gerichtet, dass es mehr die Erfahrungen anderer Nationen berücksichtige, etwa der Deutschen, als die der Polen. So würde ein europäisches Museum entstehen, das nicht das polnische Nationalgefühl stärke, sondern vielmehr die Leiden der polnischen Bevölkerung relativiere, ja ihren Widerstand und Mut in der Zeit der Unterdrückung und Besatzung nicht genügend repräsentiere. Während die Regierung Donald Tusks für eine europäische Perspektive und eine dementsprechend komplexe Geschichtserzählung eintrat, war (und ist) es das Bestreben der Partei Recht und Gerechtigkeit (PiS) vor und nach der Amtszeit Tusks, den Schwerpunkt auf einen uneingeschränkten nationalkonservativen Patriotismus zu legen und Widerstand und Heroentum allein in den Vordergrund zu stellen. Und so wurde die Arbeit an dem Haus und an der Dauerausstellung ab 2015, dem Jahr, in dem die PiS erneut an die Regierung kam, enorm erschwert. Sie versuchte mit allen Mitteln, das vorhandene Personal auszutauschen und durch regierungsnähere Personen zu ersetzen. Dies gelang ihr nicht sofort. Nunmehr unter erschwerten Bedingungen, beständig in der Ungewissheit schwebend, ob die Regierung sich durchzusetzen vermöge, gelang es Machcewicz und seinen Mitstreitern 2016, noch einen Katalog der Ausstellung zu veröffentlichen, im Januar 2017 zwei Tage der offenen Tür mit einer zum Teil fertiggestellten Ausstellung zu veranstalten und schließlich am 23. März 2017 das Museum zu eröffnen. Danach war es zwei Wochen zu besichtigen, bevor erste Teile der Ausstellung geändert und ein neuer Direktor und neues Personal eingesetzt wurden.

Der hier geschilderte Konflikt ist offensichtlich einer um die Deutungshoheit über polnische Geschichte. Das Museum wird als wirkmächtig erfahren, und in der Tat sind die erwähnten Häuser enorm populär, so dass die Einrichtung eines Museums sich als zentrales Instrument einer liberalen wie einer nationalkonservativen Politik erweisen kann. Das in ihm Dargestellte soll – so die liberale Seite und damit Machcewicz – zu einer europäischen Perspektive führen, Raum für Interpretationen geben und als Reflexionsinstrument eingesetzt werden. Dagegen strebt die nationalkonservative Seite eine dezidiert polnische Sicht auf das vergangene Geschehen an, die die Nation, ihr Werden und ihre Größe in den Mittelpunkt stellt und eine »heroisch-martyrologische Vision polnischer Vergangenheit« (Heinemann 2020, 247) befestigen will.

Nun ist der Streit um das Museum des Zweiten Weltkriegs nicht einfach nur einer von zwei rivalisierenden Regierungsparteien. Vielmehr ist eine solche Politisierung auch deshalb möglich, weil es sich nicht um ein Haus handelt, das auf einer Sammlung beruht, seit langem kustodische Arbeit leistet und neben einer Dauerausstellung auch Einzelausstellungen veranstaltet. Es handelt sich um eine Einrichtung, die ohne eigene Sammlung neu entsteht. Wenn sie auf Objekte zurückgreift, muss sie diese erst sammeln oder sogar eigens produzieren. Wir haben es also streng genommen nicht mit einem Museum, sondern mit einer institutionalisierten, narrativen Themenausstellung zu tun, die umso leichter als Instrument der Propaganda eingesetzt werden kann, je spektakulärer und inszenierter sie auftritt. Nun war das Museum nie ein politikfreier Ort, Deutungskämpfe um Inhalte und Strategien der Institution gab es auch zuvor. Neu ist aber, wie sehr nun diese Einrichtung als Schauplatz partei- und geschichtspolitischer Auseinandersetzungen in der Öffentlichkeit präsent ist und das Einverständnis, was Aufgabe und Ziel des Museums sein sollte, mehr und mehr diffundiert (Logemann/Tomann 2019). Während Machcewicz für eine mehrdimensionale Vergangenheit eintritt und damit einem mittlerweile historischen Standard folgt, sucht die PiS-Regierung die Vereindeutigung und Nationalisierung von Geschichte zu erreichen.

Um das polnische Beispiel hin zu einer allgemeineren Diskussion zu öffnen: Diese Übertragung der Tagespolitik auf die Institution Museum findet an vielen Orten statt, wenn auch unter anderen Vorzeichen. Und sie spielt sich nicht nur in dem Museum, sondern auch in seinen Dachorganisationen ab. Ein gutes Beispiel dafür stellt die Museumsdefinition des Internationalen Museumsrats ICOM dar, die in den letzten Jahren intensiv hinterfragt wurde. Die bereits zitierte Lesart einer auf Dauer angelegten, zugänglichen und der Bildung dienenden Einrichtung, die die materiellen und immateriellen Zeugnisse der Menschen bewahrt, erforscht und ausstellt (vgl. in diesem Band 144/145), diente bisher weltweit als kleinster Nenner einer ungeheuren Vielfalt an Museumstypen der verschiedensten Nationen. Doch, so lautete die Kritik spätestens seit 2017, diese Definition formuliere so allgemeine Grundlagen, dass sie nicht mehr viel mit den aktuellen Bemühungen um das Museumswesen gemein habe. Vielmehr müssten das Museum und seine Definition eine Position erkennbar werden lassen, so Jette Sandahl, die Direktorin des Museums der Weltkulturen (Göteborg): »Je mehr das Bewusstsein innerhalb der Museen wächst, dass sie die Gesellschaften, in denen sie existieren, stark beeinflussen, desto größer wird der Ruf nach einem Wertegerüst und nach expliziten ethischen Leitlinien für die Museumsarbeit« (zit. n. Thiemeyer 2019). Werte wie Menschenrechte, soziale Gerechtigkeit und der Schutz von Minderheiten wurden nun vorangestellt und das Museum als eine öffentliche, Verantwortung übernehmende Institution verstanden, die sich damit mindestens ebenso sehr der Gegenwart wie der Vergangenheit zu widmen habe.

Ein umfassender neuer Definitionsversuch wurde deshalb 2019 formuliert: »Museums are democratizing, inclusive and polyphonic spaces for critical dialogue about the pasts and the futures. Acknowledging and addressing the conflicts and challenges of the present, they hold artifacts and specimens in trust for society, safeguard diverse memories for future generations and guarantee equal rights and equal access to heritage for all people. Museums are not for profit. They are participatory and transparent, and work in active partnership with and diverse communities to collect, preserve, research, interpret, exhibit, and enhance understandings of the world, aiming to contribute to human dignity and social justice, global equality and planetary wellbeing.«[11]

Ob sich diese oder eine ähnliche Definition schließlich durchsetzen wird, mag dahingestellt bleiben, zumindest konnte man sich auf der ICOM-Tagung im November 2019 nicht auf sie einigen. Deutlich wird aber, dass es sich hier um eine Positionierung auf der Grundlage liberaler Gesellschaftsentwürfe handelt, die, zudem postkolonial grundiert, für das Eintreten für die oben genannten Werte argumentiert. Eine solche Definition geht von einem reflexiven Museumsverständnis aus, wie es sich in den letzten Jahrzehnten entwickelt hat, das zusätzlich einen kritischen Blick auf die eigene Verfasstheit verlangt und zur Beteiligung und Partizipation aufruft (Thiemeyer 2019). Die Kuratorin und Theoretikerin Nora Sternfeld hat solche und ähnliche Bestrebungen zur Selbstreflexion als Kennzeichen eines »postrepräsentativen Museums« bezeichnet, das sich nicht mehr allein auf das Sammeln, das Zeigen, Forschen und Vermitteln beruft, sondern auf Strategien einer »radikaldemokratischen kuratorischen und vermittlerischen Praxis« (Sternfeld 2018, 64-65). Das Museum als Ort hegemonialer Übereinkunft soll also selbst kritisch angegangen (wie bei dem Meta-Museum) und ihm – nun zusätzlich – ein Aktivitätspotenzial zugewiesen werden.

Festzuhalten bleibt, dass das Museum einerseits als Ort verstanden wird, an dem die Inhalte selbst politisiert und verhandelt werden, und das Museum andererseits als Akteur einer bekennenden (wert-)politischen Stellungnahme tätig sein soll; dies sind die beiden Pole, zwischen denen die Politisierung des Museums der letzten zehn Jahre vor allem in Europa aufgespannt werden kann.

Sammlungsinteresse

Die Kuratorin und Kulturanthropologin Clémentine Deliss beschreibt ihre Museums- und Ausstellungserfahrungen unter dem Titel *The Metabolic Museum* (Deliss 2020). Deliss wurde 2010 mit der Direktion des Museums der Weltkulturen in Frankfurt am Main betraut und leitete es fünf Jahre lang. Sie hatte zuvor als freie Kuratorin vor allem im Bereich der zeitgenössischen Kunst gearbeitet. Anders als Machcewicz hatte sie nicht mit einer politischen Einflussnahme zu kämpfen, gleichwohl standen aber das Museum und die Sammlungen, für die sie nun verantwortlich war, im Zentrum verschiedener Diskussions- und Interessenlagen. Denn die Direktorin hatte eine Einrichtung mit hochkomplexer kolonialer Vergangenheit übernommen, ein ethnologisches Museum und seine Sammlungen. Dessen Aufgabe sah sie darin, eine postkoloniale Position einzunehmen und das schwierige Erbe der ethnologischen Objekte zu verdeutlichen. Ihre Schilderungen zeigen, wie sehr sie die Sammlungen des Hauses selbst in den Mittelpunkt rückte, wie ihr Ziel in einer Dekolonisierung der Sammlungen bestand und wie diese den Ausgangspunkt ihrer kuratorischen Tätigkeit bildeten.

Deliss' wiederkehrende Fragen lauteten: Welche kritische und reflexive Methodologie kann man auf existierende, vergessene, verschmutzte und nicht zurückerstattete Sammlungen anwenden? Was tun mit einer Institution, die immer noch in weiten Teilen nach der jeweiligen Ethnie, Religion, Kultur oder Region geordnet ist und die deshalb die koloniale Perspektive nach wie vor reproduziert? Denn dies war der Kontext – ob unrechtmäßig erworben und gesammelt oder nicht –, aus dem viele der existierenden Sammlungen entstammten. Der Metabolismus des Museums ist dabei die leitende Metapher. Sie bezeichnet den Stoffwechsel der Einrichtung, das System, in das die Leiterin des Hauses verändernd eingreifen wollte. »I began to recognize the museum as a complex body with a severely ailing metabolism, afflicted organs, and blocked channels of circulation.« (Deliss 2020, 18) Der senegalesische Philosoph Issa Samb riet ihr: »You need to exhume the objects and place them at the forefront again.« Und weiter: »It's only in this way that all these objects will supersede their aesthetic status and finally retrieve their human dimension. [...] No object in a museum is a useless object.« (Deliss 2020, 18-19) Deliss kam es in der Folge darauf an, die deponierten Sammlungen und ihre mehrschichtigen Potenziale erneut sichtbar zu machen, sie zu verlebendigen, indem sie sie mit gegenwärtigen gesellschaftlichen Themen verknüpfte. Etwa wenn sie die Sammlungen Künstlern öffnete, die sich mit den Objekten, den Listen und Fotografien auseinandersetzten. Damit entstand ein »post-ethnographisches Museum«, das selbst wiederum aktive Feldarbeit betrieb: Die intensive Beschäftigung mit den Objekten sollte mit Theorie und Präsentation verbunden und dokumentiert werden. Der Direktorin schwebte eine »domestic fieldwork« vor, eine auf das eigene Haus angewandte Ethnografie: Gastkuratoren waren dazu eingeladen, sich im Museum und seinen Sammlungen frei zu bewegen und daraus eine Präsentation zu erarbeiten.

Ein weiterer zentraler Arbeitsbegriff lautete »remediation«, eine Art Vermittlung oder Wiederherstellung, eine Berichtigung der Objekte. Dinge, so der Anthropologe Paul Rabinow, von dem Deliss den Begriff übernahm, können nicht einfach noch einmal in gleicher Weise benutzt werden; jedes Mal ändert sich der

Kontext, immer wieder neu muss man sie positionieren und ihre Wirkung ausloten. Dies versuchte die Kuratorin in den Ausstellungen umzusetzen und ging noch ein Stück weiter: Müssen die Objekte im Rahmen der geschilderten Tätigkeiten unverändert bleiben oder können sie benutzt, aufgebraucht, verändert, vernichtet werden? Bedeutet »remediation« respektvolle Beobachtung oder sollten auch andere Weisen der Objektarbeit möglich sein? (Deliss 2020, 95) War beispielsweise das Konzept des Eigentums geeignet, um mit solchen Objekten umzugehen? Was, wenn man die Objekte teilen würde, so etwas wie einen geteilten Besitz definierte?

Der Versuch einer Dekolonialisierung der Sammlungen, also einer veränderten Objekt- und Präsentationsarbeit, die die bisherige Unrechtsperspektive kolonialer Herrschaft ablösen könnte, manifestierte sich in mehreren, weithin beachteten Ausstellungen, die allerdings auf ein geteiltes Echo stießen (vgl. Gaismar 2015). Sie wurden einerseits als eine neue, die Objekte und ihre Herkunft mit veränderter Perspektive ausstattende Form der Präsentation gelobt. Andererseits wurden sie harsch kritisiert, und Deliss wurde nicht zuletzt vorgeworfen, dass sie die Expertise der am Haus angestellten Kustoden nicht genügend beachte, dass die Objekte allein ästhetisiert und nicht fachlich bearbeitet würden (di Blasi 2019, 78-83, hier auch weiterführende Literatur). So wurde dieses Experiment nach fünf Jahren beendet, Deliss gekündigt, und das darauf folgende gerichtliche Verfahren endete schließlich in einem Vergleich.

Ohne an dieser Stelle genauer auf die Hintergründe einzugehen (und wie immer ist die Lage komplexer als dargestellt), wird deutlich, dass im Mittelpunkt aller Diskussionen nicht so sehr die von der Kulturanthropologin verantworteten Ausstellungen stan den als vielmehr die Arbeit an den Sammlungen selbst. Damit wurde die fachliche Grundlage des Museums verändert: Deliss versuchte, weitere Personen neben dem angestammten Personal (Kustodinnen, Restauratoren, etc.) in die Sammlungen zu führen, und ihr Modell basierte auf dem Versuch, durch gegenwärtige Perspektiven und künstlerische Interventionen den Blick auf die ethnologischen Sammlungen zu verändern. So geriet der vermeintlich stabile Grund der Institution selbst in Bewegung, ihre Objekte und ihre Ordnungen gleichermaßen. Welche Ein- und Ausschlussverfahren waren mit den bisherigen Ordnungen reproduziert worden? Was wurde (in einer Ausstellung) sichtbar gemacht, was blieb hinter den Kulissen (des Depots)? Wie viel Veränderung und Umschichtung vertrug eine Sammlung?

Dies waren Fragen, mit denen sich die Museologie und die Museumstheorie schon länger beschäftigten und die Deliss in Frankfurt konsequent bis radikal in eine kuratorische Praxis umzusetzen suchte. Sicherlich könnte man auch weitere Beispiele für eine »postrepräsentative«, die Einrichtung des Museums selbst reflektierende und infrage stellende Position nennen. Hier aber kommt es mir auf das Indiz der zentralen Bedeutung der Sammlung an, die Deliss durchaus zu verändern bereit war, was nicht spurlos am Frankfurter Depot vorbeigegangen wäre. Denn Depot und Sammlungen sind oftmals Synonyme für das, was keiner Öffentlichkeit zugänglich ist, was auf »Vorrat« gehalten wird und was in vielen Fällen im Ausmaß der Quantität bekannt ist, hinsichtlich der Qualität weniger. Sammlungen, wie zu Beginn beschrieben, bilden den Ausgangspunkt für sämtliche Forschungen am Museum. Blickt man auf die neuere Literatur zu diesem Thema, so scheinen vor allem zwei Aspekte eine Rolle zu spielen.

Es waren in den letzten Jahren insbesondere die ethnologischen Museen, die ihre Sammlungen neu ordneten und ihre Dauerausstellungen überarbeiteten. Begleitet wurde dieser Prozess zugleich von Umbenennungen, deren Ergebnisse nun in vielen Fällen das Präfix »Welt« trugen: Das Museum der Weltkulturen in Frankfurt am Main, das Weltmuseum in Wien oder das Museum of World Culture in Göteborg sind nur einige Beispiele für das sich wandelnde Selbstverständnis ethnologischer Museen, die den Begriff der Völkerkunde hinter sich lassen wollten. Grundlage war das fachlich geschärfte Bewusstsein dafür, dass die Artefakte einzelner Regionen nicht auf Ethnien oder biologischen Merkmalen beruhen, sondern vielmehr einer Weltkultur im Sinne der die Menschen vereinigenden Tätigkeiten und Objekte angehören und möglichst viele dieser Menschen durch partizipative Projekte in die Museumsarbeit miteinbezogen werden sollten (vgl. Macdonald 2016). Damit gingen eine neuerliche Öffnung und kritische Sichtung der Sammlungen einher, die sich einerseits in einer reflexiven Arbeit am Objekt zeigten und aus denen sich andererseits neue, den sensiblen Objekten gemäße Deponierungsweisen entwickelten. Dieser Prozess war von einer Neuorientierung begleitet, der auch aus der Digitalisierung der Bestände herrührte. Die Überführung in umfassende Datenbanken (zumindest dort, wo die finanziellen Mittel dafür vorhanden waren) hob bisher vernachlässigte Objekte erneut ans Licht, entfernte die Museumsmitarbeiter aber auch von den Objekten, indem sie jetzt mehr mit Datensätzen als mit den Dingen selbst arbeiteten (Flitsch 2019, 232 f.). Zugleich wurde an einigen Orten – und dies gilt nicht allein für die ethnologischen Museen – ein neues Depot gebaut, das aber in vielen Fällen nicht im Museum selbst realisiert werden konnte, sondern weit entfernt, in der Peripherie der Städte als ein Zentraldepot errichtet, einen neuen Bautyp bildete: den Depotnutzbau (Griesser-Stermscheg 2013, 149). Dieser trennte in gewisser Weise das Museum von seiner eigentlichen Aufgabe des Bewahrens, denn auch für die Museumsmitarbeiter selbst fielen durch die dezentrale Lagerung der Objekte der Präsentations- und der Sammlungszusammenhang nicht mehr in eins, wurden Tätigkeiten getrennt voneinander verrichtet, die zuvor als ein einziger Arbeitsvorgang verstanden worden waren. Und mit den Fragen nach der Digitalisierung und der geeigneten Deponierung der Objekte stellte sich ein weiteres Problem ein: Dort, wo gesammelt wird, muss auch entsammelt werden. Oder anders: Das Sammeln wird in der Regel als ein Akkumulationsprozess, weniger aber als Deakzession verstanden. Doch genau diese wurde zunehmend aufgerufen. Es gibt im internationalen Vergleich einige Beispiele, wie solch eine Entsammlung oder auch Qualifizierung der Sammlung sinnvoll gestaltet werden konnte (vgl. Niederlande, *Deltaplan for the preservation of cultural heritage*), die Diskussion darüber ist parallel zu den jeweiligen Digitalisierungsstrategien immer noch im vollen Gange.

Ein zweiter Hinweis darauf, dass die Sammlungen in der Öffentlichkeit eine erhöhte Aufmerksamkeit erfahren haben, liegt in dem bereits in diesem Buch beschriebenen Konzept des Schaudepots (vgl. in diesem Band, 155). Laut der Museumswissenschaftlerin Martina Griesser-Stermscheg wurde es spätestens seit den 1970er Jahren entwickelt, hat aber heute eine Verbreitung erreicht, die es in vielen Museen zu einer bevorzugten Präsentationsform werden lässt. Ob es sich dabei um Naturkundemuseen oder um solche des Kunstgewerbes handelt, das Schaudepot, die Ausstellung in Depotmanier, ist nach wie vor beliebt. Mit ihm verbinden sich, wie der Kulturwissenschaftler Thomas Thiemeyer herausarbeitet, vor allem drei zentrale Versprechen: Das Depot wird als eine politische Utopie verstanden, indem einer größeren Öffentlichkeit auch weggeschlossene Bestände zugänglich gemacht werden, man also dem Ideal der Transparenz und Zugänglichkeit folgt. Es beansprucht zweitens, eine Methode des Erkennens zu sein, indem, einer Studiensammlung gleich, ein vergleichendes Betrachten ermöglicht werden soll, eine Verbindung zwischen ansonsten unverbundenen Objekten, die vom Betrachter selbst herzustellen ist. Und schließlich wird das Schaudepot von dem Versprechen begleitet, dass der ehedem exklusive, nur dem Kenner und Kustoden offenstehende, rückwärtige Sammlungsort nun geöffnet daliegt und Entdeckungen ermöglicht. Das Verborgene des Depots wird als authentische Wahrnehmung der Sammlung inszeniert (Thiemeyer 2018, 249–261). Dass diese Versprechen bei aller Faszination auch große Blendwerke sein können, liegt auf der Hand: Oft handelt es sich nicht um Darstellungen, die in der Tradition von Studiensammlungen stehen, sondern um Überwältigungspräsentationen, die mehr das Staunen als eine Beschäftigung mit dem Gegenstand befördern (te Heesen 2014). Um einen Zusammenhang zwischen den genannten Aspekten herzustellen, könnte man auch sagen, dass in dem Moment, wo die Sammlungen und ihre Ordnungen in Bewegung geraten, ihre reihende, stabile Präsentationsform und damit ihre Ästhetisierung umso attraktiver werden; in dem Moment, in dem sie für alle ausgebreitet und verschiedene Perspektiven angelegt werden, die alleinige Expertise des Sammlungskustoden in den Hintergrund tritt.

Ausgehend von Deliss' Schilderungen wurde deutlich, wie sehr es um eine Hebung des Verborgenen und ein Öffnen von ehedem verschlossenen Sicherungs- und Machträumen geht – ihr Weg, damit umzugehen, ist eine Möglichkeit, eine umstrittene dazu. Ihr Beispiel zeigt aber, dass auch die Sammlung als ein reflexiver Ort verstanden wird, dessen Objekte in Bezug zur Geschichte des Hauses, seiner Erwerbungsstrategien und seiner gesellschaftlichen Rolle in den Blick genommen werden müssen (Butler 2015, zu einer Kritik der Selbstreflexion s. Döring 2020). Es wird in Zukunft darauf ankommen, wie die Museen beide Perspektiven vereinen können – die kennerschaftliche der Kustoden wie die reflexive der Kuratoren. Denn eines ist klar: Keine kann die andere ersetzen, es bedarf vielmehr einer gegenseitigen Ergänzung.

Provenienz

Ein solcher Zusammenschluss beider Perspektiven muss auch die Grundlage für eine Provenienz der Objekte sein. Versteht man Provenienz als die Herkunft einer Sache, dann ist damit im Bereich der Kulturgüter die Ermittlung ihrer Besitzverhältnisse und der Orte, denen sie entstammen, an denen sie kursierten, verschenkt und verkauft wurden, gemeint. Ein Blick in ältere Konversationslexika zeigt, dass der Begriff sich zunächst auf die Herkunft eines Produkts, eines eingeführten Erzeugnisses bezog (Meyers Konversations-Lexikon 1878, 807). Erst zwei Auflagen später wird neben dem Begriff des Produkts auch auf einen aus einem fremden Land stammenden Gegenstand verwiesen (Meyers Konversations-Lexikon 1897, 286). Provenienz ist also, ähnlich wie der Begriff der Ausstellung, eng mit der wirtschaftlichen Sphäre verbunden. Dies gilt insbesondere für den Kunstmarkt. Provenienz spielte hier seit dem 18. Jahrhundert eine zunehmend große Rolle, war doch die Besitzkette eines Objekts immer auch ein Ausweis seiner Originalität und konnte durchaus wertsteigernd ins Gewicht fallen (Feigenbaum/Reist 2012). Provenienz ist also mit Besitz und Herkunft gleichermaßen verbunden und verweist auf eine Bewegung von Objekten, die vor allem seit dem 19. Jahrhundert globale Dimensionen annahm.

Neuere Diskussionen erweitern den Begriff der Provenienz um eine Dokumentation des »sozialen Lebens« der Objekte überhaupt (Higonnet 2012). Damit schließen sie an die seit einigen Dekaden bekannten Objektverständnisse von Anthropologie, Ethnologie und (Wissenschafts-)Geschichte gleichermaßen an (vgl. in diesem Band, 180) und machen deutlich, dass neben den europäisch geprägten Eigentumsbeziehungen auch andere Zuschreibungs- und Objektverhältnisse möglich sind. Provenienz ist nicht allein eine Forschungs- und Besitzermittlungsmethode, sondern Teil einer jeden Sammlungstätigkeit, ihrer Konzepte und Praktiken gleichermaßen (Förster 2018). Das war bereits dem Museologen Friedrich Waidacher klar, der dem Begriff der Provenienz zwar kein eigenes Kapitel widmete, aber selbstverständlich davon ausging, dass die Provenienz zu ermitteln und zu verzeichnen war, dass es dabei um die »mit dem Objekt verbundene[n] Personen, Orte, Daten, Ereignisse und Art der Verbindung« (Waidacher 1999, 362) ging. Kurz: Provenienz war immer schon Teil einer sorgfältigen Museumsarbeit, einer Inventarisierungs- und Dokumentationstätigkeit. Neu am gegenwärtigen Provenienzbegriff ist zweierlei: zum einen die ihm zugrunde liegende Objektauffassung. Die aus den 1990er Jahren stammende Sicht auf das vernetzte Objekt geht über seine alleinige Institutionenbindung hinaus und fragt nach den räumlich wie zeitlich weiter ausgreifenden Objekt-Akteur-Netzwerken; zum anderen, dass mit dem Begriff der Provenienz die Rechtmäßigkeit der ermittelten Besitzkette und deren Ursprung kritisch hinterfragt und in zahlreichen aktuellen Kontexten öffentlich diskutiert wird (vgl. überblickend Milosch/Pearce 2019).

Dafür sind einige Wegmarken dieser Diskussion zu nennen: Die Haager Konvention zum Schutz von Kulturgut bei bewaffneten Konflikten (1954), ein völkerrechtlicher Vertrag, der im Fall von Kriegen die Kulturgüter vor Zerstörung und Plünderung schützen soll; das UNESCO-Übereinkommen über Maßnahmen zum Verbot und zur Verhütung der unzulässigen Einfuhr, Ausfuhr und Übereignung von Kulturgut (1970), in dem erstmals der Begriff des Kulturerbes einer Nation als eines besonders schützenswerten Gutes festgeschrieben wurde; der *Na-*

tive American Graves Protection and Repatriation Act (1990), der die Rückgabe von Kulturgütern an indigene Gruppen des Landes regelte; die Washingtoner Erklärung (1998), die den Umgang mit dem nationalsozialistischen Kunstraub von jüdischem Besitz thematisierte und Empfehlungen zu dessen Restitution gab – in allen Übereinkünften wurde der Schutz und der Umgang mit bedrohten und enteigneten Kulturgütern in das Zentrum der öffentlichen Aufmerksamkeit gerückt.

Aber erst in den 2000er Jahren, zeitgleich mit den zahlreichen Neuaufstellungen ethnologischer Museen, wurde die Dringlichkeit einer grundsätzlichen Provenienzforschung für sensible Sammlungskontexte (Lange 2011) aller Art, von menschlichen Überresten (Stoecker, Winkelmann, Schnalke 2013) über naturkundliche Objekte (Heumann et al. 2018) bis zu Kulturobjekten bzw. Artefakten öffentlich thematisiert (vgl. allgemein Förster et al. 2018). Insbesondere Berlin wurde wegen des neu konzipierten Humboldt Forums und der dort auszustellenden ethnologischen Sammlungen ein Zentrum der Provenienzdebatten, die, in Zeitungen und auf Podien ausgetragen, dafür sorgten, dass die Sensibilität gegenüber der Herkunft von Museumsobjekten wuchs.[12]

Um die Breite dieser nicht zuletzt auch international geführten Debatten zu veranschaulichen, seien deshalb sechs zentrale Veröffentlichungen genannt, die – nebeneinander gelesen – das Für und Wider von Rückgabe und Besitz, von Herkunft/Ursprung und Museum, Sammlung und Kontext, Restitution und Kulturerbe, Recht und Unrecht erhellen und die – im weitesten Sinne – jeweils auf ihre Weise an die Diskussionen um das Humboldt Forum anknüpfen. Sie lassen sich unter drei Stichworten subsumieren: Rückgabe, Sammlungsgeschichte und Zukunft der Sammlungsreflexion.

Den zentralen Bezugspunkt bilden die kolonialen Ursprünge vieler Sammlungen, deren Objekte im Zuge der imperialen Expansion im 19. und 20. Jahrhundert geraubt, getauscht, erworben und verschleppt worden waren. Es hat Jahre gedauert, diesen Befund auch außerhalb der wissenschaftlichen Ethnologie anzuerkennen und – wo noch nicht geschehen – entsprechend zu beforschen. Im Zuge dieser Diskussion wurde vornehmlich der Eurozentrismus, mit dem auf die im Humboldt Forum zu präsentierenden Sammlungen geblickt wurde, kritisiert. Im gleichen Jahr, in dem die Grundsteinlegung des Forums vollzogen wurde (2013), gründete sich die Kampagne *No Humboldt 21!*. In ihrem Moratorium lehnten ihre Mitglieder den Ort ab (eine ehemalige Residenz der Hohenzollern), den Namen (Humboldt selbst sei durch seine Reisen nach Süd- und Mittelamerika an den kolonialen Abhängigkeitsverhältnissen seiner Zeit aktiv beteiligt gewesen), die Nutzung der kulturellen Schätze (diese sei vornehmlich dem privilegierten Norden vorbehalten) sowie die Etikettierung der Kulturen der Welt als »fremd« und »anders« (was im Gegensatz zu einer gleichberechtigten Migrationsgesellschaft stehe) (AfricAvenir International 2017, 16-20). Sie forderten eine öffentliche Dokumentation der Erwerbsgeschichte und die Rückführung der Exponate an die Nachfahren der SchöpferInnen oder die ehemaligen BesitzerInnen.

Wenige Jahre später wurde die Restitutionsforderung durch eine Selbstverpflichtung des französischen Staates unterstützt. Ende 2017 hatte sich Präsident Emmanuel Macron in Burkina Faso öffentlich bereiterklärt, das in Frankreich lagernde »afrikanische Erbe« zurückzugeben. Er beauftragte einen *Bericht zur Restitution des afrikanischen Kulturerbes*, der ein Jahr später veröffentlicht wurde. Darin stellen der Schriftsteller und Wirtschaftswissenschaftler Felwine Sarr und die Kunsthistorikerin Bénédicte Savoy fest, dass die koloniale Inbesitznahme weiter Teile des afrikanischen Kontinents gleichermaßen die Naturreichtümer wie die Kulturreichtümer betraf. Es handle sich um eine ökonomische sowie symbolische Kapitalisierung des Kulturerbes Afrikas (Sarr/Savoy 2019, 29) zum Vorteil Frankreichs bzw. Europas. Ausgehend von dieser Feststellung fordern sie eine Rückgabe der Objekte – nicht eine zeitweise Restitution oder eine Zirkulation –, um so nicht zuletzt neue kulturelle Beziehungen zu ermöglichen: »Es heißt, den Weg hin zu neuen kulturellen Beziehungen freizumachen, die sich auf eine neu gedachte relationale Ethik gründen.« (ebd., 64). Die zugrunde liegende Idee des Berichts ist es, die Kommunikation mit den Herkunfts- und Ursprungsorten aufzunehmen und gemeinsam an einer Rückgabe/Verhandlung zu arbeiten. Die empfohlene »relationale Ethik« bezieht sich dabei auf den Philosophen Achille Mbembe, der diese insbesondere in Hinsicht auf die Objekte entwickelt hat. Er fasst Objekte als »Lebenskraft« auf, die der afrikanischen Kultur genommen und der westlichen einverleibt wurde. Die Rückführung der Objekte also sei die Bedingung, um ihre erneute Verbindung mit den heutigen afrikanischen Gesellschaften überhaupt zu ermöglichen.

Sammlungsgeschichte

Man kann sich vorstellen, dass diese Rückführungsforderungen auf ein geteiltes Echo stießen, stellten sie doch in aller Konsequenz weite Teile des europäischen Museumsgedankens zur Disposition. Diese durchaus polarisierenden, politisch motivierten Veröffentlichungen sorgten unter anderem dafür, dass man nun besonders genau hinschaute und nicht zuletzt zu einer differenzierten Sammlungsgeschichte aufschloss. Die ethnologische Wissenschaft könne nicht allein unter den Vorzeichen des kolonialen Raubes verstanden werden und sei auch nicht in jedem Fall unter rassistischen Gesichtspunkten betrieben worden. Dafür argumentiert der Historiker H. Glenn Penny in seinem Buch *Im Schatten Humboldts*, das die Geschichte der Ethnologie in Deutschland, vor allem der Sammlungsbestrebungen des Ethnologen Adolf Bastian in Berlin betrachtet (Penny 2019). Dieses Buch erschien zur gleichen Zeit wie die Veröffentlichung des Kunsthistorikers Horst Bredekamp, der in *Aby Warburg, der Indianer* die Rolle der Berliner Ethnologie und ihrer Sammlungen für den Kunst- und Kulturwissenschaftler Aby Warburg darlegt und so verdeutlicht, wie mithilfe der Sammlungen eine allgemeine Kulturgeschichte der Menschheit entstehen sollte (Bredekamp 2019). Beide Veröffentlichungen argumentieren für eine ›liberale Ethnologie‹ um 1900, die in den Hintergrund geraten, aber deshalb trotzdem existent gewesen sei. Vor allem Penny macht deutlich, dass es zunehmend zu einer Entfernung zwischen den völkerkundlichen Sammlungen und der universitären Forschung gekommen war, die sicher nicht das kleinste der insgesamt schwierigen Erbschaften deutscher Ethnologie gewesen sei. Diese Distanz gelte es zu überwinden und deshalb nicht in erster Linie die Objekte in rechtmäßige und unrechtmäßige aufzuteilen, sondern zunächst jedes einzelne in seiner einstigen und heutigen Bedeutung, unter Hinzuziehung sämtlicher Beteiligter (Kustoden, Traditionspfleger, Religionswissenschaftler, Museumsexperten, Rechtshistoriker, etc.), in den Blick zu nehmen. Er plädiert mithin für eine zeit- und kostenintensive Zusammenarbeit, die die Frage beantworten soll: Welches Potenzial haben die Sammlungen, und was soll damit geschehen?

Das zunehmend lauter werdende Plädoyer für eine feine Differenzierung wird durch einen weiteren Band unterstützt, in dem durch ein aufgezeichnetes Gespräch die Ethnologen selbst zu Wort kommen. Bis dahin waren es Museumswissenschaftlerinnen, Politiker, Aktivistinnen oder Kultur- und Kunstwissenschaftler gewesen, die sich zu der Verbindung von ethnologischen Sammlungen und Humboldt Forum geäußert hatten. In *Das Humboldt-Forum und die Ethnologie* sprechen Karl-Heinz Kohl, Fritz Kramer, Johann Michael Möller, Gereon Sievernich und Gisela Völger über die Sammlungen und ihre Herkünfte, die ethnologischen Museen im Vergleich, über Restitution und *shared heritage* sowie die Museums- und Universitätsethnologie (Kohl et al. 2019). Das Besondere an dem Band ist vor allem die reiche Erfahrung seiner Gesprächsteilnehmer, die zu einer wissenschaftsgeschichtlichen Reflexion des Faches wie des Museums führt und bereits ein ganzes Stück entfernt ist von der Hitze der ursprünglichen Diskussion.

Um nicht missverstanden zu werden: Diese Hitze ist notwendig gewesen, um den Prozess der Feindifferenzierung anzustoßen. Die Debatten und die sie begleitenden Forschungen – hier vertreten durch ausgewählte Veröffentlichungen – zeigen den Verlauf, der in so umfassenden Bänden wie der *Museumsethnologie* von Iris Edenheiser und Larissa Förster mündet. Dort versammeln die Ethnologinnen zahlreiche Überblicksaufsätze zu ethnologischen Objekten, der Institutionengeschichte des Museums, seinen einzelnen Abteilungen und deren Funktionen, ergänzt durch Erfahrungsberichte aus den Museen und die Beschreibung und Analyse einzelner Objekte. Auch dieser Band plädiert für eine verstärkte Zusammenarbeit von Universität und Museum als einem beständigen Transfer zwischen Theorie und

Praxis, aber auch für die Schaffung neuer Verbindungen zwischen den unterschiedlich situierten Herkunfts- und besitzenden Gesellschaften wie der entsprechenden Individuen (Edenheiser/Förster 2019, 22). In diesem Sammelband ist der umfangreichste mir bekannte Text zur Provenienzforschung enthalten, der abwägend und klar eine kurze Geschichte von Provenienz und Rückgabe darlegt. Ihm liegt die Überzeugung zugrunde, die mittlerweile als *common sense* in Restitutionsfragen betrachtet werden kann und die von Beginn an in allen Verlautbarungen genannt wurde: Nur durch einen beständigen Dialog in- und außerhalb des Museums, innerhalb des eigenen Landes wie international, vor allem aber zwischen den Herkunfts-/Ursprungsgesellschaften und den (noch) besitzenden Gesellschaften kann es zu einer sukzessiven Aufarbeitung kommen, zu einer »kritischen kollaborativen Provenienzforschung« (Förster 2019, 94).

Für diese Art von Kritik und Zusammenarbeit braucht es historische Reflexion. Nur zu leicht tendieren wir heute dazu, die Einrichtung des Museums allein vom Standpunkt eines Gegenwartsbewusstseins aus zu betrachten. Gewiss, für ein Museum ist diese noch zu Beginn des 20. Jahrhunderts als Lücke konstatierte »Gegenwärtigkeit« wichtig, weil es seine Bestände immer wieder neu und unter aktuellen Gesichtspunkten befragen muss. Zugleich beobachten wir aber, dass die Gegenwart, so hat es der französische Historiker François Hartog formuliert, mehr und mehr in die Breite geht. Ihre Omnipräsenz lasse kaum eine andere Betrachtung zu (Hartog 2015). Für das Museum und seine Sammlungen kann das beispielsweise zur Folge haben, dass es vornehmlich an Relevanzkriterien der Gegenwart gemessen wird. Die Frage, wie sich dann Recht und Unrecht etwa auf heutige, einem ehedem kolonialen Kontext entstammende Sammlungen auswirken, also in welcher Weise ethnologische Objekte erworben, geraubt und gesammelt wurden, steht allein im Vordergrund, während die komplizierte Geschichte beispielsweise ihrer wechselvollen Bedeutungen für manche der Aktivisten in den Hintergrund rückt. Deshalb sei noch einmal betont: Eine »kritische kollaborative Provenienzforschung« ist sich dieser historischen Dimension des Problems bewusst. Dabei geht es nie nur um Rekonstruktion von Besitzverhältnissen, sondern immer auch um den ganzen komplizierten historischen Schlamassel, der sich sofort offenbart, wenn wir länger auf einen Gegenstand schauen. Das aber ist der große Komplexitätsvorteil, den Museen und Sammlungen nach wie vor bieten und den wir nutzen sollten.

In gewisser Weise haben das auch die Berichte von Machcewicz und Deliss gezeigt, die den Ausgangspunkt dieses Kapitels bildeten. Die Komplexität war hier als Auf und Ab von Ausstellungen und (Macht-)Verhandlungen um Objektbedeutungen geschildert worden. Und um einen Schritt weiterzugehen, könnte man nun fragen: Ist mit diesen Selbstberichten ein neues Genre für die Museumsliteratur entstanden? Sie sind zumindest eine neue Ausdrucksform des vielfach zitierten »reflexiven Museums«, indem sie einen Bericht darüber geben, was in den Jahren der betreffenden Kuratorenschaften geschehen ist. Bei den beiden genannten Kuratoren handelt es sich um eine der ersten Generationen von Direktoren, die fachlich mit der *new museology* sozialisiert wurden und die diese aufgrund ihrer einflussreichen Position in einer Einrichtung umzusetzen versucht haben.[13] Für sie steht es außer Frage, das Selbstverhältnis zur Einrichtung zu reflektieren. Damit geben sie – und das ist ein weiterer wichtiger Punkt, der ihre Berichte erwähnenswert macht – einen raren Einblick in die Arbeit des Kurators selbst. Es handelt sich um Bücher, die das Zustandekommen von Präsentationen und die Auseinandersetzungen um Ausstellungen, mithin die Figur des Kurators als Teil eines komplexen Aushandlungsprozesses beschreiben. Liegt die Zukunft des Museums im engagierten Kuratieren? Und wenn ja, wie sollte sich dies gestalten? Darauf gibt es keine endgültige Antwort. Klar aber ist, dass alle Reflexion und jede Positionierung immer eines Rückgriffs auf die (Museums-) Geschichte bedarf – und sei es der allerjüngsten.

9. Schluss

Blickt man auf die Geschichte und die konzeptionellen Entwürfe des Museums seit der Renaissance, vor allem aber seit Ende des 18. Jahrhunderts, so setzt die gesonderte Betrachtung der Ausstellung einen weiteren, bisher vernachlässigten Akzent. Denn die Ausstellung stammt zunächst aus der Sphäre des Wettbewerbs, bevor die beiden Konzepte einhundert Jahre später, gegen Ende des 19. Jahrhunderts, verschmelzen. Für das heutige, die Ausstellung einbeziehende Museum lässt sich also konstatieren: Es ist ein Produkt der Moderne, es gründet in den politischen Ereignissen der Französischen Revolution und in dem Gedanken wie den Praktiken des Wettbewerbs gleichermaßen. Erst die temporären Ausstellungen vermochten die Gegenwart in das Museum zu holen und so zwischen »Lebensstoß und Todeshauch« (Glasmeier 1992, 7) zu vermitteln. Diese Dichotomie bleibt bis heute bestehen: Museen pendeln zwischen Geschichte und Zukunft, müssen das eine darstellen, um das andere adressieren zu können. Aus dieser grundsätzlichen Dichotomie ergeben sich weitere Gegensätze, denen das Museum nicht entkommen kann: das Meisterwerk und der Alltagsgegenstand, die auf Dauer angelegte und die temporäre Präsentation, die kanonisierende und die aktualisierende Darstellung, das singuläre Objekt und seine kontextbezogene Einbettung, ein Ort der Einmaligkeit und ein Medium der Information, Forschen und Präsentieren, Bewerben und Belehren, Original und Kopie – die Liste ließe sich weiter fortsetzen.

Festzuhalten bleibt aber eine grundlegende Operation, die ungeachtet aller historischen Differenzierungen und konzeptuellen Paradoxien nur das Museum hervorbringen kann: Nur das Museum und die Tätigkeit des Ausstellens können im Raum ein Argument aufbauen. Ausstellen bedeutet zu kommunizieren, einzubeziehen und Konfliktlinien kenntlich werden zu lassen. Die Möglichkeit, Zusammenhänge zwischen Geschichte und Gegenwart sichtbar zu machen, beruht auf einer Sammlung, aus deren dreidimensionaler Logik man Objekte zur Darstellung entnimmt und positioniert. Nur wenn es eine Vielfalt der Objekte gibt – zwischen mittelalterlicher Skulptur, Nasspräparat, Biedermeierstuhl, medizinischem Instrument und zeitgenössischer Zeichnung – können Entwicklungen und Bedingungen einer Kultur begreiflich gemacht werden. Die zweite wichtige Leistung des Museums besteht im Vergleich. Nicht umsonst wurde der »vergleichende Blick« im Jahrhundert der Aufklärung als besonders wichtig erachtet und bereits den Kindern anempfohlen. Der vergleichende Blick kann auch heute nur mithilfe einer Vielzahl von Objekten geschult werden. Die Tätigkeit des Kurators und Ausstellungsmachers ist dabei eine Schlüsseltätigkeit, die nicht von jedermann ausgeübt, sondern nur erlernt werden kann. Ausstellungen machen bedeutet, über eine reiche Seherfahrung zu verfügen, ein geschultes Auge und Kenntnis von Sammlungen zu besitzen, Forschung zu betreiben und die immer wieder neue Bereitschaft, sich zwischen Kennerschaft und Dilettantismus in ein Thema einzuarbeiten. Wollte man das Museum und die Ausstellung abschließend auf eine einfache Formel bringen, dann lautet diese: Das Museum ist ein Ort, an dem dekontextualisierte Objekte in neuer Ordnung zusammengestellt, aufbewahrt und präsentiert werden. Die Ausstellung setzt Objekte und ihre zahlreichen Bedeutungen in den Raum, hat eine veranschaulichende Funktion und ermöglicht eine vergleichende Betrachtung. Die Idee des Museums besteht in der bewahrenden, kanonisierenden Akkumulation, die der Ausstellung dagegen im temporären Wettbewerb. Das Metamuseum schließlich reflektiert das beiden zugrunde liegende Objektverständnis der Moderne.

Anhang

Anmerkungen

1 Ein letztes Werk dieser Art erschien 1837 in Zerbst, nämlich die *Geschichte der Sammlungen für Wissenschaft und Kunst in Deutschland* von Gustav Klemm, die eine kommentierte Bibliografie zur Sammlungsliteratur seit dem Mittelalter bietet.

2 Die Entwicklung der Ausstellungsgeschichte ist bis heute nicht so weit vorangeschritten wie die des Museums. Überblickend vgl. Altshuler 2008, 2013; Holten 2018; Krüger/Werner/Schalhorn 2019.

3 Vgl. www.museumsbund.de/de/wir/geschichte/die_anfaenge/, zuletzt abgerufen am 14.3.2011.

4 Die Zeitschrift *L'Esprit Nouveau*, die in den Jahren 1920 bis 1925 erschien und die unter anderem von Amédée Ozenfant und Le Courbusier herausgegeben wurde, hatte in ihrer dritten Nummer im Dezember 1920 die Frage gestellt, ob man den Louvre abbrennen sollte. Von der folgenden Nummer an wurden ausgewählte Antworten veröffentlicht, die dies befürworteten oder ablehnten. Eine der schönsten findet sich in der achten Nummer vom Mai 1921: »Versuchen Sie es ruhig, Sie werden sehen, dass die ›Feuerwehr‹ gegenüber rechtzeitig da sein wird! Andry-Farcy. Conservateur du Musée de Grenoble« (S. 962).

5 Elf Jahre vor Godard hatte Adorno in seinem Essay über das Verständnis des Museums bei Valéry und Proust geschrieben: Keiner »kann mehr durch Museen schlendern, um hier und dort das Entzücken zu finden. Das einzige Verhältnis zur Kunst ist das eines Betrachters, der genau weiß, was er will, zwei oder drei Bilder sich aussucht und vor ihnen so konzentriert verharrt, als wären es wirklich Idole.« (Adorno 1977, 194) Verharren, lange stille stehen oder rasen – diese beiden Möglichkeiten scheinen übrig zu bleiben.

6 Zitiert nach der Website des Deutschen Museumsbundes, letzter Zugriff: 28.3.2011: http://www.museumsbund.de/das_museum/geschichte_definition/definition_museum/.

7 Zur gleichen Zeit setzt ein Boom an größeren historischen Ausstellungen ein; vgl. te Heesen, Schulze, Dold 2015.

8 Eine Diskussion, die sich in jüngster Zeit in dem Begriff des »Schaudepots« und des »Schaulagers« fortsetzt (dazu etwa Natter/Fehr/Habsburg-Lothringen 2010).

9 Von der Beschreibung dieses Museums nimmt der Journalist Lawrence Weschler seinen Ausgang um die Herkunft aller Museen aus dem Kuriositätenkabinett zu beschreiben (Weschler 1995).

10 Ein gutes Beispiel dafür ist das 2006 eröffnete Musée du quai Branly, in dem die Reste der durch Forschungsreisen und koloniale Expansion untersuchten und zerstörten Kulturen politisch korrekt dargeboten werden sollen, aber als künstlerische Meisterwerke stilisiert und damit einmal mehr in einen abendländischen Rahmen eingebunden werden.

11 Zitiert nach der Website der ICOM, letzter Zugriff 28.10.2020: https://icom.museum/en/resources/standards-guidelines/museum-definition/.

12 Das Humboldt Forum ist ein kurz vor der Eröffnung stehendes Museum in Berlin, das die Museumsinsel durch die Präsentation der außereuropäischen Sammlungen erweitern, eine Berlin-Ausstellung des Stadtmuseums und das Humboldt-Labor der Humboldt-Universität beherbergen soll. Einen konzisen Überblick dazu gibt Morat 2019; eine Ethnologie des Zustandekommens des Humboldt Forums liefert von Bose 2016.

13 Vgl. dazu Sabrow 2020, der solche »Ich-Erzählungen« als ein zeitgeschichtliches Phänomen betrachtet und von einer »empathischen Subjektivität« spricht, die eine »objektivierende Autorität« ersetzt hat.

Auswahlbibliografie

An dieser Stelle soll eine knappe Auswahl an Büchern und Aufsätzen genannt werden, die einen profunden Überblick bieten und zu einem Verständnis der verschiedenen Museumsformen beitragen. Dies tun zunächst solche Schriften, die die Lektüre von Originaltexten seit der Renaissance ermöglichen und so einen Zugang zu der den jeweiligen Zeiten eigenen Museumsvorstellung unterbreiten. So sind in den letzten Jahren *Reader* und Anthologien erschienen, die zu lesen sich lohnt, die aber oft durch ihren Umfang und ihre aneinanderreihende Textpräsentation nicht für ein durchgehendes Lesevergnügen konzipiert, sondern für eine Auswahl und gezielte Lektüre gedacht sind. Dazu zählen *Museums and their Development. The European Tradition 1700-1900*, herausgegeben von Susan M. Pearce (1999), oder *Museumsgeschichte. Kommentierte Quellentexte 1750-1950*, herausgegeben von Kristina Kratz-Kessemeier, Andrea Meyer und Bénédicte Savoy (2010). Letzteres Buch ist vor allem vorbildlich in Auswahl und Kommentierung, wenngleich der Titel etwas in die Irre führt, da es sich ausschließlich um Quellentexte bezüglich der Kunstmuseen handelt. Desweiteren wäre der Band von Donald Preziosi und Claire Farago zu nennen, *Grasping the World. The Idea of the Museum* (2004), der eine faszinierende Sammlung verschiedenster interpretatorischer und methodisch reflektierter Texte zum Museum seit den 1960er Jahren bis 2003 enthält.

Zu den überblickshaften, gut zu lesenden weil kompakt geschriebenen Gesamtdarstellungen gehört zum einen die historische Darstellung von Olaf Hartung, *Kleine Deutsche Museumsgeschichte. Von der Aufklärung bis zum frühen 20. Jahrhundert* (2010), die nach verschiedenen Museumstypen gegliedert ist und jeweils deren historische Entwicklung beschreibt. Zum anderen muss nach wie vor das Buch *Der Ursprung des Museums. Vom Sammeln* genannt werden, das Krzysztof Pomian 1986 zuerst auf Französisch, dann 1988 auf Deutsch publizierte. Auch wenn es für viele der hier aufgerufenen Aspekte des Museums mittlerweile detailreichere Studien gibt, so stellt dieses Bändchen gewissermaßen den Startschuss für eine Sammlungs- und Museumsgeschichte wie für das Verhältnis des Menschen zu den aufbewahrten Dingen dar. Ein äußerst lesenswertes Buch, das zu einem ähnlichen Zeitpunkt erschienen ist, und eines der wenigen, die sich dezidiert dem Ausstellungswesen widmen, ist Ekkehard Mais *Expositionen. Geschichte und Kritik des Ausstellungswesens* aus dem Jahr 1986. Als eine gute begriffsgeschichtliche Einführung in das Thema kann das bereits im zweiten Kapitel zitierte Buch Was ist ein Museum? » ... eine metaphorische Complication ...« von Melanie Blank und Julia Debelts (2001) gelesen werden. Der etwas sperrige Titel soll nicht darüber hinwegtäuschen, dass hier kompakt auf zweihundert Seiten die entscheidenden Etappen des Museumsbegriffs vom 18. bis zum 20. Jahrhundert herausgearbeitet werden.

In dem sich zunehmend institutionalisierenden Feld der Museologie und Museumswissenschaften sind exemplarisch mehrere Studien auszumachen, die die gegensätzlichen Auffassungen der beiden Felder verdeutlichen, in jüngerer Zeit auch vereinigen: Katharina Flügel hat 2005 in ihrer *Einführung in die Museologie* eine überblickende Darstellung des Museums als einer in sich funktionierenden Einrichtung beschrieben und in deren historische Entwicklung sowie praktische Fragen und Anwendungsbereiche eingeführt. Thomas Thiemeyer widmet sich insbesondere der Geschichte im Museum (2018b) und verbindet so Praxis und Theorie. Gleiches gilt für das von ARGE herausgegebene *Handbuch Ausstellungstheorie und -praxis* von 2013. Joachim Baur legt mit *Museumsanalyse. Methoden und Konturen eines neuen Forschungsfeldes* 2010 dagegen einen Reader vor, der die Kontextbezogenheit des Museums hervorhebt und versucht, die verschiedenen methodischen Perspektiven auf das Museum zu bündeln und operationalisierbar zu machen. Schließlich hat Sharon Macdonald 2006 mit *A Companion to Museum Studies* eine Übersicht geboten, die durch Einzelbeiträge verschiedener Autoren aus dem anglo-amerikanischen Raum zusammengesetzt ist. Ergänzt wird ihre Übersicht durch die von ihr und Helen Rees Leahy herausgegebenen *International Handbooks of Museum Studies* von 2015, darunter ein eigener Band zu *Museum Theory*.

Darüber hinaus gibt es zahlreiche wichtige Aufsatzsammlungen und Monografien zu einzelnen disziplinären Museumsformen oder speziellen Museen. Ihre Nennung würde die überblickende Anregung überschreiten, die durch die wenigen oben genannten Titel erreicht werden soll. Dennoch werden zwei Texte abschließend genannt, die eine gute historische wie methodische Grundlage für das Verständnis des Museums und der Ausstellung bilden: 1999 hat Gottfried Korff unter dem Titel *Omnibusprinzip und Schaufensterqualität. Module und Motive der Dynamisierung des Musealen im 20. Jahrhundert* eine wunderbar konzentrierte und umfassende Beschreibung des Aufeinandertreffens von Museum und Ausstellung um 1900 beschrieben, und im siebten Band der *Ästhetischen Grundbegriffe* von 2005 wiederum gibt Ulrike Vedder in *Museum/Ausstellung* die historisch wie theoretisch kompakteste mir bekannte Darstellung des Gegenstandes.

Gesamtbibliografie

Adelung, Johann Christoph (Hg.): Versuch eines vollständigen grammatisch-kritischen Wörterbuches der Hochdeutschen Mundart, mit beständiger Vergleichung der übrigen Mundarten, besonders aber der oberdeutschen, erster Theil. Leipzig: Bernhard Christoph Breitkopf und Sohn 1774. Darin: Lemma »Ausstellen«, Sp. 588; sowie Lemma »Custos«, Sp. 1224.

Adorno, Theodor W.: Valéry Proust Museum, in: Gesammelte Schriften, Band 10.1: Kulturkritik und Gesellschaft I. Prismen, Ohne Leitbild, hg. v. Tiedemann, Rolf. Frankfurt am Main: Suhrkamp 1977, S. 181-194 (zuerst 1953).

AfricAvenir International (Hg.): No Humboldt 21! Dekoloniale Einwände gegen das Humboldt-Forum. Berlin: Selbstverlag 2017.

Alpers, Svetlana: The Museum as a Way of Seeing, in: Exhibiting Cultures. The Poetics and Politics of Museum Display, hg. v. Karp, Ivan; Lavine, Steven D. Washington/London: Smithsonian Institution Press 1991, S. 25-32.

Altshuler, Bruce (Hg.): Salon to Biennial: Exhibitions That Made Art History, 1863–1959. London: Phaidon 2008.

Altshuler, Bruce (Hg.): Biennials and Beyond: Exhibitions That Made Art History, 1962–2002. London: Phaidon 2013.

ARGE Schnittpunkt (Hg.): Handbuch Ausstellungstheorie und -praxis. Wien/Köln/Weimar: Böhlau 2013.

Bal, Mieke: Sagen, Zeigen, Prahlen, in: Dies., Kulturanalyse. Frankfurt am Main: Suhrkamp 2002, S. 72-116.

Bann, Stephen: Historical Text and Historical Object: The Poetics of the Musée de Cluny, in: History and Theory 17/3, 1978, S. 251-266.

Bataille, Georges: Museum, in: Kritisches Wörterbuch, hg. v. Kiesow, Rainer Maria; Schmidgen, Henning. Berlin: Merve 2005, S. 64-66 (zuerst 1930).

Baudrillard, Jean: Das System der Dinge. Über unser Verhältnis zu den alltäglichen Gegenständen. Frankfurt am Main/New York: Campus 1991 (zuerst 1968).

Das Bauen im Neuen Reich, hg. in Verbindung mit Frau Professor Gerdy Troost. Bayreuth: Gauverlag Bayerische Ostmark 1943 (zuerst 1938).

Baur, Joachim (Hg.): Museumsanalyse. Methoden und Konturen eines neuen Forschungsfeldes. Bielefeld: transcript 2010.

Bayer, Herbert: Fundamentals of Exhibition Design, in: Public Photographic Spaces. Exhibitions of Propaganda, from Pressa to The Family of Man, 1928-55, hg. v. Ribalta, Jorge. Barcelona: Museu d'Art Contemporani de Barcelona 2008, S. 211-219 (zuerst 1937).

Beckmann, Uwe: Gewerbeausstellungen in Westeuropa vor 1851. Ausstellungswesen in Frankreich, Belgien und Deutschland, Gemeinsamkeiten und Rezeption der Veranstaltungen. Frankfurt am Main/Bern/New York/Paris: Peter Lang 1991.

Beckmann, Uwe: Der Weg nach London: Das deutsche Ausstellungswesen vor 1851 und die Great Exhibition, in: Die Weltausstellung von 1851 und ihre Folgen. The Great Exhibition and its Legacy, hg. v. Bosbach, Franz; Davis, John R. München: K.G. Saur 2002, S. 257-265.

Beier-de Haan, Rosemarie: Erinnerte Geschichte – Inszenierte Geschichte. Ausstellungen und Museen in der Zweiten Moderne. Frankfurt am Main: Suhrkamp 2005.

Belting, Hans: Gibt es eine Ausstellung von Kulturen?, in: Szenarien der Moderne. Kunst und ihre offenen Grenzen, hg. v. dems. Hamburg: Philo Fine Arts 2005, S. 222-240 (zuerst 1996).

Benjamin, Walter: Das Kunstwerk im Zeitalter seiner technischen Reproduzierbarkeit, in: Gesammelte Schriften, Band I/2, hg. v. Tiedemann, Rolf; Schweppenhäuser, Hermann. Frankfurt am Main: Suhrkamp 1980, S. 431-469 (zuerst 1935).

Bennett, Tony: The Birth of the Museum. History, Theory, Politics. London/New York: Routledge 1995.

Benz, Wolfgang: Die Ausstellung »Der ewige Jude«, in: Das Deutsche Museum in der Zeit des Nationalsozialismus. Eine Bestandsaufnahme, hg. v.

Vaupel, Elisabeth; Wolff, Stefan L. Göttingen: Wallstein 2010, S. 652-680.
Bericht über die Deutsche Allgemeine Ausstellung für Unfallverhütung Berlin 1889 unter dem Allerhöchsten Protectorate Seiner Majestät des Kaisers und Königs, Band 1, hg. vom Vorstand. Berlin: Carl Heymanns 1890.
Beßler, Gabriele: Wunderkammern. Weltmodelle von der Renaissance bis zur Kunst der Gegenwart. Berlin: Reimer 2009.
Blank, Melanie; Debelts, Julia: Was ist ein Museum? »... eine metaphorische Complication ...«. Wien: Turia + Kant 2001.
di Blasi, Johanna: Das Humboldt Lab. Museumsexperimente zwischen postkolonialer Revision und szenografischer Wende. Bielefeld: transcript 2019.
Boccioni, Umberto; Carrà, Carlo; Russolo, Luigi; Balla, Giacomo; Severini, Gino: Manifest der futuristischen Maler, in: Futurismus. Geschichte, Ästhetik, Dokumente, hg. v. Schmidt-Bergmann, Hansgeorg. Reinbek bei Hamburg: Rowohlt 2009, S. 95-97 (zuerst 1910).
Bode, Wilhelm von: The Berlin Renaissance-Museum, in: The Fortnightly Review 50, 1891, S. 506-515.
Bollenbeck, Georg: Industrialisierung und ästhetische Wahrnehmung. Bemerkungen zur Weltausstellung London 1851, in: Fortschrittsglaube und Dekadenzbewußtsein im Europa des 19. Jahrhunderts. Literatur – Kunst – Kulturgeschichte, hg. v. Drost, Wolfgang. Heidelberg: Carl Winter Universitätsverlag 1986, S. 289-298.
von Bose, Friedrich: Das Humboldt Forum. Eine Ethnographie seiner Planung. Berlin: Kadmos 2016.
Bott, Gerhard (Hg.): Das Museum der Zukunft. 43 Beiträge zur Diskussion über die Zukunft des Museums. Köln: M. DuMont Schauberg 1970.
Brantl, Sabine: Haus der Kunst, München. Ein Ort und seine Geschichte im Nationalsozialismus, hg. v. Haus der Kunst. München: Allitera 2007.
Bredekamp, Horst: Antikensehnsucht und Maschinenglauben. Die Geschichte der Kunstkammer und die Zukunft der Kunstgeschichte. Berlin: Wagenbach 1993.
Bredekamp, Horst: Die endlosen Anfänge des Museums, in: 7 Hügel. Bilder und Zeichen des 21. Jahrhunderts, Band 6: Wissen. Verarbeiten, speichern, weitergeben: Von der Gelehrtenrepublik zur Wissensgesellschaft,

hg. v. Sievernich, Gereon; Budde, Hendrik. Berlin: Henschel/Berliner Festspiele 2000, S. 41-46.

Bredekamp, Horst: Aby Warburg, der Indianer. Berliner Erkundungen einer liberalen Ethnologie. Berlin: Wagenbach 2019.

Brockhaus, Friedrich Anton (Hg.): Allgemeine deutsche Real-Encyclopädie für die gebildeten Stände. Conversations-Lexikon, Band 6, 5. Auflage. Leipzig: F.A. Brockhaus 1820. Darin: Lemma »Museum«, Sp. 667-669.

Brockhaus Enzyklopädie, Band 15, 20. Auflage. Leipzig/Mannheim: F.A. Brockhaus 1998. Darin: Lemma »Museum«, S. 261-264.

Brockhaus Enzyklopädie, Band 16, 21. Auflage. Leipzig/Mannheim: F.A. Brockhaus 2006. Darin: Lemma »Kustode«; sowie Lemma »Kustodie«, S. 158.

Burckhardt, Jacob: Brief 61 an Gottfried Kinkel [13.06.1842], in: Ders.: Briefe. Vollständige und kritisch bearbeitete Ausgabe, Band 1, hergest. v. Burckhardt, Max. Basel: Benno Schwabe & Co 1949, S. 199-203.

Butler, Shelley Ruth: Reflexive Museology. Lost and Found, in: International Handbooks of Museum Studies: Museum Theory, hg. v. Witcomb, Andrea; Message, Kylie. New York: Wiley Blackwell 2015, S. 159-182.

Cameron, Duncan F.: The Museum: A Temple or the Forum?, in: Curator. The Museum Journal 14/1, 1971, S. 11-24.

Centralkommission des Deutschen Reiches (Hg.): Amtlicher Bericht über die Wiener Weltausstellung im Jahre 1873, 3 Bände. Braunschweig: Vieweg und Sohn 1874/1877.

Ciré, Annette: Temporäre Ausstellungsbauten für Kunst, Gewerbe und Industrie in Deutschland 1896-1915. Frankfurt am Main/Bern/New York/Paris: Peter Lang 1993.

Cleve, Ingeborg: Geschmack, Kunst und Konsum. Kulturpolitik als Wirtschaftspolitik in Frankreich und Württemberg (1805-1845). Göttingen: Vandenhoeck & Ruprecht 1996.

Clifford, James: On Collecting Art and Culture, in: Ders.: The Predicament of Culture. Twentieth-Century Ethnography, Literature, and Art. Cambridge (Mass.)/London: Harvard University Press 1988, S. 215-251.

Crimp, Douglas: Über die Ruinen des Museums. Dresden/Basel: Verlag der Kunst 1996 (zuerst 1993).

Daston, Lorraine: Neugierde als Empfindung und Epistemologie in der frühmodernen Wissenschaft, in: Macrocosmos in Microcosmo. Die Welt in der Stube. Zur Geschichte des Sammelns 1450–1800, hg. v. Grote, Andreas. Opladen: Leske + Budrich 1994, S. 35-60.

Delbourgo, James: Collecting the World: Hans Sloane and the Origins of the British Museum. London: Allen Lane 2017.

Deliss, Clémentine: The Metabolic Museum. Berlin: Hatje Cantz 2020.

Denkschrift Museen. Zur Lage der Museen in der Bundesrepublik Deutschland und Berlin (West). Verfasst von H. Auer, K. Böhner, G. von der Osten, W. Schäfer, H. Treinen, S. Waetzoldt. Gutachten der Deutschen Forschungsgemeinschaft. Boppard 1974.

Döring, Daniela: Das Museum zeigt sich. Reflexive Ausstellungsstrategien zwischen Öffnung und Legitimierung der Institution, in: Werkstatt Geschichte 82, 2020, S. 109-123.

Edenheiser, Iris; Förster, Larissa (Hg.): Museumsethnologie. Eine Einführung. Theorien, Debatten, Praktiken. Berlin: Reimer 2019.

Empfehlungen des Wissenschaftsrates zum Ausbau wissenschaftlicher Einrichtungen, Teil III: Forschungseinrichtungen außerhalb der Hochschulen, Akademien der Wissenschaften, Museen und wissenschaftliche Sammlungen, Band 2, April 1965.

Engelhardt, Katrin: Die Ausstellung »Entartete Kunst« in Berlin 1938. Rekonstruktion und Analyse, in: Angriff auf die Avantgarde. Kunst und Kunstpolitk im Nationalsozialismus, hg. v. Fleckner, Uwe. Berlin: Akademie 2007, S. 89-187.

Ersch, Johann Samuel; Gruber, Johann Gottfried (Hg.): Allgemeine Encyclopädie der Wissenschaften und der Künste, Band 40. Leipzig: Johann Friedrich Gleditsch 1887. Darin: Lemma »Kunstausstellungen«, S. 250-251.

Essenwein, August: Das germanische Nationalmuseum, dessen Sammlungen, sowie der Bedarf zur programmgemäßen Abrundung desselben. Nürnberg: Verlag des germanischen Nationalmuseums 1884.

Feigenbaum, Gail; Reist, Inge (Hg.): Provenance. An Alternate History of Art. Los Angeles: Getty Research Institute 2012.

Findlen, Paula: The Museum. Its Classical Etymology and Renaissance Genealogy, in: Journal of the History of Collections 1, 1989, S. 59-78.

Flacke-Knoch, Monika: Museumskonzeptionen in der Weimarer Republik. Die Tätigkeit Alexander Dorners im Provinzialmuseum Hannover. Marburg: Jonas 1985.

Fleck, Robert: Die Biennale von Venedig. Eine Geschichte des 20. Jahrhunderts. Hamburg: Philo Fine Arts 2009.

Flitsch, Mareile: Könnerschaft in ethnologischen Sammlungen. Über transprofessionelle Zusammenarbeit im Museumsdepot als Chance, in: Museumsethnologie. Eine Einführung. Theorien, Debatten, Praktiken, hg. v. Edenheiser, Iris; Förster, Larissa. Berlin: Reimer 2019, S. 228-249.

Flügel, Katharina: Einführung in die Museologie. Darmstadt: Wissenschaftliche Buchgesellschaft 2005.

Förster, Larissa: Provenance. An essay based on a panel with Ciraj Rassool, Paul Basu, and Britta Lange, in: Otherwise. Rethinking Museums and Heritage, hg. v. CARMAH – Centre for Anthropological Research on Museums and Heritage. Berlin: Selbstverlag 2018, S. 16-26.

Förster, Larissa; Edenheiser, Iris; Fründt, Sarah; Hartmann, Heike (Hg.): Provenienzforschung zu ethnografischen Sammlungen der Kolonialzeit. Positionen in der aktuellen Debatte, Elektronische Publikation der Arbeitsgruppe Museum der Deutschen Gesellschaft für Sozial- und Kulturanthropologie 2018.

Förster, Larissa: Der Umgang mit der Kolonialzeit: Provenienz und Rückgabe, in: Museumsethnologie. Eine Einführung. Theorien, Debatten, Praktiken, hg. v. Edenheiser, Iris; Förster, Larissa. Berlin: Reimer 2019, S. 78-103.

Foucault, Michel: Andere Räume, in: Aisthesis. Wahrnehmung heute oder Perspektiven einer anderen Ästhetik, hg. v. Barck, Karlheinz et al. Leipzig: Reclam 1991, S. 34-46 (zuerst 1967).

Foucault, Michel: Die Ordnung der Dinge. Eine Archäologie der Humanwissenschaften. Frankfurt am Main: Suhrkamp 1974 (zuerst 1971).

Füßl, Wilhelm: Gründung und Aufbau 1903-1925, in: Geschichte des Deutschen Museums. Akteure, Artefakte, Ausstellungen, hg. v. dems.; Trischler, Helmut. München/Berlin/New York: Prestel 2003, S. 59-101.

Gaismar, Haidy: The Art of Anthropology. Questioning Contemporary Art in Ethnographic Display, in: International Handbooks of Museum Studies: Museum Theory, hg. v. Witcomb, Andrea; Message, Kylie. New York: Wiley Blackwell 2015, S. 183-210.

Ganslmayr, Herbert: Die Bewegung »Neue Museologie«, in: Museologie. Neue Wege – Neue Ziele, hg. v. Auer, Hermann. München: K. G. Saur 1989, S. 79-88.

Geppert, Alexander C. T.: Fleeting Cities. Imperial Expositions in Fin-de-Siècle Europe. Houndmills/New York: Palgrave/Macmilan 2010.

Giedion, Sigfried: Lebendiges Museum, in: Der Cicerone. Halbmonatsschrift für die Interessen des Kunstforschers & Sammlers 21, 1929, S. 103-106.

Glasmeier, Michael (Hg.): Periphere Museen in Berlin. Berlin: Merve 1992.

Goethe, Johann Wolfgang von: Der Sammler und die Seinigen, hg. und mit einem Essay v. Asman, Carry. Amsterdam/Dresden: Verlag der Kunst 1997 (zuerst 1788/1789).

Goethe, Johann Wolfgang von: Reise am Rhein und Main in den Jahren 1814 und 1815, in: Goethe's nachgelassene Werke, Band 3. Stuttgart/Tübingen: Cotta 1833, S. 239-428.

Grasskamp, Walter: Museumsgründer und Museumsstürmer. Zur Sozialgeschichte des Kunstmuseums. München: C.H. Beck 1981.

Grasskamp, Walter: André Malraux und das imaginäre Museum. Die Weltkunst im Salon. München: C.H. Beck 2014.

Griesser-Stermscheg, Martina: Tabu Depot. Das Museumsdepot in Geschichte und Gegenwart. Wien/Köln/Weimar: Böhlau 2013.

Griesser-Stermscheg, Martina; Haupt-Stummer, Christine; Höllwart, Renate; Jaschke, Beatrice; Sommer, Monika; Sternfeld, Nora; Ziaja, Luisa: The Museum of the Future, in: The Future of Museums, hg. v. Bast, Gerald; Carayannis, Elias G.; Campbell, David F. J., Cham: Springer 2018, S. 117-128.

Grimm, Jacob; Grimm, Wilhelm (Hg.): Deutsches Wörterbuch, Band 1. Leipzig: S. Hirzel 1854. Darin: Lemma »Ausstellen«, Sp. 987-990.

Großbölting, Thomas: »Im Reich der Arbeit«. Die Repräsentation gesellschaftlicher Ordnung in den deutschen Industrie- und Gewerbeausstellungen 1790-1914. München: R. Oldenbourg 2008.

Grote, Andreas (Hg.): Macrocosmos in Microcosmo. Die Welt in der Stube. Zur Geschichte des Sammelns 1450–1800. Opladen: Leske + Budrich 1994.

Haraway, Donna: Teddy Bear Patriarchy: Taxidermy in the Garden of Eden, New York City, 1908–1936, in: Social Text 11, 1984/1985, S. 20-64.

Hartog, François: Regimes of Historicity. Presentism and Experiences of Time. New York: Columbia University Press 2015 (zuerst 2003).

Hartung, Olaf: Kleine Deutsche Museumsgeschichte. Von der Aufklärung bis zum frühen 20. Jahrhundert. Köln/Weimar/Wien: Böhlau 2010.

Hazelius, Artur: Nordiska Museets Tjugufemårsminne 1873–1898. Stockholm: Kungl. Boktryckeriet P.A. Norstest&Söner 1900.

te Heesen, Anke: Die Entdeckung des Exponats. Das »Musée Sentimental de Cologne«, Daniel Spoerri, Marie-Louise von Plessen und das Jahr 1979, in: Musée Sentimental 1979. Ein Ausstellungskonzept, hg. v. ders.; Padberg, Susanne. Ostfildern: Hatje Cantz 2011, S. 136-163.

te Heesen, Anke; Spary, Emma C. (Hg.): Sammeln als Wissen. Das Sammeln und seine wissenschaftsgeschichtliche Bedeutung. Göttingen: Wallstein 2001.

te Heesen, Anke: Ein Raum voller Gläser. Die Nasspräparatesammlung im Berliner Naturkundemuseum, in: Wissenschaft im Museum – Ausstellung im Labor, hg. v. ders.; Vöhringer, Margarete. Berlin: Kadmos 2014, S. 216-230.

te Heesen, Anke; Schulze, Mario; Dold, Vincent (Hg.): Museumskrise und Ausstellungserfolg. Die Entwicklung der Geschichtsausstellung in den Siebzigern. Berlin: Institut für Geschichtswissenschaften, Humboldt-Universität zu Berlin 2015.

Hein, Hilde S.: Naturwissenschaft, Kunst und Wahrnehmung. Der neue Museumstyp aus San Francisco. Stuttgart: Klett-Cotta 1993 (zuerst 1990).

Hein, Hilde S.: The Museum in Transition. A Philosophical Perspective. Washington/London: Smithsonian Institution Press 2000.

Heinemann, Monika: Der Kampf um das »moderne« Museum – Zeitgeschichte im polnischen Museumsboom, in: Das umkämpfte Museum. Zeitgeschichte ausstellen zwischen Dekonstruktion und Sinnstiftung, hg. v. Radonić, Ljijana; Uhl, Heidemarie. Bielefeld: transcript 2020, S. 241-261.

Heumann, Ina; Stoecker, Holger; Tamborini, Marco; Vennen, Mareike (Hg.): Dinosaurier Fragmente. Zur Geschichte der Tendaguru-Expedition und ihrer Objekte 1906-2018. Göttingen: Wallstein 2018.

Higonnet, Anne: Afterword. The Social Life of Provenance, in: Provenance. An Alternate History of Art, hg. v. Feigenbaum, Gail; Reist, Inge. Los Angeles: Getty Research Institute 2012, S. 195-209.

Hitler, Adolf: Rede zur Eröffnung der ersten »Großen Deutschen Kunstausstellung«, 18. Juli 1937, in: Haus der Kunst 1937–1997: Eine historische Dokumentation, bearb. von Brantl, Sabine. München: Haus der Kunst 1997, S. 74-85.

Hochreiter, Walter: Vom Musentempel zum Lernort. Zur Sozialgeschichte deutscher Museen 1800-1914. Darmstadt: Wissenschaftliche Buchgesellschaft 1994.

Hoelscher, Steven: Heritage, in: A Companion to Museum Studies, hg. v. Macdonald, Sharon. Oxford: Wiley-Blackwell 2006, S. 198-218.

Hofmann, Werner: Kunstbegriff und Museumskunst, in: Das Museum der Zukunft. 43 Beiträge zur Diskussion über die Zukunft des Museums, hg. v. Bott, Gerhard. Köln: M. DuMont Schauberg 1970, S. 116-121.

Holten, Johan (Hg.): Ausstellen des Ausstellens. Von der Wunderkammer zur kuratorischen Situation. Berlin: Hatje Cantz 2018.

Hooper-Greenhill, Eilean: The Museum in the Disciplinary Society, in: Museum Studies in Material Culture, hg. v. Pearce, Susan. Leicester: Leicester University Press 1989, S. 61-72.

Hooper-Greenhill, Eilean: Museums and the Shaping of Knowledge. London/New York: Routledge 1992.

Humboldt, Wilhelm von: Antrag auf Errichtung der Universität Berlin [1809], in: Wilhelm von Humboldts Gesammelte Schriften, hg. v. der Königlich Preußischen Akademie der Wissenschaften, 2. Abteilung: Politische Denkschriften I, Band 10, hg. v. Gebhardt, Bruno. Berlin: B. Behr's 1903, S. 148–154.

Humboldt, Wilhelm von: Zur Errichtung eines Museums in Berlin [1810], in: Wilhelm von Humboldts Gesammelte Schriften, hg. v. der Königlich Preußischen Akademie der Wissenschaften, 2. Abteilung: Politische Denkschriften I, Band 10, hg. v. Gebhardt, Bruno. Berlin: B. Behr's 1903b, S. 242-243.

Humboldt, Wilhelm von: Über das Museum in Berlin [1830-34], in: Wilhelm von Humboldts Gesammelte Schriften, hg. v. der Königlich Preußischen Akademie der Wissenschaften, 2. Abteilung: Politische Denkschriften III, Band 7.3, hg. v Gebhardt, Bruno. Berlin: B. Behr's 1904, S. 539-594.

Jacob-Friesen, Karl-Hermann: Die staatliche Betreuung der Heimatmuseen, in: Museumskunde 9, 1937, S. 7-14.

Jesberg, Paulgerd: Das Museum der Zukunft – Aufgabe, Bau, Einrichtung, Betrieb, in: Das Museum der Zukunft. 43 Beiträge zur Diskussion über die Zukunft des Museums, hg. v. Bott, Gerhard. Köln: M. DuMont Schauberg 1970, S. 138-156.

Joachimides, Alexis: Die Museumsreformbewegung in Deutschland und die Entstehung des modernen Museums 1880-1940. Dresden: Verlag der Kunst 2001.

Kivelitz, Christoph: Die Propagandaausstellung in europäischen Diktaturen. Konfrontation und Vergleich: Nationalsozialismus in Deutschland, Faschismus in Italien und die UdSSR der Stalinzeit. Bochum: Dr. Dieter Winkler 1999.

Klemm, Gustav Friedrich: Zur Geschichte der Sammlungen für Wissenschaft und Kunst in Deutschland. Zerbst: Kummer 1837.

Klonk, Charlotte: Spaces of Experience. Art Gallery Interiors from 1800 to 2000. New Haven/London: Yale University Press 2009.

Kohl, Karl-Heinz; Kramer, Fritz; Möller, Johann Michael; Sievernich, Gereon; Völger, Gisela: Das Humboldt Forum und die Ethnologie. Frankfurt: kula Verlag 2019.

König, Gudrun M.: Konsumkultur. Inszenierte Warenwelt um 1900. Köln/Weimar/Wien: Böhlau 2009.

Korff, Gottfried: Omnibusprinzip und Schaufensterqualität: Module und Motive der Dynamisierung des Musealen im 20. Jahrhundert, in: Geschichte und Emanzipation. Festschrift für Reinhard Rürup, hg. v. Grüttner, Michael; Hachtmann, Rüdiger; Haupt, Heinz-Gerhard. Frankfurt am Main/New York: Campus 1999, S. 728-754.

Korff, Gottfried: Zur Eigenart der Museumsdinge, in: Ders.: Museumsdinge. Deponieren – Exponieren, hg. v. Eberspächer, Martina; König, Gudrun Marlene; Tschofen, Bernhard. Köln/Weimar/Wien: Böhlau 2002, S. 140-145 (zuerst 1992).

Korff, Gottfried: Speicher und/oder Generator. Zum Verhältnis von Deponieren und Exponieren im Museum, in: Ders.: Museumsdinge. Deponieren – Exponieren, hg. von Eberspächer, Martina; König. Gudrun Marlene; Tschofen, Bernhard. Köln/Weimar/Wien: Böhlau 2002b, S. 167-178 (zuerst 2000).

Köstering, Susanne: Natur zum Anschauen. Das Naturkundemuseum des deutschen Kaiserreichs 1871–1914. Köln/Weimar/Wien: Böhlau 2003.

Kratz-Kessemeier, Kristina; Meyer, Andrea; Savoy, Bénédicte (Hg.): Museumsgeschichte. Kommentierte Quellentexte 1750-1950. Berlin: Reimer 2010.

Kretschmann, Carsten: Räume öffnen sich. Naturhistorische Museen im Deutschland des 19. Jahrhunderts. Berlin: Akademie 2006.

Krüger, Klaus; Werner, Elke A.; Schalhorn, Andreas (Hg.): Evidenzen des Expositorischen. Wie in Ausstellungen Wissen, Erkenntnis und ästhetische Bildung erzeugt wird. Bielefeld: transcript 2019.

Krünitz, Johann Georg (Hg.): Oeconomische Encyclopädie oder allgemeines System der Staats-, Stadt-, Haus- und Landwirthschaft, Band 8. Berlin: Pauli 1776. Darin: Lemma »Curator«, S. 468-472; sowie Lemma »Custos«, S. 476.

Krünitz, Johann Georg (Hg.): Oeconomische Encyclopädie oder allgemeines System der Staats-, Stadt-, Haus- und Landwirthschaft, Band 98. Berlin: Pauli 1805. Darin: Lemma »Museum«, S. 450-525.

Krünitz, Johann Georg (Hg.): Oeconomische Encyclopädie oder allgemeines System der Staats-, Stadt-, Haus- und Landwirthschaft, Band 135. Berlin: Pauli 1824. Darin: Lemma »Sammlung«, Sp. 500-707.

Lange, Britta: Sensible Sammlungen, in: Sensible Sammlungen. Aus dem anthropologischen Depot, hg. v. Berner, Margit; Hoffmann, Anette; dies.. Hamburg: Philo Fine Arts 2011, S. 15-40.

Laukötter, Anja: Von der Kultur zur Rasse – vom Objekt zum Körper? Völkerkundemuseen und ihre Wissenschaften zu Beginn des 20. Jahrhunderts. Bielefeld: transcript 2007.

Lichtwark, Alfred: Die Aufgaben der Kunsthalle. Antrittsrede, den 9. Dezember 1886, in: Ders.: Drei Programme. Berlin: Bruno Cassirer 1902, S. 11-31.

Lichtwark, Alfred: Museen als Bildungsstätten. Einleitung zum Mannheimer Museumstag, in: Alfred Lichtwark. Erziehung des Auges. Ausgewählte Schriften, hg. v. Schaar, Eckhard. Frankfurt am Main: Fischer 1991, S. 43-49 (zuerst 1904).

Lissitzky, El: Demonstrationsräume, in: Die zwanziger Jahre in Hannover: Bildende Kunst, Literatur, Theater, Tanz, Architektur, 1916-1933, hg. v. Rischbieter, Henning. München: Bruckmann 1962, S. 198-200 (zuerst 1926).

Logemann, Daniel; Tomann, Juliane: Gerichte statt Geschichte? Das Museum des Zweiten Weltkriegs in Gdańsk, in: Zeithistorische Forschungen 16, 2019, S. 106-117.

Lübbe, Hermann: Der Fortschritt und das Museum. Über den Grund unseres Vergnügens an historischen Gegenständen. The 1981 Bithell Memorial Lecture, Institute for Germanic Studies, University of London 1982.

Macdonald, Sharon (Hg.): A Companion to Museum Studies. Oxford: Wiley-Blackwell 2006.

Macdonald, Sharon: Museen erforschen. Für eine Museumswissenschaft in der Erweiterung, in: Museumsanalyse. Methoden und Konturen eines neuen Forschungsfeldes, hg. v. Baur, Joachim. Bielefeld: transcript 2010, S. 49-69.

Macdonald, Sharon: New Constellations of Difference in Europe's 21st-Century Museumscape, in: Museum Anthropology 39, 2016, S. 4-19.

Macdonald, Sharon; Rees Leahy, Helen (Hg.): International Handbooks of Museum Studies, 4 Bände. New York: Wiley Blackwell 2015.

Machcewicz, Paweł: Der umkämpfte Krieg. Das Museum des Zweiten Weltkriegs in Danzig – Entstehung und Streit. Wiesbaden: Harrassowitz 2018.

Mai, Ekkehard: Expositionen. Geschichte und Kritik des Ausstellungswesens. München: Deutscher Kunstverlag 1986.

Mai, Ekkehard: Ausgestellt – Funktionen von Museum und Ausstellung im Vergleich, in: Kunst des Ausstellens. Beiträge Statements Diskussionen, hg. v. Huber, Hans Dieter; Locher, Hubert; Schulte, Karin. Stuttgart: Hatje Cantz 2002, S. 59-70.

Malraux, André: Das Imaginäre Museum, in: Ders.: Stimmen der Stille. München/Zürich: Droemersche Verlagsanstalt Th. Knaur Nachf. 1956, S. 8-121 (zuerst 1947).

Marcuse, Herbert: Über den affirmativen Charakter der Kultur, in: Ders.: Kultur und Gesellschaft, Band I/9. Frankfurt am Main: Suhrkamp 1970, S. 56-101 (zuerst 1937).

Marinetti, Filippo Tommaso: Manifest des Futurismus, in: Futurismus. Geschichte, Ästhetik, Dokumente, hg. v. Schmidt-Bergmann, Hansgeorg. Reinbek bei Hamburg: Rowohlt 2009, S. 75-80 (zuerst 1909).

Mayer-Deutsch, Angela: Das Museum Kircherianum. Kontemplative Momente, historische Rekonstruktion, Bildrhetorik. Berlin: diaphanes 2010.

Meijers, Debora: Kunst als Natur. Die Habsburger Gemäldegalerie in Wien um 1780. Wien: Kunsthistorisches Museum 1995.

Menzel, Ulrich: Die Musealisierung des Technischen. Die Gründung des »Deutschen Museums von Meisterwerken der Naturwissenschaft und Technik« in München. Diss. Typoskript. Technische Universität Braunschweig, Fachbereich für Philosophie, Wirtschafts- und Sozialwissenschaften. Braunschweig 2001.

Meyer, Joseph (Hg.): Das große Conversations-Lexikon für die gebildeten Stände, 3. Abteilung, Band 7. Hildburghausen/Amsterdam/Paris: Bibliographisches Institut 1846. Darin: Lemma »Curator«, S. 434-435; sowie Lemma »Custos«, S. 462-463.

Meyer, Joseph (Hg.): Das große Conversations-Lexikon für die gebildeten Stände, Band 12. Hildburghausen/Amsterdam/Paris: Bibliographisches Institut 1848. Darin: Lemma »Gewerbe-(Industrie-)ausstellung«, S. 907-911.

Meyer, Joseph (Hg.): Das große Conversations-Lexikon für die gebildeten Stände, 1. Abteilung, Band 19. Hildburghausen/Amsterdam/Paris: Bibliographisches Institut 1851. Darin: Lemma »Kustos«, S. 651.

Meyer, Joseph (Hg.): Das große Conversations-Lexikon für die gebildeten Stände, 2. Abteilung, Band 6. Hildburghausen/Amsterdam/Paris: Bibliographisches Institut 1851. Darin: Lemma »Sammlung«, S. 1292.

Meyers Konversations-Lexikon, Band 13, 3. Auflage. Leipzig: Verlag des Bibliographischen Instituts 1878. Darin Lemma »Proveniren«, S. 807.

Meyers Konversations-Lexikon, Band 14, 5. Auflage. Leipzig: Verlag des Bibliographischen Instituts 1897. Darin Lemma »Proveniénz«, S. 286.

Milosch, Jane; Pearce, Nick (Hg.): Collecting and Provenance. A Multidisciplinary Approach. Lanham: Rowman & Littlefield 2019.

Morat, Daniel: Katalysator wider Willen. Das Humboldt Forum in Berlin und die deutsche Kolonialvergangenheit, in: Zeithistorische Forschungen 16, 2019, S. 140-153.

Murray, David: Museums, Their History and Their Use: With a Bibliography and List of Museums in the United Kingdom, Vol. I. Glasgow: James MacLehose and Sons. Publishers to the University 1904.

Natter, Tobias G.; Fehr, Michael; Habsburg-Lothringen, Bettina (Hg.): Das Schaudepot. Zwischen offenem Magazin und Inszenierung. Bielefeld: transcript 2010.

Neickel, Caspar Friedrich: Museographia oder Anleitung zum rechten Begriff und nützlicher Anlegung der Museorum oder Raritäten-Kammern. Leipzig/Breslau: Michael Hubert 1727.

Nietzsche, Friedrich: Nachgelassene Fragmente 1869-1874, in: Kritische Studienausgabe, Band 7, hg. v. Colli, Giorgio; Montinari, Mazzino. München: Deutscher Taschenbuchverlag; Berlin/New York: De Gruyter 1988, S.604-647.

Nietzsche, Friedrich: Unzeitgemässe Betrachtungen. Zweites Stück: Vom Nutzen und Nachtheil der Historie für das Leben [1874], in: Kritische Studienausgabe, Band 1, hg. v. Colli, Giorgio; Montinari, Mazzino. München: Deutscher Taschenbuchverlag; Berlin/New York: De Gruyter 1988, S. 243-334.

Obrist, Hans Ulrich: A Brief History of Curating. Zürich: JRP/Ringier; Dijon: Les Presses du réel 2008.

O'Doherty, Brian: In der weißen Zelle. Inside the White Cube, hg. v. Kemp, Wolfgang. Berlin: Merve 1996 (zuerst 1976).

Ozenfant, Amédée: Leben und Gestaltung. I Bilanz des 20. Jahrhunderts. Literatur, Malerei, Plastik, Architektur, Musik, Wissenschaft, Religion, Philosophie. II Aufbau eines neuen Geistes. Potsdam: Müller & I. Kiepenheuer 1931 (zuerst 1928).

Panofsky, Erwin: Original und Faksimilereproduktion, in: Der Kreis. Zeitschrift für künstlerische Kultur 7, 1930, S. 111-123.

Paquet, Alfons: Das Ausstellungsproblem in der Volkswirtschaft. Jena: Gustav Fischer 1908.

Pauli, Gustav: Das Kunstmuseum der Zukunft, in: Die Kunstmuseen und das Deutsche Volk, hg. v. Deutschen Museumsbund. München: Kurt Wolff 1919, S. 3-20.

Pearce, Susan M. (Hg.): Museums and their Development. The European Tradition 1700-1900. London/New York: Routledge 1999.

Penny, H. Glenn: Objects of Culture. Ethnology and Ethnographic Museums in Imperial Germany. Chapel Hill: University of North Carolina Press 2002.

Penny, H. Glenn: Im Schatten Humboldts. Eine tragische Geschichte der deutschen Ethnologie. München: C. H. Beck 2019.

Pfeifer, Wolfgang et al. (Hg.): Etymologisches Wörterbuch des Deutschen, Band 1. Berlin: Akademie 1993. Darin: Lemma »Kurator«, S. 748.

Pfisterer, Ulrich: Kunstgeschichte zur Einführung. Hamburg: Junius 2020.

Pohlmann, Ulrich: El Lissitzkys Ausstellungsgestaltungen in Deutschland und ihr Einfluß auf die faschistischen Propagandaschauen 1932-1937, in: El Lissitzky. Jenseits der Abstraktion – Fotografie, Design, Kooperation, hg. v. Tupitsyn, Margarita. München/Paris/London: Schirmer/Mosel 1999, S. 52-64.
Pomian, Krzysztof: Der Ursprung des Museums. Vom Sammeln. Berlin: Wagenbach 1988 (zuerst 1986).
Pomian, Krzysztof: Museum, Nation, Nationalmuseum, in: Die Nation und ihre Museen. Für das Deutsche Historische Museum, hg. v. Plessen, Marie-Louise von. Frankfurt am Main/New York: Campus 1992, S. 19-32.
Poser, Stefan: Museum der Gefahren. Die gesellschaftliche Bedeutung der Sicherheitstechnik. Münster/New York/München/Berlin: Waxmann 1998.
Poser, Stefan: Sozialmuseen, Technik und Gesellschaft. Zur gesellschaftlichen Bedeutung von Arbeitsschutz und Sicherheitstechnik am Beispiel von Gegenwartsmuseen um 1900, in: Technikgeschichte 67/3, 2000, S. 205-224.
Preiß, Achim: Nazikunst und Kunstmuseum. Museumsentwürfe und -konzepte im ›Dritten Reich‹ als Beitrag zu einer aktuellen Diskussion, in: NS-Kunst: 50 Jahre danach, hg. v. Hinz, Bertold. Marburg: Jonas 1989, S. 80-94.
Preuss, Hans: Das Heimatmuseum im Dritten Reich, in: Museumskunde 5/4, 1933, S. 152-165.
Preziosi, Donald; Farago, Claire (Hg.): Grasping the World. The Idea of the Museum. London: Ashgate 2004.
Pudor, Heinrich: Museumschulen, in: Museumskunde 6, 1910, S. 248-253.
Rentzhøg, Sten: Open Air Museum. The History and Future of a Visionary Idea. Östersund: Jamtli/Stockholm: Carlssons 2007.
Ritter, Henning: Das Altern der Alten Meister, in: Zur Geschichte der Museen im 19. Jahrhundert 1789–1918, hg. v. Graf, Bernhard; Möbius, Hanno. Berlin: G- und H-Verlag 2006, S. 23-30.
Roth, Harriet: Der Anfang der Museumslehre in Deutschland. Das Traktat »Inscriptiones vel Tituli Theatri Amplissimi« von Samuel Quiccheberg Lateinisch-Deutsch. Berlin: Akademie 2000.

Roth, Martin: Heimatmuseum. Zur Geschichte einer deutschen Institution. Berlin: Gebr. Mann 1990.
Sabrow, Martin: Zeitgeschichte als Ich-Erzählung, in: Das umkämpfte Museum. Zeitgeschichte ausstellen zwischen Dekonstruktion und Sinnstiftung, hg. v. Radonić, Ljijana; Uhl, Heidemarie. Bielefeld: transcript 2020, S. 27-38.
Sarr, Felwine; Savoy, Bénédicte: Zurückgeben. Über die Restitution afrikanischer Kulturgüter. Berlin: Matthes & Seitz 2019.
Savoy, Bénédicte: Zum Öffentlichkeitscharakter deutscher Museen im 18. Jahrhundert, in: Tempel der Kunst. Die Geburt des öffentlichen Museums in Deutschland 1701-1815, hg. v. ders. Mainz: Philipp von Zabern 2006, S. 9-26.
Schmidt-Bergmann, Hansgeorg: Futurismus, Avantgarde und Politik – zur Einführung, in: Futurismus. Geschichte, Ästhetik, Dokumente, hg. v. dems. Reinbek bei Hamburg: Rowohlt 2009, S. 9-25.
Scholze, Jana: Medium Ausstellung. Lektüren musealer Gestaltung in Oxford, Leipzig, Amsterdam und Berlin. Bielefeld: transcript 2004.
Schorch, Philipp; McCarthy, Conal (Hg.): Curatopia. Museums and the Future of Curatorship. Manchester: Manchester University Press 2019.
Schulze, Mario: Wie die Dinge sprechen lernten. Eine Geschichte des Museumsobjektes 1968-2000. Bielefeld: transcript 2017.
Schwarz, Birgit: Hitlers Museum. Die Fotoalben Gemäldegalerie Linz: Dokumente zum »Führermuseum«. Köln/Weimar/Wien: Böhlau 2004.
Semper, Gottfried: Practical Art in Metals and Hard Materials [1853], in: Gottfried Semper. The Ideal Museum. Practical Art in Metals and Hard Materials, hg. v. Noever, Peter. Wien: Schlebrügge 2007, S. 23-39.
Sheehan, James J.: Von der fürstlichen Sammlung zum öffentlichen Museum. Zur Geschichte des deutschen Kunstmuseums, in: Macrocosmos in Microcosmo. Die Welt in der Stube. Zur Geschichte des Sammelns 1450 bis 1800, hg. v. Grote, Andreas. Opladen: Leske + Budrich 1994, S. 855-874.
Sloterdijk, Peter: Weltmuseum und Weltausstellung. Absolut museal, in: Jahresring. Jahrbuch für moderne Kunst 37, 1990, S. 182-202.
Sombart, Werner: Die Ausstellung, in: Morgen. Wochenschrift für deutsche Kultur 9, 28.2.1908, S. 249-256.

Spary, Emma C.: Utopias Garden. French Natural History From Old Regime to Revolution. Chicago/London: The University of Chicago Press 2000.

Spickernagel, Ellen; Walbe, Brigitte (Hg.): Das Museum: Lernort contra Musentempel. Gießen: Anabas 1976.

Staniszewski, Mary Anne: The Power of Display. A History of Exhibition. Installation at the Museum of Modern Art. Cambridge (Mass.)/London: MIT Press 1998.

Sternfeld, Nora: Das radikaldemokratische Museum. Berlin/Boston: De Gruyter 2018.

Stoecker, Holger; Schnalke, Thomas; Winkelmann, Andreas (Hg.): Sammeln, Erforschen, Zurückgeben? Menschliche Gebeine aus der Kolonialzeit in akademischen und musealen Sammlungen. Berlin: Links 2013.

Stránsky, Zbynek: Die theoretischen Grundlagen der Museologie als Wissenschaft, in: Museologie. Neue Wege – Neue Ziele, hg. v. Auer, Hermann. München: K. G. Saur 1989, S. 38-47.

Szeemann, Harald: Museum der Obsessionen. Berlin: Merve 1981.

Thiemeyer, Thomas: Das Depot als Versprechen. Warum unsere Museen die Lagerräume ihrer Dinge wiederentdecken. Köln/Weimar/Wien: Böhlau 2018.

Thiemeyer, Thomas: Geschichte im Museum. Theorie – Praxis – Berufsfelder. Tübingen: A. Francke 2018b.

Thiemeyer, Thomas: Politisch oder nicht: Was ist ein Museum im 21. Jahrhundert?, in: Blätter für deutsche und internationale Politik 10, 2019, S.113-119.

Tönnies, Ferdinand: Diskussionsbeitrag, in: Verhandlungen des Siebenten Deutschen Soziologentages vom 28. September bis 1. Oktober 1930 in Berlin. Tübingen: Mohr 1931, S. 72.

Turner, Jane (Hg.): The Dictionary of Art, Band 22. New York: Grove 1996. Darin: Lemma »Museum«, S. 354-369.

Tyradellis, Daniel: Müde Museen. Oder: Wie Ausstellungen unser Denken verändern könnten. Hamburg: edition Körber-Stiftung 2014.

Valentiner, Wilhelm R.: Umgestaltung der Museen im Sinne der neuen Zeit. Berlin: G. Grotesche Verlagsbuchhandlung 1919.

Valéry, Paul: Das Problem der Museen, in: Ders: Uber Kunst. Essays. Frankfurt am Main: Suhrkamp 1959, S. 52-58 (zuerst 1923).

Vedder, Ulrike: Museum/Ausstellung, in: Ästhetische Grundbegriffe. Historisches Wörterbuch in sieben Bänden, Band 7, hg. v. Karlheinz Barck et al. Stuttgart/Weimar: J.B. Metzler 2005, S. 148-190.

Vergo, Peter (Hg.): The New Museology. London: Reaktion Books 1989.

Waidacher, Friedrich: Handbuch der Allgemeinen Museologie, 3. Auflage. Köln/Weimar/Wien: Böhlau 1999 (zuerst 1993).

Warburg, Aby: Der Bilderatlas MNEMOSYNE, hg. v. Warnke, Martin unter Mitarbeit von Brink, Claudia, Band II.1 der Gesammelten Schriften, hg. v. Bredekamp, Horst et al. Berlin: Akademie 2000.

Weschler, Lawrence: Mr. Wilson's Cabinet of Wonder. New York: Pantheon Books 1995.

Wonders, Karen: Habitat Dioramas. Illusions of Wilderness in Museums of Natural History. Uppsala: Acta Universitatis Upsaliensis 1993.

Wörner, Martin: Die Welt an einem Ort. Illustrierte Geschichte der Weltausstellungen. Berlin: Reimer 2000.

Yanni, Carla: Divine Display or Secular Science. Defining Nature at the Natural History Museum in London, in: The Journal of the Society of Architectural Historians 55, 1996, S. 276-299.

Zacharias, Wolfgang (Hg.): Zeitphänomen Musealisierung. Das Verschwinden der Gegenwart und die Konstruktion der Erinnerung. Essen: Klartext 1990.

Zedler, Johann Heinrich (Hg.): Großes vollständiges Universal Lexicon aller Wissenschaften und Künste, welche bishero durch menschlichen Verstand und Witz erfunden und verbessert worden, Band 22. Halle/Leipzig: Zedler 1739. Darin: Lemma »Museum«, S. 1375-1378.

Ziegler, Konrat; Sontheimer, Walther (Hg.): Der Kleine Pauly. Lexikon der Antike, auf der Grundlage von Pauly's Realencyclopädie der classischen Altertumswissenschaft, Band 3. Stuttgart: Alfred Druckenmüller 1969. Darin: Lemma »Museion«, S. 1482-1485.

Personenregister

Sachregister

Anke te Heesen ist Professorin für Wissenschaftsgeschichte am Institut für Geschichtswissenschaften der Humboldt-Universität zu Berlin. Zu ihren Forschungsgebieten zählen Organisations- und Notationsweisen der Wissenschaften, Museums- und Ausstellungsgeschichte, Geschichte der Humanwissenschaften. Sie kuratierte u.a. die Ausstellungen »cut and paste um 1900« (2002) und »auf/zu. Der Schrank in den Wissenschaften« (gem. m. Anette Michels, 2007). Zu ihren Veröffentlichungen zählen *The newspaperclipping. A modern paper object* (2014), *Wissenschaft im Museum, Ausstellung im Labor* (hrsg. m. Margarete Vöhringer, 2014) und *Das Interview* (hrsg. m. Dorothea Walzer, in: Sprache und Literatur, 2018).